中國知識產權法

許廉菲、王芳、石璐　主編

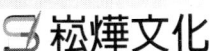

前　言

　　中國的十八大提出實施「創新驅動發展戰略」，大力實施知識產權戰略，深化知識產權領域改革，努力提高知識產權保護效果，加快知識產權強國建設。當前，知識產權強國建設進入關鍵階段，加快知識產權人才培養是重要環節。本教材作為高等學校遠程教育法學專業基礎教材，既考慮到知識點覆蓋的全面性，對基本知識、基本原理進行了闡述，也照顧到對學科前沿問題的適當介紹及對學生深入學習興趣的啓發。本教材從體系上涵蓋了知識產權各領域，具體分為總論、著作權制度、專利權制度、商標權制度、其他知識產權制度等十三章。通過系統學習，學習者能較好掌握中國現行的知識產權法基本理論、基本制度、基本原則，能培育學習者運用知識產權法理論知識解決實際問題的能力，以更好地保護公民和法人知識產權的合法權益。

　　全書由許廉菲、王芳、石璐擔任主編，具體編寫分工如下：王芳（第一章、第三章、第六章），石璐（第二章、第十二章、第十三章）、鄧忠波（第九章、第十章、第十一章）；許廉菲（第四章、第七章）；楊楊（第五章）；晏華、成立（第八章）。全書由許廉菲統稿。

　　在寫作過程中，本書借鑑了國內外相關教材、專著和文獻資料，在此謹向各位作者深表謝意。由於時間倉促和編者水平所限，書中錯繆之處在所難免，敬請廣大讀者批評指正。

編　者

目 錄

1 知識產權法概述 …………………………………………… (1)
   1.1 知識產權的概念、特徵與屬性 ………………………… (1)
   1.2 知識產權法的概念、特徵與調整對象 ………………… (4)
   1.3 知識產權法的地位與淵源 ……………………………… (5)

2 著作權法律制度 …………………………………………… (8)
   2.1 著作權法概述 …………………………………………… (8)
   2.2 著作權主體 …………………………………………… (10)
   2.3 著作權客體 …………………………………………… (14)
   2.4 著作權的內容 ………………………………………… (19)
   2.5 鄰接權 ………………………………………………… (24)
   2.6 著作權的運用與限制 ………………………………… (29)
   2.7 著作權的管理 ………………………………………… (34)
   2.8 著作權的保護 ………………………………………… (35)

3 專利權法律制度 ………………………………………… (41)
   3.1 專利與專利權 ………………………………………… (41)
   3.2 中國專利制度的建立和發展 ………………………… (41)
   3.3 專利權的客體 ………………………………………… (44)
   3.4 授予專利權的條件 …………………………………… (47)
   3.5 專利權的申請與獲得 ………………………………… (50)
   3.6 專利權及其限制 ……………………………………… (55)
   3.7 專利的行政管理 ……………………………………… (58)
   3.8 專利權的法律保護 …………………………………… (62)

4 商標權法律制度 ………………………………………… (69)
   4.1 商標的含義與特徵 …………………………………… (69)

4.2　商標註冊的申請和審核 …………………………………… (72)
　　4.3　商標權的取得 ………………………………………………… (75)
　　4.4　商標權的限制與行使 ………………………………………… (80)
　　4.5　商標權的保護 ………………………………………………… (81)
　　4.6　馳名商標的法律保護 ………………………………………… (85)

5　商標與地理標誌權法律制度 ………………………………………… (88)
　　5.1　地理標誌及其特徵 …………………………………………… (88)
　　5.2　地理標誌的法律保護 ………………………………………… (91)
　　5.3　中國地理標誌保護制度 ……………………………………… (93)
　　5.4　地理標誌的國際保護制度 …………………………………… (96)

6　工商企業名稱與商號權法律制度 …………………………………… (98)
　　6.1　企業的名稱——商號 ………………………………………… (98)
　　6.2　商號權的概念、性質與權利的取得 ………………………… (100)
　　6.3　商號權的內容 ………………………………………………… (102)
　　6.4　中國商號權的法律保護 ……………………………………… (103)
　　6.5　商號權與相關權利衝突 ……………………………………… (105)

7　植物新品種權法律制度 ……………………………………………… (107)
　　7.1　植物新品種的概念和特徵 …………………………………… (107)
　　7.2　植物新品種權的取得程序 …………………………………… (107)
　　7.3　植物新品種權的內容 ………………………………………… (109)
　　7.4　植物新品種權的限制 ………………………………………… (109)
　　7.5　植物新品種權的期限、終止和無效 ………………………… (110)
　　7.6　植物新品種權的保護 ………………………………………… (110)

8　集成電路布圖設計權法律制度 ……………………………………… (112)
　　8.1　集成電路布圖設計權的概念和特徵 ………………………… (112)
　　8.2　集成電路布圖設計權的內容 ………………………………… (113)
　　8.3　集成電路布圖設計權的取得、限制和保護 ………………… (114)

9	商業秘密權法律制度	(118)
	9.1 商業秘密概述	(118)
	9.2 商業秘密保護的法律規定	(122)
	9.3 侵犯商業秘密權的行為及法律救濟	(124)

10	市場秩序規範與反不正當競爭法	(129)
	10.1 市場秩序規範	(129)
	10.2 不正當競爭與反不正當競爭法概述	(132)
	10.3 與知識產權有關的不正當競爭行為	(136)

11	世界貿易體制與知識產權國際保護	(142)
	11.1 世界貿易體制	(142)
	11.2 知識產權國際保護的產生與發展	(145)
	11.3 世界知識產權組織及其主要國際公約	(149)

12	知識產權管理和運用	(157)
	12.1 知識產權管理	(157)
	12.2 企業知識產權管理體系	(161)
	12.3 企業知識產權營運	(166)

13	知識產權侵權行為及其法律救濟	(171)
	13.1 知識產權侵權行為的概念及特徵	(171)
	13.2 知識產權侵權行為的認定	(172)
	13.3 知識產權侵權行為的救濟	(174)

1　知識產權法概述

1.1　知識產權的概念、特徵與屬性

1.1.1　知識產權的概念

「知識產權」的英文為「intellectual property」，其原意為「知識（財產）所有權」或者「智慧（財產）所有權」，也稱為「智力成果權」。在臺灣和香港地區，則通常稱之為「智慧財產權」或「智力財產權」。《中華人民共和國民法通則》（簡稱《民法通則》）規定，知識產權屬於民事權利，是基於創造性智力成果和工商業標記依法產生的權利的統稱。有學者考證，該詞最早於17世紀中葉由法國學者卡普佐夫提出，后為比利時著名法學家皮卡第所發展，皮卡第將之定義為「一切來自知識活動的權利」。直到1967年《世界知識產權組織公約》簽訂以后，該詞才逐漸被國際社會普遍使用。

中國民法早期受蘇聯民法的影響，不承認知識可以成為財產，否認智力成果可以為私人所有，從而排斥使用知識產權這一概念而使用智力成果權，認為智力成果權比知識產權更適合中國生產資料公有制的現實。但隨著改革開放的進展，計劃經濟向商品經濟的轉軌，人們逐漸認識到知識產品中內含的財產價值，「知識產權」一詞逐漸被人們接受，特別是1980年6月中國成為世界知識產權組織的正式成員國后，「知識產權」一詞逐漸取代了智力成果權，1986年中國頒布的《民法通則》，明確地使用了「知識產權」的稱謂，到現在，「知識產權」一詞已經成為中國理論界和實務界廣泛使用的一個概念。

從國際上看，對規範知識產權領域的立法、執法和一般民事行為有影響重大的《世界知識產權組織公約》和《與貿易有關的知識產權協議》，本身也未給知識產權下概括性的定義，它們只是列舉了知識產權應當包括的範圍和權利種類。世界知識產權組織編的《知識產權法教程》則從知識產權保護客體的角度提出：知識產權是同情報有關的財產，這種情報能夠同時包含在全世界任何地方無限數量複製件的有形物體中。這種財產並不是指這些複製件，而是指這些複製件中所包含的情報。但該教程無須經過條約成員簽字和投票，因而不具有法律的拘束力。

對知識產權的定義方法，中國學術界觀點和爭論頗多。關於知識產權的定義方法主要有兩種：列舉主義和概括主義。列舉主義通過系統地列舉所保護的權項，即通過劃定權利體系範圍來明確知識產權的概念。概括主義通過對保護對象概括抽象的描述，即簡要說明這一權利的「屬加種差」來給出知識產權的定義。中國法學界主要採取概

括主義的方法來說明知識產權的概念。傳統理論一般定義為，知識產權是人們就其智力活動創造的成果所享有的權利。對此傳統定義，有人提出了批評的意見，認為存在兩點漏洞：第一，這一定義將所有的智力成果均包括其中，失之寬泛；第二，這一定義僅包括智力創造成果，而未涵蓋知識產權的另一大類對象，即生產經營者就識別性標誌所擁有的工商業信譽，從這個角度看，這一定義又失之狹隘。第一個漏洞至為明顯。通過以上關於知識產權範圍的論述可以看出，並非所有的智力成果都可以成為知識產權的客體，而是需要經過一國法律的認可並依照法定的條件和程序才能實現。由此可見，我們在進行定義時，對智力成果的範圍必須進行一定的限制。關於第二個漏洞，這裡有必要引用「國際保護工業產權協會」（AIPPI）1992年東京大會對知識產權所做的劃分，AIPPI東京大會國際專家認為知識產權可以分為「創作性成果權利」與「識別性標記權利」兩大類，創作性成果權利包括發明專利權、集成電路權、植物新品種權、Know-How權（技術秘密權）、工業品外觀設計權、版權（著作權）、軟件權；而識別性標記權利包括商標權、商號權、其他與制止不正當競爭有關的識別性標記權。應該說這一劃分是頗具啓迪性的，為我們認識知識產權提供了一個全新的角度。但是把知識產權劃分為創作性成果權利和識別性標記權利，並不意味著否定識別性標記權利就不含有創造性，因為這種劃分只是從權利作用的效果所進行的劃分，並沒有否定識別性標記權利也能反映一定的創造性，否則，標示性權利就不會劃歸到知識產權中了。知識產權項下的識別性標記之所以構成「產權」，之所以可以成為合同轉讓、合同許可的標的，之所以在企業合併、合資中可以估價出來，就在於經營者在選定並使用了某個（或某些）標示後，通過不同於（或高於）同類競爭者的廣告宣傳、打通銷售渠道等促銷活動，使有關標記在市場上建立起一定的信譽或「商譽」。在這些活動中，均不同程度體現出創造性勞動。所以，對於第二個漏洞的彌補，關鍵不在於否定識別性標誌權利的創造性，從而與創作性成果權利分開，而應該尋求一個能夠把智力成果和體現工商業信譽的商標都包容得下的恰當的概念。

通過上述討論，本書把知識產權界定為，知識產權是指自然人、法人、非法人社會組織或者國家依據法律的規定對其在科學技術、文學藝術和生產經營等領域創造的知識產品所享有的專有權利的總稱。這一定義同以往定義相比，它具備了一個權利之必備要素並且彌補了前述的漏洞。

首先，它指明了知識產權的主體和客體，知識產權的主體，即自然人、法人、非法人社會組織和國家四類；知識產權的客體，即知識產品。

其次，它指明了知識產權的特性，即它是一項專有性權利。

再次，它指明了知識產權發生的領域，即知識產權產生於科學技術、文學藝術和生產經營等領域。

最后，它指明了知識產權的法律確認性，即必須依據法律的規定才能產生，而並非所有的智力成果都可以形成知識產權。

1.1.2　知識產權的特徵

關於知識產權的基本特徵，學者們均有闡述，但略有不同。一般認為，知識產權

具有專有性、地域性和時間性。

1. 專有性

專有性，也稱壟斷性（獨占性或排他性），指知識產權專屬權利人所有，知識產權所有人對其權利的客體享有佔有、使用、收益和處分的權利。在法律方面主要體現在：第一，知識產權為權利人獨占，沒有法律規定或者權利人許可，任何人不得使用權利人的知識產品。第二，同一智力成果或者商業標記上只能有一個知識產權。例如兩個以上的人做出同一種發明時，只能授予一個人以專利權；兩個人就同一類產品就相同或類似的標誌申請註冊商標的，商標局只能為其中一個人註冊。

2. 地域性

地域性的含義有二：其一，知識產權只在產生的特定國家或地區的地域範圍內有效，這種地域性隨著知識產權的國際保護而逐漸消失；其二是知識產權的授權和轉讓是與地域相聯繫的。也就是說，知識產權的授權和轉讓必須明確地域範圍，僅授權在某些地域範圍內行使知識產權，那麼被授權人超出此地域範圍行使該項知識產權即為侵權行為。

3. 時間性

所有的知識產權都有一定的時間限制，過了這一時間，該知識產權所保護的智力成果就進入公共領域由全人類共享，任何人都可以無償地加以使用。不過商標權的時間性純粹是基於管理上的需要而設的，商標所有人可以不斷地申請續展保護期。

1.1.3 知識產權的屬性

知識產權的屬性包含兩方面的含義：一是知識產權是屬於公權範疇還是私權範疇；二是知識產權是屬於一般財產權範疇還是特殊財產權範疇。

1. 知識產權的私權屬性

《與貿易有關的知識產權協議》（簡稱 TRIPS 協議）在其序言部分宣稱「知識產權為私權」。隨著世界範圍內越來越多的國家加入該協議，各成員均認可知識產權是一種民事權利。從知識產權的本質上說，私權屬性是其本身特有的屬性。由於這類產品的創作是創作者通過自身能力完成的，體現了創作者的能力，所以，可以說私權屬性是其重要的本質屬性。知識產權作為私權的屬性，強調知識產權人對於自己所享有權利的充分保護、運用和處分的權利，強調知識產權不受國家的過分干預。知識產權作為私權歸根結底是市場發展的結果。對知識產權進行保護，是順應市場需要而由國家在一定市場壟斷利益與知識創造成果公開的社會總體利益之間衡量取捨的結果，知識產權制度是國家運用市場槓桿對知識資源進行再分配的制度。[①] 權利的屬性，取決於權利的基本內容而不是權利的產生方式。知識產權來源於公權的授權，並不影響其私權的屬性。

2. 知識產權的財產權屬性

現代法律制度所保護的財產分為有形財產和無形財產。作為無形財產，知識產品

---

① 吳漢東. 知識產權多維度解讀 [M]. 北京：北京大學出版社，2008：41.

不能被人們在事實上佔有或控製，一旦被公開就可以同時為許多人所利用。知識產權人通常只有在主張權利時才「發現」自己是權利人，因此，知識產權制度的核心在於保護權利人對他人利用其成果的控製權。

　　作為特殊的財產權，知識產權與其他財產權的不同主要體現在：第一，權利的客體不同，知識產權的客體是智力勞動成果或標記所體現的商業資源。一般財產權的客體是動產、不動產等具體的物。第二，權利的取得和實現方式不同。知識產權的客體是一種無形的知識形態的勞動產品即知識產品。知識產權的取得具有法定性，大多數知識產權的取得須經過申請、審批或登記、註冊等手續，這是因為其保護對象具有本身沒有形體，不占空間，難以實際控製，使用不帶來有形損耗等特點，必須要通過法律手段來實現公示和控製。第三，權利的獨占程度不同。人們對知識產權的佔有不是實在的、具體的控製，而是表現為認識和利用。知識產品的無體性，使得對同一知識產品可以同時為許多人所使用，彼此互不排斥，而且對知識產品的使用不發生有形的損耗。第四，權利的行使方式不同。一般財產所有權的行使表現為對物的佔有、使用、收益和處分，並且一項所有權只能由一人行使。知識產權的行使表現為使用、轉讓、許可使用及禁止他人擅自利用其專有權，一項知識產權可能同時由多個主體行使。第五，價值評估方式不同。一般財產所有權涉及的物的價值受價值規律的制約，在質和量方面有確定性。知識產權的價值取決於知識產品被社會利用的程度和範圍，具有較大的不確定性。第六，權利侵害的內容不同。對一般財產所有權的侵害通常表現為對物的非法佔有或損毀。對知識產權的侵害往往表現為非法複製、剽竊、假冒、仿冒等。

1.2　知識產權法的概念、特徵與調整對象

1.2.1　知識產權法的概念和特徵

　　知識產權法是調整因知識產品而產生的各種社會關係的法律規範的總和，它是國際上通行的確認、保護和利用著作權、工業產權以及其他智力成果專有權的專門法律制度。

　　知識產權法的概念存在廣義和狹義之分。從狹義角度來看，知識產權從傳統的知識產權的含義出發，指的是專利權、商標權與著作權法；從廣義角度來看，一切調整智力成果和工商業標記社會關係的法律規範都是知識產權法。一般來說，可以採用比較廣義的知識產權法的概念，將其限定為「調整與知識產權有關的社會關係的法律規範」。

　　對於知識產權法的特徵，可以從以下幾個方面把握：

　　（1）知識產權法以公法的方式保護私權。知識產權法的保護對象主要是智力成果以及工商業標記，由於兩者是典型的無形財產，知識產權法在權利義務的設置上更具有強制性。知識產權法雖屬於私法範疇，但是其權利的取得、利用以及管理等都體現了國家公權力對私權的設定和管理。

（2）知識產權法具有多樣性。知識產權法的調整內容具有多樣性。知識產權法通常由多個具體的法律規範構成，這是由知識產品的多樣性決定的。知識產權法的調整手段與方法具有綜合性。區別於其他私法，知識產權法可以利用司法、行政等調整手段和方法來調整各種社會關係。其中，知識產權法保護方面，行政權力的使用具有重要的地位。

（3）知識產權法保護的內容呈現國際性。儘管知識產權具有地域性，但是由於知識產權制度大多是從歐美發達國家興起，后被其他國家利用，且知識產權保護是國家之間貿易磋商的重要議題，知識產權立法時必須考慮知識產權國際條約及國際慣例，各國的知識產權法體現了一定的國際趨同性。

1.2.2 知識產權法的調整對象

知識產權法的調整對象是因創造性智力成果和工商業標記而產生的社會關係：即在確認、行使、保護知識產權的過程中形成的民事關係、行政關係和刑事關係等。知識產權法的調整對象可以按照不同的標準進行分類。

依照知識產權的不同階段，知識產權法的調整對象可以分為：

（1）因確認知識產權而發生的社會關係。知識產權的取得過程是智力成果取得專有權利的過程。通過法律授予知識產權人一定時期的獨占權來確認智力和工商業標記的所有權以及財產價值，以鼓勵智力創造活動，促進社會進步。在確認知識產權的過程中，會在智力成果和工商業標記創造者、所有者以及知識產權管理機關等之間形成一定的社會關係。

（2）因行使知識產權而發生的社會關係。知識產權人通過行使某一方面具體的知識產權來實現自己對知識產權的實際運用。知識產權的使用既包括權利人自己使用知識產權進行生產活動，也包括將部分的權利許可他人使用。知識產權人能通過對知識產品的控制和使用而獲得經濟效益。知識產權人轉讓知識產權會與轉讓者、受讓者以及相關部門之間形成某種社會關係。

（3）因保護知識產權而發生的社會關係。知識產權法主要通過行政的、司法的手段對知識產權進行保護。在這個過程中，知識產權人與相關部門、知識產權侵權人等之間產生的一定社會關係，屬於知識產權法的調整對象。

1.3 知識產權法的地位與淵源

1.3.1 知識產權法的地位

知識產權法的地位，是指它在整個法律體系中所處的地位，即它是否構成獨立的法律部門，或者歸類於何種法律部門。

對於是否將知識產權法作為一個獨立的法律部門，中國不同學者有不同的看法。有的學者認為知識產權法是一種綜合性的法律制度，不能簡單地歸於某一法律部門；

有的學者認為知識產權法是一個獨立的法律部門。

多數學者認為，知識產權法屬於民法的範疇，主張在民法典中設立知識產權法篇。《民法通則》專節規定了各類知識產權。現有的民法典中的規定屬於一般性規定，僅僅規定了著作權、商標權、專利權及其他科技成果權的列舉性條款，未涉及實體性規定。知識產權是民法對知識形態的無形財產法律化、權利化的結果，是從物的所有權中分離出來的新的、獨立的財產權形態。雖然客體的非物質性是知識產權的本質特性，但是其民事權利的屬性與物權、債權等並無實質性的差別。因此知識產權法沒有獨特的、僅屬於它自己所有的調整對象和調整手段，因而不具有成為獨立法律部門的條件。

但也有學者認為，知識產權法與民法典形式理性、實質理性均存在著內在衝突，因此單行法模式是調和知識產權法與民法典衝突的立法對策，即在民法典中對知識產權法不做規定，在民法典之外也沒有統一的知識產權法典，而是根據知識產權法的保護對象的不同，分別制定單行法，如著作權法、專利法、商標法、商業秘密法等。[①]

1.3.2 知識產權法的淵源

知識產權法的淵源即知識產權法律規範的具體表現形式。自改革開放以來，中國知識產權立法工作得到了快速推進。經過多年的發展，中國在立法層面上已經建立起相對完善的知識產權法律制度，通過頒布法律、行政法規、部門規章、司法解釋等形式，對包括著作權、專利權等在內的知識產權提供相對完善的法律制度保障。

1. 法律

自 1982 年以來，全國人民代表大會常務委員會先後通過並分別修訂了《中華人民共和國商標法》《中華人民共和國專利法》和《中華人民共和國著作權法》這三部主要的知識產權法律，專門調整知識產權關係，是知識產權法的主要淵源；《民法通則》《中華人民共和國反不正當競爭法》《中華人民共和國合同法》《中華人民共和國侵權責任法》等涉及知識產權的相關法律，對知識產權進行補充調整，是知識產權法不可缺少的法律淵源。

2. 行政法規

行政法規作為國家主管部門執行知識產權法的重要工具，對加強知識產權保護以及管理有重要的意義。隨著立法工作的不斷發展，中國先後頒布實施了《中華人民共和國商標法實施條例》《中華人民共和國專利法實施細則》，並在后期進行了修訂；除此之外，還頒布了《信息網絡傳播權保護條例》《集成電路布圖設計保護條例》等一系列行政法規。

3. 部門規章

隨著中國知識產權行政保護制度的改革與完善，知識產權相關行政部門也頒布了一系列部門規章，對知識產權進行保護，對相關行為予以規範，比較重要的有：《國家工商行政管理總局馳名商標認定工作細則》（2009 年 4 月 21 日公布並實施）、《商標評審規則》（1995 年 11 月 2 日公布，2002 年 9 月、2005 年 9 月兩次修訂）、《專利實施許

[①] 鐘瑞棟. 民法典的理性與知識產權法 [J]. 中國政法大學學報，2016 (5).

可合同備案辦法》（2011 年 6 月 27 日公布，2011 年 8 月 1 日起實施）、《著作權質權登記辦法》（2010 年 11 月 25 日公布，2011 年 1 月 1 日起實施）等。

4. 司法解釋

中國法院在司法實踐中累計的經驗，形成了大量的司法解釋，增強了法律的可操作性，保障了當事人的合法權益，如《最高人民法院關於審理商標授權確認行政案件若干問題的意見》（法發〔2010〕12 號）、《最高人民法院關於審理侵犯專利權糾紛案件適用法律問題的若干規定》（法釋〔2009〕21 號）等。

5. 國際公約

中國與外國締結或中國加入並生效的知識產權國際公約，與中國國內法具有同樣的約束力。目前中國已加入了多個知識產權法方面的國際條約，與多個國家簽訂了有關知識產權的雙邊協定。這些條約、協定構成中國知識產權的特殊淵源，如《成立世界知識產權組織公約》（1980 年加入）、《與貿易有關的知識產權協定》（2001 年加入）。

2 著作權法律制度

2.1 著作權法概述

2.1.1 著作權的概念

著作權，是指自然人、法人或者其他組織依法對文學、藝術或科學作品所享有的各項專有權利的總稱，包括著作人身權利和財產權利。

著作權通常有狹義與廣義之分。狹義的著作權，指各類作品的作者依法所享有的權利，也稱為文學藝術產權，保護的是文學、藝術和科學領域內具有獨創性並能以某種有形形式複製的智力成果。廣義的著作權則除了狹義的著作權外，還包括藝術表演者、錄音錄像製品的製作者和廣播電視節目製作者依法所享有的權利，在法律上稱「鄰接權」或稱「與著作權有關的權利」。中國立法採用的是廣義的著作權，在著作權法中將鄰接權納入規範範疇，單列一章來保護。

2.1.2 著作權的特質

著作權屬於知識產權重要的組成部分。其除了具有知識產權所共有的特徵，即具有專有性、地域性、時間性等特徵外，與其他知識產權相比，還有以下特徵：

1. 取得方式不一樣

專利權、商標權的取得必須經過申請、審批、登記和公告，即必須以行政確認程序來確認權利的取得和歸屬。而中國著作權法規定作品的著作權是自動取得。著作權因作品的創作完成而自動產生，一般不必履行任何形式的登記或註冊手續，也不論其是否已經發表。

2. 內容具有雙重性

著作權包括人身權和財產權兩大類。著作人身權，是指與作者本身密不可分的，以人格利益為主要內容的權利，主要包括：發表權、署名權、修改權和保護作品完整權。著作財產權是指作者對於自己所創作的作品享有以各種方式進行使用或許可他人進行使用並獲得相應報酬的權利，包括播放權、攝影權、演繹權、發行權等10多項內容。隨著科技不斷發展，著作權內容也日益豐富，包括攝制權、信息網路傳播權等。

2.1.3 著作權法的調整對象及其歷史沿革

1. 著作權法

著作權法是調整著作權主體之間、著作權主體和他人之間因著作權和鄰接權的歸屬、行使、轉讓、許可或合理使用等原因而發生的民事法律關係的法律規範總和。這些民事法律關係一般分為三類：①著作權歸屬關係，即著作權中的人身權和財產權由誰享有的法律關係；②著作權行使關係，即因著作權人行使著作權而發生的法律關係；③著作權利用（或稱營運）關係，即因對著作權的利用和經營（如對著作權進行轉讓、許可使用、質押等而產生）而發生的法律關係。

2. 中國著作權法律制度的歷史沿革

隨著造紙術、印刷術的發明與普及，中國宋代出現了保護著作物的令狀制度，對民間以營利為目的的翻版給予「追板劈毀，斷罪施刑」的處罰。然而，令狀制度只是官府針對個案採取的法律措施，並沒有形成對著作權的專門保護。

1910 年清政府制定的《大清著作權律》是中國第一部保護著作權的完整法律制度。該法內容基本上是仿效日本的著作權法。它明文規定了著作權的客體範圍、主體對象和保護期限，通過禁止性條款間接規定了著作權的權利內容，對侵權行為進行了比較詳細的界定並規定了相應的處罰措施。該法已經具備了著作權法的基本要素，對后來的北洋政府和國民政府的著作權立法產生了重要影響，標誌著中國著作權法律制度的正式形成。1915 年，北洋政府頒布了中國歷史上第二部著作權法——《北洋政府著作權法》。1928 年，國民政府頒布新《著作權法》，該法又於 1944 年、1949 年進行了兩次修訂，成為臺灣地區現行著作權法的主體部分。

中華人民共和國成立以後，1950 年，第一屆全國出版會議通過了《關於改進和發展出版工作的決議》，決議對著作權保護做出了原則性規定，為著作權糾紛處理提供了基本依據。隨後國務院有關稿酬、出版合同等方面的文件對決議也進行了重要補充。

1986 年 4 月 12 日，第六屆全國人民代表大會第四次會議通過《中華人民共和國民法通則》，其第九十四條明確規定，公民、法人享有著作權（版權），依法有署名、發表、出版、獲得報酬等權利。第一百一十八條規定，公民、法人的著作權（版權）、專利權、商標專用權、發現權、發明權和其他科技成果權受到剽竊、篡改、假冒等侵害的，有權要求停止侵害，消除影響，賠償損失。《民法通則》對著作權人的合法權益和侵權行為的懲罰措施作了明文規定，極大地提高了創作者的創作積極性。中國現行的《中華人民共和國著作權法》（簡稱《著作權法》）於 1990 年 9 月 7 日通過，自 1991 年 6 月 1 日起施行，后來分別於 2001 年、2010 年進行了兩次修訂。《著作權法》對著作權人享有的人身權和財產權作了明文規定，兼顧了作品創作者、傳播者和使用者的利益，並根據重要國際條約合理規定了涉外著作權的內容，同《中華人民共和國著作權法實施條例》（簡稱《著作權法實施條例》）、《計算機軟件保護條例》《計算機軟件著作權登記辦法》《信息網路傳播權保護條例》等一起，構成了中國的著作權法律體系，為中國著作權的國際保護提供了有效的法律依據。但隨著新媒體的迅速發展和全球化進程的加快，很多新的著作權問題又不斷湧現，作者、生產者和傳播者的積極性遭受

重創，文化創意產業、創意設計行業面臨嚴峻的挑戰和巨大的衝擊。2011年7月13日，國家版權局啓動了《著作權法》第三次修訂調研工作。2012年12月28日，國家版權局將第三稿《中華人民共和國著作權法（修訂草案送審稿）》提交國務院。2013年1月23日，國務院法制辦將送審稿下發給相關部門和協會定向徵集意見，並向社會公開徵求意見。

2.2 著作權主體

2.2.1 著作權主體的概念及分類

著作權法中明確規定著作權主體是為了明確權利的歸屬，便利著作權的許可使用或轉讓，保證交易安全，增強人們的著作權保護意識，有利於調解爭議。

1. 著作權主體的概念

著作權主體，亦稱著作權人，是指依法對文學、藝術和科學作品享有著作權的人，包括作者和其他依照著作權法享有著作權的公民、法人和其他組織。

2. 著作權主體的分類

（1）自然人、法人和其他組織。這是以主體的形態為標準所做的劃分，這種劃分的意義在於：著作權保護期的起算時間不同。原則上，自然人享有著作權，其保護期自創作完成開始保護，採取死亡起算主義；法人和其他組織，其保護期也自創作完成開始保護，但採取發表起算主義。

（2）原始主體與繼受主體。這是以權利獲取的方式進行的分類，前者指在作品創作完成后，直接根據法律的規定或合同的約定對作品享有著作權的人。一般情況下，原始主體即自然人作者，其資格是基於創作行為直接產生的。另外，法人或其他組織也可能成為原始主體，其資格是基於法律的規定而產生的。后者指通過受讓、繼承、受贈或法律規定的其他方式取得著作權的人。繼受主體取得著作權的方式主要有以下幾種：①因繼承、遺贈、遺贈撫養協議或法律規定而取得著作權。一般情況下，著作權中只有財產權利可以繼承，人身權利不能繼承，但有責任進行保護。作者死后，繼承人可以享有原作者的著作財產權直至作品有效期屆滿。對於合作作品的作者之一死亡后，其對合作作品享有的使用權和獲得報酬權無人繼承又無人接受遺贈的，由其他的合作作者享有，以維護其他合作作者的利益。②因合同取得著作權。著作權人可以通過轉讓合同、委託創作合同等方式將著作權中的財產權部分或全部轉讓給他人，從而使受讓人成為著作權主體。③國家可以成為特殊的著作權主體。根據《中華人民共和國繼承法》（简稱《繼承法》）和《著作權法》的相關規定，公民死后無人繼承又無人接受遺贈，或法人、非法人組織終止后無其他單位繼承其權利與義務的，著作財產權歸國家所有。劃分原始主體與繼受主體的意義在於：二者享有的權利範圍不同。只有原始主體才有可能享有完整的著作權，繼受主體不能享有完整的著作權。

（3）國內主體和外國主體。這是根據權利主體的國籍做的劃分，國內主體包括中

國公民、法人或非法人單位；外國主體包括外國公民、法人或非法人單位。由於著作權具有嚴格的地域性，因此國內主體和外國主體在著作權待遇上存在較大差異。中國作者和其他著作權人的作品無論是否發表，都可根據著作權法直接取得保護；外國人、無國籍人的作品首先在中國境內發表，才能依照中國著作權法享有著作權。外國人、無國籍人在中國境外發表的作品，根據其所屬國與中國簽訂的協議或者共同參加的國際公約享有著作權。如果外國作者所在國家未與中國簽訂協議，也沒有共同參加國際條約，那麼其作品首次在中國參加的國際公約的成員國出版或者在成員國與非成員國同時出版的，也受中國法律保護。

2.2.2 著作權法對著作權主體的規定

根據《著作權法》的規定，著作權的主體可以分為三種類型：

1. 自然人作者，即創作作品的自然人

《著作權法》第十一條第二款規定，創作作品的公民是作者。《著作權法實施條例》第三條第一款規定，著作權法所稱的創作，指直接產生文學、藝術和科學作品的智力活動。據此，作者應具備以下兩個條件：

（1）直接從事創作活動。所謂創作，是指作者通過自己的獨立構思，直接產生文學、藝術和科學作品的智力活動。只有從事創造性智力勞動的人，才能成為作者。僅為作品的創作提供簡單的物質材料或從事其他輔助性活動，而沒有直接從事實質性的創作活動的人，不是真正意義上的作者。

（2）以一定的形式將作品完整地表現出來。只有在創作活動的基礎上，完成作品並將其以一定形式表現出來的人，才能成為作者。如果只是從事創作活動，但沒有完成或形成作品，創作人就不能成為作者。

智力創作活動是一種事實行為，而非民事法律行為，因此，作者的主體資格不受創作人本人的民事行為能力的制約。只要通過自己的創作活動完成一定形式的作品，即使是未成年人，也能成為作者，並依法享有著作權。當然，未成年人作為著作權人時，著作權的行使通常應由其法定代理人完成。同時，作品的種類是多種多樣的，如文字作品、口頭作品、美術、攝影作品、計算機軟件等都是法律規定的作品。因此，凡是完成上述不同形式作品的人，都屬於作者的範疇。

2. 被「視為作者」的法人或其他組織

《著作權法》第十一條第三款明確規定，在作品創作過程中，由法人或其他組織主持，代表法人或其他組織的意志而創作，並由法人或非法人單位承擔責任的作品，法人或其他組織被視為作者。

3. 基於一定的法律事實繼受取得權利的主體

基於一定的法律事實繼受取得權利的主體如通過繼承、簽訂合同、接受饋贈或依法規定而取得權利者。作品的作者可以是自然人，也可以是法人或國家。

前兩種可稱為著作權的原始主體，它們都基於作品的創作而獲取權利。所以著作權主體這一概念在範圍上大於作者，作者是最基礎的一類著作權主體。

2.2.3 特殊作品的著作權歸屬

1. 演繹作品的著作權歸屬

演繹作品，又稱「二次作品」，是指作者根據已有的作品改編、翻譯、註釋、整理而創作的新作品。其形式既可以是對原作品的演繹，也可以是對演繹作品的再演繹。其中，將註釋和整理列為演繹作品的方式是中國法的獨創，外國法上尚未見到明文規定。

演繹作品具有如下特徵：①演繹作品是對原作的再創作。演繹作品作者在改編、翻譯等演繹過程中必須付出創作性的勞動，其表現形式應具有獨創性。如翻譯外國作品，譯者在尊重原作內容和形式的基礎上，往往需對文字安排、語言技巧等方面進行再創作。而改編則需要對原作中的場景、情節、人物等方面作重新安排，將文學語言轉換為戲劇語言等。可見演繹作品並不是對原作品簡單的改寫或仿製，而是具有再創作性的作品。②演繹作品須以尊重原作為前提。演繹作品是根據原作而派生演繹出來的作品，須在基本內容、主題思想、人物、情節等方面與原作基本一致，不得在演繹中歪曲或篡改原作品。否則，其不但不能作為演繹作品而受保護，反而還構成對原作完整性的破壞，是一種侵犯著作權的行為。保護作品完整權是一項不受時間限制的人身權利。即使原作是過了保護期的作品，演繹也不能歪曲或篡改其主題和基本內容。③演繹權是著作權中一項重要的權利，演繹者在演繹以前，必須徵得原作者或其著作權人的許可，並支付報酬；對演繹作品的再演繹，同樣應徵得原作著作權人和演繹作品著作權人的雙重或多重授權，並支付報酬。從這個意義上看，其雖然也享有著作權，但不是獨立的，與獨創作品比較，在演繹時要經過許可，有報酬時要與原作者分享，第三人在使用時，要徵得原著者、演繹者的同意。

創作演繹作品的人為演繹者，即演繹作品的作者，如無特殊規定演繹作品的著作權歸演繹作者享有。

2. 合作作品的著作權歸屬

合作作品指兩個或兩個以上的人共同創作的作品。其有廣義和狹義兩種不同的稱謂，狹義的合作作品指合作者的勞動或者貢獻不可分，各自創作的作品不能單獨使用的作品。廣義的合作作品則既包括合作作品，也包括合成作品，即雖然是由合作者共同創作，但可以把每個作者的創作部分單獨分割使用的作品，如歌曲的旋律和歌詞，中國著作權法採用的就是廣義的合作作品的範疇。

合作作品的特徵體現在：①合作作者有共同的創作意圖。②合作作者參加了共同的創作活動。如果沒有參加創作，僅為創作提供諮詢意見、物質條件、素材或其他輔助勞動如整理資料、抄寫稿件的人不能稱為合作作者。

中國《著作權法》對合作作品的作者規定了以下權利：①合作作品的著作權歸合作作者共同享有，根據各合作人對作品創作的貢獻來確定利益分配份額。②不可分割使用的作品著作權各合作者形成共同共有關係，通過協商一致行使權利；不能協商一致，又無正當理由的，任何一方不得阻止他方行使除轉讓以外的其他權利，但是所得的收益應當合理分配給全部合作作者。每一權利人有權單獨以自己的名義對侵犯合作

作者整體著作權的行為提起訴訟。③可分割使用的作品其整體著作權由合作作者共同享有，同時，各合作作者還對各自創作的部分單獨享有著作權，而分著作權人行使其可分割部分的著作權時，不得損害合作作品的整體著作權。④合作作者之一死亡后，其對合作作品享有的財產權利，無人繼承又無人受遺贈的，都由其他合作作者享有。

3. 匯編作品的著作權歸屬

匯編作品，指對若干作品、作品的片段或不構成作品的數據或其他材料，經選取編排而形成的新作品。如選集、期刊、報紙、畫冊、百科全書等。

匯編作品具有以下特徵：①具有集合性，它由若干作品、作品的片段或者不構成作品的數據或者其他材料匯集而成，匯編作品的構成成分既可以是受版權法保護的作品以及作品的片段，如論文、詞條、詩詞、圖片等，也可以是不受版權法保護的數據或者其他資料，如法規、股市信息、電話號碼、商品報價單等。②匯編作品須有獨創性，這種獨創性不在於被匯編的對象是作品還是非作品，而主要在材料的選擇和編排上，因而被匯編的對象是否享有著作權不是匯編作品形成的條件，對匯編作品的保護不延及被編輯的作品或材料，也不排斥其他人利用同樣的作品成材料進行不同的編輯。③匯編作品的創作是由匯編人完成的。匯編人具有作者的身分，被採用作品的各作者並未參與編輯工作，他們之間也沒有共同創作的合意。

中國《著作權法》對於匯編作品著作權的歸屬及行使規定如下：①匯編人對匯編作品享有整體著作權。②匯編人行使著作權時，不得侵犯原作品的著作權。如不能擅自修改作品、不加署名而發表，涉及著作權作品，須經原作品著作權人同意，並向其支付報酬。

4. 職務作品的著作權歸屬

職務作品，指公民為完成法人或其他組織工作任務而創作的作品。因此，職務作品與公民所擔任的職務緊密關聯，它是法人或者其他組織安排其雇員或工作人員履行職責和任務而創造的成果。

職務作品的特徵：①作者與其所在單位之間存在勞動關係，創作是為了完成本單位的工作任務。②作品由創作者獨立完成，體現的是個人意志，而非單位意志。③作品的使用屬於作者所在單位正常的業務範圍。

職務作品的分類：可分為一般職務作品和特殊職務作品。一般職務作品指的是公民為完成法人或者其他組織的工作任務所完成的作品，在創作作品的過程中，沒有或者基本沒有利用法人或者其他組織的物質技術條件，也不必由法人或者其他組織承擔責任，如記者為報社撰寫的稿件。特殊職務作品，是指公民主要利用法人或者其他組織的物質技術條件創作並由法人或者其他組織承擔責任的工程設計圖、產品設計圖、計算機軟件等職務作品。

職務作品著作權的歸屬：①一般職務作品的著作權歸作者享有，單位在業務範圍內的2年內（自產品交付之日起2年是單位的優先使用期限）可優先無償使用。在2年內，作者未經單位同意，無權許可第三人以與其所屬單位相同的使用方式使用該作品；在2年內，經單位同意，作者許可他人以與本單位相同的使用方式使用該作品獲得的報酬，作者應按與單位約定的比例進行分配；如2年內單位不使用，作者可要求

單位同意其許可第三人使用，使用方式不受限制，單位如無正當理由不得拒絕。在 2 年內，單位也可以將自己的權利交予第三人使用，但應按照勞動關係從所得中給予作者適當的獎勵；即使在單位的優先使用期限內，作者也可以許可他人以與單位不相同的使用方式使用其產品。在 2 年后，單位仍然可以在業務範圍內繼續無償使用該作品，這時，作者許可第三人以與單位相同的使用方式使用其作品時，不必再徵得單位的同意，但獲得的報酬仍由作者與單位按照約定的比例分配。②特殊職務作品的著作權由作者和其所在單位共同享有，作者享有署名權，單位享有著作權中的其他權利。

5. 委託作品的著作權歸屬

委託作品，指一方接受另一方的委託，按照委託合同規定的有關事項進行創作而產生的作品，如為他人撰寫自傳、懸賞徵集廣告詞等。創作作品的受託人是作者，委託人既可以是自然人，也可以是法人或者其他組織。委託作品與合作作品的主要區別是：委託作品由受託人創作，委託人不參與創作；而合作作品由合作方共同創作。委託作品與職務作品的主要區別是：職務作品是基於一種縱向的隸屬關係而產生的一類作品；委託作品則是體現了委託人與受託人之間橫向的民事主體關係。

中國《著作權法》第十七條明確規定，委託作品的著作權歸屬由委託人和受託人通過合同約定。合同未明確約定或沒有訂立合同的，著作權歸受託人。

2.3　著作權客體

著作權客體是著作權法律關係主體的權利和義務所指向的對象，是指著作權法律關係的載體，是指由作者或其他著作權人腦力勞動所創作的、為著作權法所確認和保護的智力創作成果，即作品。

2.3.1　著作權法保護的作品

中國著作權法所稱的作品，是指文學、藝術和科學領域內，具有獨創性並能以某種有形形式複製的智力創造成果。

任何作品要成為著作權客體須具備以下基本條件：

（1）獨創性。獨創性亦稱原創性，即一種個性的表達，是作品成為著作權客體的首要條件。獨創性指作者通過獨立智力活動創作完成的智力勞動成果，作品的內容或者表現形式不同於或者基本不同於他人的作品。其對立面是抄襲和剽竊。獨立創作完成既包括從無到有進行獨立創作，也包括在他人已有作品基礎上的再創作。獨創性是著作權受保護的必要條件，各國著作權法都規定了作品的獨創性。

（2）可複製性。符合著作權保護條件的作品，通常都是能以某種有形的形式加以複製，並可以利用和傳播。複製形式包括印刷、繪圖、攝影、錄制等。中國著作權法並沒有像英美法那樣要求作品必須固定在有形載體上，而只要求作品能夠以某種有形形式複製，因此不排除對未被有形載體固定的口頭作品的保護。

2.3.2 作品的種類

1. 法律規定上的種類

根據中國《著作權法》第三條規定，將文學、藝術和科學領域內的作品分為以下幾類：

（1）文字作品。文字作品指用文字或等同於文字的各種符號、數字來表達思想或情感的作品，是日常生活中數量最多、最為普遍、運用最為廣泛的一種作品形式，如小說、散文、論文、劇本、教科書、科學專著及其譯文、統計報表、樂譜等。

（2）口述作品。口述作品指不借鑑任何載體形式，僅以口頭方式表達出來的作品，如即興的講演、授課、法庭辯論、編講故事等。這類作品的特點是通過口頭方式表達作者的思想感情，大多由即興創作產生，事先並無完整的書面講稿，因此有演講稿的演講、詩歌或散文的朗誦都不是口述作品，而是文字作品。

（3）音樂、戲劇、曲藝、舞蹈、雜技作品。①音樂作品是指歌曲、交響樂等能夠演唱或者演奏的帶詞或者不帶詞的作品。音樂作品可以以樂譜形式出現，也可以不以樂譜形式出現。這區別於演唱、演奏者的表演成果，後者屬於鄰接權的範疇。②戲劇作品是把人的連續動作、臺詞、唱詞、曲等編在一起，供舞臺演出的作品，如話劇、歌劇、地方戲曲等，不是指一出戲劇的演出。③曲藝作品是中國獨有的藝術形式，以說唱來敘述故事，有時帶有表演動作，比如相聲、評書、大鼓等。著作權要保護的是其通過文字或口述編導而形成的以說唱為內容的腳本。④舞蹈作品是指通過連續的動作、姿勢、表情進行設計和程序編排的作品。著作權要保護的是舞蹈的動作設計、構思和安排，而不是現場的舞蹈表演，后者屬於鄰接權範疇。⑤雜技作品指雜技、魔術、馬戲等通過形體動作和技巧表現的作品。雜技作品所要保護的是雜技作品中的藝術成分，如腳本、動作編排、造型等，並不包括雜技表演中表現的動作和技巧難度。

（4）美術、建築作品。美術作品主要指為了欣賞目的而創作的純美術作品，如繪畫、書法、雕塑等。學術界普遍認為建築產品應該包括兩項：一是建築物本身（僅僅指外觀、裝飾或設計上有獨創性的建築物）；二是建築設計圖及其模型。根據中國《著作權法》的規定，與建築物有關的建築物品、建築設計圖、建築物模型是可以分別獨立存在並享有著作權保護的作品。但建築物作為美術作品，一定要有審美意義。那些純粹為了實用目的而建造的建築物並不算是建築作品。

（5）攝影作品。攝影作品指借助器械在感光材料上記錄客觀形象的藝術作品。一般來講，照片是攝影作品，但不是所有照片都構成攝影作品。純複製性的照片，如用相機翻拍的文件、地圖、身分證照等，因其不具有獨創性而被排除在外。

（6）電影、電視作品和以類似攝製電影的方法創作的作品。電影、電視作品和以類似攝製電影的方法創作的作品，是指攝制在一定記錄介質上，由一系列有伴音或無伴音的畫面組成，並借助於適當的裝置放映、傳播的作品。以上作品的創作非常複雜，也包括一系列程序和環節，著作權法中的該類作品，特指經拍攝完成的作品，而不是完成之前的任何階段性成果，也不是電影電視劇本。而只對現場表演、會議報告、教師講課、歌舞表演等進行直接錄制的錄像、電視節目不在此列，屬於錄像製品，是鄰

接權的客體。

（7）工程設計、產品設計圖紙、地圖、示意圖等圖形作品和模型作品。①工程設計圖是指利用各種線條繪制的、用以說明將要創作的工程實物的基本結構和造型的平面圖像，如水路、鐵路、公路建築施工設計圖等。建築工程設計圖不屬於工程設計圖，而屬於建築作品範疇。②產品設計圖是指用各種線條繪制的、用以說明將要生產的產品的造型和結構的平面圖案，如服裝設計圖、家具設計圖等。中國著作權法所保護的工程設計圖、產品設計圖及其說明，僅指以印刷、複印等複製形式使用圖紙及其說明，不包括按照工程設計圖、產品設計圖及其說明進行施工或生產的工程和產品。此類產品適用其他有關專利權或商業秘密的保護規定。③地圖是指用圖形形式表明地球表面自然和人文事項的作品，如地理圖、水文圖、氣象圖、軍用地圖、人口圖等地圖在繪制過程中，表現出繪制人對不同地理信息的編排與取舍，因而是一種創作過程，須受到保護。④示意圖是指用點、線條、幾何圖形和符號說明內容較為複雜事物原理的略圖。如動物解剖圖、人體穴位圖、「長徵三號」捆綁火箭示意圖等。示意圖只表示出事物的輪廓概貌，不需嚴格按比例繪制。示意圖保護範圍較小，只是不能未經許可就複製印刷出版。⑤模型是指為展示、試驗或觀測等用途，根據物體的形狀和結構，按照一定比例制成的立體作品。模型作品的保護重在立體到立體的複製（包括放大或縮小）。

（8）法律法規規定的其他作品。

2. 兩類特殊作品

對於計算機軟件和民間文學藝術作品這兩類特殊作品，中國採用了另行制定法規專門保護的辦法。

（1）計算機軟件。

①計算機軟件的概念。

關於計算機軟件的概念，現在尚無統一的定義，中國《計算機軟件保護條例》對其作了如下定義：計算機軟件，是指計算機的程序及有關文檔。

計算機程序，是指為了得到某種結果，可以由計算機等具有信息處理功能的裝置執行的代碼化序列，或可被自動轉化的符號化指令、語句序列。文檔，是指用來描述程序內容、組成、設計、功能規格、開發情況、測試結果及使用方法的文字資料和圖表，包括程序設計說明書、流程圖和用戶手冊等。

②計算機軟件版權保護的實質性條件。

計算機軟件版權保護的實質性條件包括：第一，原創性。受保護的軟件必須由開發設計者獨立開發完成，是開發者獨立設計、獨立編制的編碼組合。抄襲、複製他人的軟件不能受到法律保護。第二，固定性。受保護的軟件必須固定在某種存儲介質上，如磁盤、光盤、卡片、紙帶、手冊等，並易於複製。只存在於設計者頭腦中的軟件設計思想不受法律保護。

③計算機軟件的法律保護。

在國際上，自20世紀60年代以來，隨著計算機軟件與計算機硬件的分離，各國對計算機軟件保護進行了多方面探討。作為一種實用性技術，具有強烈獨占性的專利技

術更適用於計算機軟件的保護。包括美國在內的不少國家都曾做過類似的嘗試，但問題不斷。首先，軟件的新穎性、實用性、創造性標準難以確定；其次，軟件數量多、更新快與手續複雜、耗時長的專利審查程序無法適應；再次，以數字、符號組成的軟件，其性質與一般的發明專利存在較大差別。於是，人們轉向著作權法中獲取救助。1972 年，菲律賓成為世界上第一個以著作權法保護計算機程序的國家。美國 1976 年、1980 年兩次修改著作權法，保護計算機軟件。目前已有 40 多個國家和地區對計算機軟件採取了著作權法律保護。1993 年，《與貿易有關的知識產權協議》也做出了相關規定。

按照中國《著作權法》和《計算機軟件保護條例》的規定，計算機軟件不是作為文字作品，而是作為一種特殊類型的作品加以版權保護。目前，中國保護計算機軟件的法律主要有《計算機軟件保護條例》（2001 年公布，2002 年 1 月 1 日施行，2011、2013 年分別進行兩次修訂）、《計算機軟件著作權登記辦法》（2002 年 2 月 20 日發布並施行，2004 年修正）。

（2）民間文學藝術作品。

①民間文學藝術作品的範圍。

民間文學藝術作品範圍非常廣泛，如故事、傳說、寓言、編年史、神話、敘事詩、舞蹈、音樂、造型藝術、建築藝術等都屬此類。民間文學藝術的特點是世代相傳，往往沒有固定的有形載體，也沒有明確的作者。

②民間文學藝術作品的特徵。

民間文學藝術作品的特徵包括：第一，群體性與地域性。民間文學藝術作品通常是一個特定群體在某一個區域內經過不間斷的模仿而形成的，基本屬於該群體創作、流傳的特殊的文學藝術形式。第二，長期性。民間文學藝術作品是由集體經過長期的、不間斷的模仿而完成的，其經歷了較漫長的創作過程。第三，傳承性。雖然民間文學藝術有不斷變化的特徵，但通過口頭語或肢體語言等方式具有了一系列相對穩定的因素，並世世代代繼承流傳下來。

上述特點使得多數民間文學藝術作品的內容形式繁雜、難以固定，難以確定其創作時間和創作者，極易受到各種不法行為侵害。為此，國際社會正通過相互間協作採取各種法律措施對其予以特殊保護。

③對民間文學藝術作品的法律保護。

在聯合國倡導下，一系列保護民間文學藝術作品的國際條約相繼問世：1971 年，《保護文學藝術作品伯爾尼公約》（簡稱《伯爾尼公約》）修訂本增加將民間文學藝術作品稱為「不知作者的作品」給予保護；1976 年，世界知識產權組織為發展中國家制定的《突尼斯示範著作權法》專門規定「本國民間創作作品」的保護條款；1982 年，聯合國教科文組織和世界知識產權組織正式通過《保護民間文學表現形式以抵制非法利用及其他不法行為的國內法律示範條例》；2003 年，聯合國教科文組織第 32 屆大會通過了《保護非物質文化遺產公約》。這些法律文件的出抬旨在保護各國少數族裔的文化權利，維繫民間文學藝術的多樣性。

中國是一個多民族的擁有五千年燦爛文明史的國家，56 個民族共同創造了數量龐

大、多種多樣的民間文學藝術作品。加強對民間文學藝術作品的保護，有助於挖掘中國民間文化遺產，弘揚民族文化，發展民族經濟，增進民族團結。但在社會經濟高速發展的時代背景下，為了短期經濟利益毀損民間文化遺產的現象時有發生。因此對民間文學藝術作品提供著作權保護是必須且緊迫的。1991年實施的《著作權法》第六條就明確將民間文學藝術作品納入中國著作權法的保護對象，並表明民間文學藝術作品的著作權保護辦法由國務院另行規定。國務院在1997年頒布了《傳統工藝美術保護條例》。文化部在2000年組織起草了《民族民間傳統文化保護法（草案）》，但是這個草案至今仍未正式確定。2010年，中國對著作權法也進行了修正，但未涉及民間文學藝術作品。國家版權局雖然在2014年公布了《民間文學藝術作品著作權保護條例（徵求意見稿）》，公開向公眾徵求意見，但是迄今為止仍未達成一致意見。中國到目前為止仍未出抬正式的關於民間文學藝術作品的法律、法規。這一立法上的空白亟待完善。

2.3.3 著作權法客體的保護限制

與世界各國的通行做法一致，中國著作權法除了規定上述受著作權法保護的客體外，還同時對受著作權法保護的客體範圍做出某些限制。在這些客體中，有的是由於不具備作品的條件，有的是出於國家政策、公共利益考慮而不予保護。

1. 國家機關的正式文件和譯文

法律、法規、國家機關的決議、決定、命令和其他具有立法、行政、司法性質的文件及其官方正式譯文。上述客體由於體現國家和政府的意志，涉及社會公眾和國家整體利益，屬於公有領域的信息資源，需要向公眾積極進行宣傳，不應為個人獨自利用或被限制傳播，故著作權法不予保護。

2. 時事新聞

時事新聞指通過報紙、期刊、電臺、電視臺等傳播媒介報導的單純事實消息。其只是對事實的客觀報導，表達形式單一，目的是使公眾迅速、廣泛地獲知事實真相，不應對其控製，故著作權法不予保護。但在報導事實時，加入了媒體及作者的分析、評論、觀點就不能被看作是時事新聞。如某些具有時事新聞性質的新聞故事、通訊、報告文學和其他紀實類作品，這些作品具有再創作的過程，因而受到保護。

3. 歷法、數表、通用表格和公式

歷法、數表、通用表格和公式是人們在長期工作生活中對自然現象和自然規律的總結，是人類文明的成果，屬於公共領域的基本常識，不能為少數人壟斷使用，不受著作權法保護。

還有與上述客體類似的電話號碼簿、火車或飛機時刻表、郵政編碼簿、電視節目單等能否成為著作權保護客體也是理論上爭議較多的問題。中國著作權法對該類客體的作品性和著作權保護問題沒有具體規定。對廣播電視節目表，國家版權局曾規定受著作權法保護。

4. 依法禁止出版傳播的作品

這類作品主要是指作者的思想傾向或感情表達方式危害社會秩序或破壞社會公德，比如反動、淫穢的作品。

2.4 著作權的內容

在世界範圍內，大多數國家著作權法所規定的著作權內容都很相近，一般包括人身權和財產權兩部分內容。

2.4.1 著作人身權

著作人身權指作者基於作品依法享有的以人身利益為內容的權利。該權利在英美法系國家被稱為「精神權利」；大陸法系一些國家稱其為「作者人格權」；日本和臺灣地區著作權法則稱「人格權」，指作者基於作品所體現的人格與身分而無直接財產內容的權利。

1. 著作人身權的內容

（1）發表權。發表權指作者決定將作品公之於眾的權利。作者在作品創作完成后，如果不行使其發表權，其他任何精神權利或財產權利均無從行使，因而發表權是對作者人格起碼的尊重，是其享有著作財產權的基礎，在著作人身權中處於首要的地位。發表權只能行使一次，一旦作者根據自己的意願將作品公之於眾（至於公眾是否知悉則無關緊要），發表權便行使完畢，也就是所謂的「權利一次窮盡原則」，作者不可能對同一作品再次行使發表權。發表權基本內容包括決定是否發表、何時發表、何地發表及以何種方式發表作品的權利。

（2）署名權。署名權是作者為表明其作者身分，在作品上註明其姓名或名稱的權利。包括作者在自己的作品上署名和不署名的權利。作者作品署名發表後，其他任何人以出版、廣播、表演、翻譯、改編等形式進行傳播和使用時，必須註明原作品作者的姓名。著作權法保護署名權意味著禁止任何未參加創作的人在他人的作品上署名。署名權的內容一般包括：①作者有權決定在其作品上署名的方式，包括署真名、假名、藝名、代名、筆名等。此外，不署名也是作者對署名權的一種行使方式，不能理解為對署名權的放棄。署名的方式還包括對署名順序的安排，這種安排通常由合作者協商而定。其順序可能包含著相應合作者在創作該作品時的地位或作用。②在演繹的作品上署名。演繹作品作為原作的派生作品，是在原作基礎上的再創作，仍包含著原作品作者的創作勞動和人格特徵。因此，原作品作者有權在有關演繹作品上署名。③有權禁止他人在自己的作品上署名，也有權禁止他人假冒自己的姓名在他人的作品上署名。④署名權不得轉讓、繼承和放棄。

（3）修改權。修改權指作者本人修改或授權他人修改其作品的權利。對作品的修改體現作者對社會負責的嚴謹態度，法律當然要提倡和支持該行為。

修改權的內容包括：①作者本人有權修改作品；②授權他人修改自己的作品；③禁止他人未經授權對作品進行修改。但是著作權人許可他人將其作品攝制成電影作品或其他類似電影作品的，視為已同意對其作品進行必要的改動，但這種改動不得歪曲、篡改原作品。

（4）保護作品完整權。保護作品完整權是指保護作品不受歪曲、篡改的權利。著作權法通過賦予作者保護作品完整權，可以有效防止和制止任何違反作者意思而對作品進行歪曲、篡改、醜化或其他任何實質性改變的行為，從而維護作品的純正性，保護作者的人格利益。

2. 著作人身權特徵

一般而言，著作人身權具有永久性、不可分割性和不可剝奪性的特點。

（1）永久性。永久性是指著作人身權的保護在一般情況下不受時間限制。但是發表權是例外的，發表權保護與財產權保護期限一樣具有期限性。作者的署名權、修改權和保護作品完整權都沒有時間限制。

（2）不可分割性。不可分割性是指著作人身權與作者本身不可分離，不可轉讓。

（3）不可剝奪性。不可剝奪性是指任何單位或個人不得以任何理由剝奪作者的人身權，除非依法律規定給予適當的限制。

2.4.2 著作財產權

著作財產權指著作權人可以通過作品的使用或者許可他人使用為自己獲得經濟報酬的權利。作品的著作財產權是作者的重要財產權利。確認和保護著作財產權作為著作權法律制度的基本內容，實際上就是要明確劃定作者對作品有哪些專有權。

1. 著作財產權的內容

（1）複製權。複製權是指以印刷、複印、臨摹、拓印、錄音、錄像、翻錄、翻拍等方式將作品製作一份或多份的權利。它是著作財產權中最基本的權利。著作權人有權自己複製或許可他人複製其作品，有權獲取相應報酬；著作權人也有權禁止他人複製其作品，任何未經許可而複製其作品的行為均屬於侵權行為。

（2）發行權。發行權是指有權許可或禁止他人以出售或者贈與等方式向公眾提供作品的原件或者複製件的權利。發行權是著作權人所享有的一項與複製權緊密聯繫的重要權利，是實現作品的社會效益和著作財產權的重要保證。通常情況下，如果權利人只複製而不發行作品，就會限制其傳播，著作權人的財產利益難以獲得，因此，很多國家和地區著作權立法都規定對發行權的保護。中國則是通過《著作權法》和《著作權法實施條例》對此做出明確規定。發行權的內容主要包括著作權人有權決定是否發行作品、有權決定是自己發行還是授權他人發行、有權決定發行的數量和方式及範圍，並以此獲得相應的報酬。

（3）出租權。出租權是指著作權人有償許可他人臨時使用電影作品和以類似攝製電影的方法創作的作品、計算機軟件的權利。出租作品是著作權人實現其經濟利益的一種有效方式，特別是隨著現代傳播技術的迅猛發展，這一使用方式將越來越重要。文化消費者無需大量投資購買，只要通過支付較少的租金即可滿足精神文化的需要。目前，世界上許多國家的作品出租已有取代作品出售而成為發行活動的主要形式的趨勢。

中國最開始沒有規定出租權，直到2001年《著作權法》修訂才予以明確，並規定出租權的對象僅是電影作品和影視作品、計算機軟件，作者對其他作品不享有出租權。

出租權的標的是作品本身而不是作品載體，凡是想出租錄音錄像製品，都要取得錄音錄像製作者的許可，並向其支付報酬，因為出租權是著作權人的權利，而非出租店的權利。

（4）展覽權。展覽權是指作者享有的公開陳列美術作品、攝影作品的原件及複印件的權利。展覽權的對象除美術作品或攝影作品外，還可以是個別文字作品的手稿及複印件。中國《著作權法》規定展覽權的作品包括美術作品、攝影作品原件或者複製件。

要注意的是，展覽權的行使有時會與他人物權、肖像權等相衝突。如當美術作品、攝影作品的原件所有權不屬於作者時，作者能否行使原件的展覽權？既然展覽權是著作權人的專有權利，自然由著作權人享有。此時，著作權人享有的著作權與原件所有權人的所有權相衝突，因此中國《著作權法》規定：美術作品的展覽權由原件所有人享有。另外，美術作品、攝影作品的內容涉及他人的肖像時，著作權人的著作權與他人肖像權相衝突，如果著作權人要行使展覽權，就必須徵得肖像權人的同意，否則可能侵犯他人的肖像權。

（5）表演權。表演權又稱公演權、公開表演權，是指作者依法所享有的公開再現其作品的權利。「公開再現」包括現場表演和機械表演兩種。前者是指演出者以聲音、表情、動作公開再現作品；後者是指運用唱片、光盤等物質載體形式，向公眾傳播被記錄下來的表演的行為，如卡拉OK廳和舞廳播放音樂等。著作權人有權自己公開表演或許可他人公開表演其創作的作品；著作權人有權禁止他人未經許可而表演其創作的作品。

（6）廣播權。廣播權又稱播放權，是指作者享有的通過無線電波、有線電視系統或其他方式公開傳播作品的權利。播放權主要是針對廣播電臺、電視臺的播放行為而賦予作者的一項控製權。各國著作權法以及國際公約都確認了這項權利並予以保護。根據中國現行《著作權法》的規定，不論作品是否已發表，無論採取有線還是無線或其他公開傳播方式，無論聽眾或者觀眾是否接受了有關節目，無論播放者是否以營利為目的，只要廣播他人的作品都應當事先獲得許可，並支付報酬。

（7）信息網路傳播權。信息網路傳播權是指以有線或者無線方式向公眾提供作品，使公眾可以在其個人選定的時間和地點獲得作品的權利。隨著信息技術的發展，作品的傳輸手段日趨先進，作品在網路上點對點的傳播較為普遍，需加以規範。根據中國現行《著作權法》和《信息網路傳播權保護條例》的規定，無論是以任何形式發表的作品，無論作品是不是利用網路第一次發表，只要是受著作權法保護的，其著作權人均享有信息網路傳播權。此外，著作權人還可授權他人行使全部或者部分該權利，並依照約定或按相關法律的有關規定獲得報酬。

（8）攝製權。攝製權是指以攝製電影或者以類似攝製電影的方法將作品固定在載體上的權利。如果將表演或者景物直接地、機械地錄製下來，則不享有攝製權。該權利是著作權人實現作品社會價值的重要方式，攝製權可由著作權人自行行使，也可授權他人行使。

（9）改編權。改編是以一種現有作品為基礎而進行的再創作方式。原作與改編過

的作品的區別僅在於表現形式的差異，二者的內容基本一致，而原作中的某些獨創性特點也會反映在改編作品中。改編權是作者的權利，作者有權改編，也有權許可他人改編並獲取報酬。

（10）翻譯權。翻譯權是指將原作品從一種語言文字轉換成另一種語言文字的權利。翻譯權是著作財產權的一項重要權利，由作者本人行使，也可以授權他人行使，未經作者授權，他人不得隨意將作品翻譯成其他語種。

（11）匯編權。匯編權是指將作品或者作品的片段進行選擇、編排，匯集成新的權利。匯編並不改變被匯編作品的表現形式，只是為了某種目的將作品或作品的片段匯集起來，匯編人將作品匯編成集后，享有其著作權，但須取得原作者的同意。此外，匯編作品要具有獨創性的收集、整理、編排，整體構成體現獨創性。

2. 著作財產權的特徵

著作財產權主要具有以下特徵：

（1）可讓與性。著作權人不僅可以自己使用作品以獲得經濟上的利益，也可以通過與他人訂立合同，把作品的使用權授予他人，以取得相應的財產利益。由於著作財產權與作者的人身並無直接聯繫，因此，著作財產權在一定條件下可以轉讓給他人，具有可讓與性。

（2）期限性。為了實現作者個人利益與社會公共利益的平衡，著作權法對著作財產權的保護規定了明確的有效期。在規定的有限期內，著作財產權受到著作權法的保護，超過有效保護期之後，保護則自動取消。

（3）物質利益性。著作財產權以財產利益為內容。著作權人通過自己行使著作財產權或許可他人行使著作財產權獲得相應的經濟利益。

2.4.3 著作權的取得和保護期限

1. 著作權的取得

著作權的取得，又稱為著作權的產生，是指因為某種法定事由的出現，民事主體對某一特定作品依法取得相應的民事權利。

著作權的取得方式主要包括原始取得和繼受取得。原始取得，是指不以他人享有著作權為前提，不以他人的意志為依據，而是直接根據法律規定或者自己的創作行為取得作品著作權的方式；繼受取得又叫傳來取得，是指通過合同或者繼承等方式從原始著作權人之處獲得著作權的方式。繼受取得是以相關權利的可讓與性為前提的，而著作權中的人身權是不具有可讓與性的，因此繼受取得僅僅針對著作財產權而言。

各國著作權立法和國際著作權公約對著作權取得的規定存在差異，概括起來，著作權取得主要有以下幾種原則：

（1）自動取得原則。著作權自動取得，是指著作權因作者創作完成作品這一客觀事實而依法自動獲得，不需要履行任何手續，作品上也不需要有任何特別的表示「享有版權」的形式。這種取得著作權的原則被稱為「自動保護主義」。著作權自動取得原則體現了著作權法保護作者智力創作的基本宗旨。作者只要進行了智力創作，其勞動就應得到尊重和保護。目前，世界上大多數國家的著作權法以及《伯爾尼公約》都採

用了這一原則。

（2）登記取得原則。著作權的登記取得原則，是指作品著作權以履行法定的登記註冊手續后產生，沒有登記的作品則不受保護。這些手續往往有註冊登記、繳送樣本、刊登啓事、辦理公證文件、支付費用等。國家設立專門的著作權登記機構，辦理作品的登記事項。目前，一些拉美和非洲國家採用這一原則。

（3）以物質形式固定取得原則。這一原則是指作品必須以物質形式固定下來，才能獲得著作權法保護。這把「口頭作品」和「演藝作品」（如現場表演或電臺、電視臺轉播未加固定的表演）排除在法律保護之外。其本來目的在於著作權糾紛產生時便於取證，事實上就會使表演者權得不到保護，或得不到完整的保護。

（4）以著作權標記取得原則。這一原則是指首次出版的作品必須帶有規定的著作權標記，才能取得著作權，否則該作品被視為進入「公有領域」而不受著作權法保護。美國等國家的著作權法以及《世界版權公約》確認了這一制度。

中國現行著作權法參照各國的通行做法，採用「自動取得」作為中國著作權取得的基本原則。

2. 著作權的保護期限

設定保護期是對著作權進行限制的一種方式，是著作權法律制度立法宗旨所決定的。著作權的保護期，是指著作權人對其作品享有專有權的有效期限。在著作權保護期內，作品的著作權受法律保護；著作權期限屆滿就喪失著作權，該作品便進入「公有領域」，成為人類共有的文化財富，不再受法律保護，任何人都可以利用，不需要徵得原著作權人的同意，也不需要向原著作權人支付報酬。

（1）人身權利的保護期。在確認著作人身權的國家，對人身權利保護期的規定主要有永久保護和有限保護兩種立法例。中國《著作權法》第二十條、第二十一條對人身權利的保護期作了明確的規定：對人身權利中的發表權實行有期限保護，其保護期與財產權利的保護期相同，即作者終生及其死亡后50年，截止於作者死亡后第50年的12月31日；而對作者的署名權、修改權、保護作品完整權實行永久保護。

（2）財產權利的保護期。著作權的保護期，通常指財產權利的保護期。各國對財產權利的保護期都採用有期限的保護。

① 一般作品的財產權利保護期。

第一，公民享有著作權的作品的財產權利保護期。

對公民創作的一般作品，其財產權利的保護期，各國都實行「死亡起算法」，即保護期為作者的有生之年加死后若干年。《伯爾尼公約》和《世界版權公約》都採用了這一做法。中國著作權法規定，公民享有著作權的作品，其使用權和獲得報酬權的保護期為作者終生及其死亡后第50年的12月31日。

第二，法人享有著作權的作品的財產權利保護期。

法人享有著作權的作品主要包括作者是法人的作品（法人作品）、法人享有著作權的職務作品或委託作品。法人享有著作權的作品，多數國家採用「發表起算法」，即保護期從作品發表之時起若干年，一般為50年。另外，對法人享有著作權的作品，自創作完成后規定的期限內不發表的，多數國家不再予以保護；在該期限內發表的，則從

發表之時起按規定的保護期給予保護。

中國《著作權法》第二十一條也確定了類似原則，法人或者非法人單位的作品、著作權（署名權除外）由法人或者非法人單位享有的職務作品，其發表權、使用權和獲得報酬權的保護期為50年，截止於作品首次發表後第50年的12月31日，但作品自創作完成後50年內未發表的，本法不再保護。這裡「創作完成後50年內」的計算，一般解釋為自創作完成之日起算，而不是從次年1月1日起算。

②特殊作品的財產權利保護期。

影視作品、攝影作品、作者身分不明作品、計算機軟件的著作權的保護期適用特殊規定，自創作完成之日起50年內未發表的不再受著作權法保護，這樣的作品，即使以後再發表，也不計算著作權保護期，不再受著作權保護。以上作品的保護期截止於作品首次發表後第50年的12月31日。

2.5 鄰接權

2.5.1 鄰接權與狹義著作權的區別

1. 鄰接權的概念

鄰接權，又稱「相關權」或「作品傳播權」，是指作品的傳播者對於傳播他人作品過程中所做出的智力成果享有的專有權利。作品的創作與傳播緊密相連，傳播以創作為前提和條件，這種權利與著作權密切相關，但又獨立於著作權之外。具體包括表演者對自己表演的作品享有的權利、錄音錄像製品製作者對自己製作的錄音錄像製品享有的權利、廣播電視節目播放者對自己播放的廣播電視節目享有的權利、出版者對自己出版的作品享有的權利。故作品鄰接權是與作品著作權相鄰、相近或相聯繫的權利。

2. 鄰接權與狹義著作權

鄰接權作為一項保護作品傳播與智力勞動成果的權利，與狹義著作權一樣都屬於知識產權的範疇，包括在廣義的著作權裡。鄰接權是傳播者在傳播作品過程中依法產生的對智力勞動成果所享有的權利，鄰接權是與著作權（狹義）相關和相鄰的權利，兩者關係密切，但又存在以下區別：

（1）保護對象不同。著作權保護的是作品創作過程中的智力創造成果；鄰接權保護的是作品傳播過程中的智力創造成果。

（2）保護原則不同。著作權的取得通常採用自動保護原則，作品一旦完成就自動取得著作權，無需履行任何手續；鄰接權的取得以原作品著作權人的許可為根本前提，權利行使須以不損害原作品為基本條件。

（3）保護期限不同。著作權中的署名權、修改權、保護作品完整權等精神權利的保護期不受限制；鄰接權的保護期各有不同，比如表演者權中，表演者人身權的保護期不受限制，表演者財產權的保護期為50年，錄音錄像製品製作者權的保護期為50

年，等等。此外，兩者在權利主體、權利內容、權利的獲得方式等方面也存在明顯的不同。

2.5.2 鄰接權保護制度的產生和發展

鄰接權，也稱為「相關權」，該詞譯自英文中的「Neighboring Rights」，本意是與著作權有關及相鄰的權利。隨著傳播技術的快速發展，傳播作品的手段日益多樣化，作品傳播者在傳播過程中所產生的智力勞動能大大提高作品的知名度和美譽度，讓作品廣泛地被社會公眾所接受和認可，作品傳播者的創造性勞動需要獲得法律的保護。

1709年，英國議會頒布《為鼓勵知識創作授予作者及購買者就其已印刷成冊的圖書在一定時期內之權利的法》（簡稱《安娜女王法》）。它是世界上第一部保護作者權益的法律文件，其中明文規定了作品出版商所享有的出版權利。

1910年，德國通過《文學與音樂作品產權法》，將音樂作品和戲曲作品的表演者看作原作品的「改編創作者」，給予等同於原作者的法律保護。1911年，英國在其著作權法中加入保護錄音製品製作人權利的條款；1925年，開始立法保護藝術表演人權利；1956年，進一步立法保護廣播電視組織的權利。世界各主要發達國家也紛紛效仿，建立起鄰接權保護制度。世界範圍內也有三個保護鄰接權的公約，即《保護表演者、音像製品製作者和廣播組織羅馬公約》（簡稱《羅馬公約》）、《保護唱片製作者防止唱片被擅自複製公約》《關於播送由人造衛星傳載有節目的信號的公約》。《羅馬公約》是保護鄰接權的第一個國際性條約。

中國在1991年施行的《著作權法》中就確立了鄰接權制度，其後又通過頒布了《著作權法實施條例》《音像製品管理條例》《音像製品出版管理辦法》《電子出版物管理暫行規定》等行政法規和部門規章對此逐步完善，由此構成了鄰接權法律保護的基本框架。

2.5.3 出版者權

出版者權是圖書出版者和報刊出版者，對其編輯出版的圖書和報刊依法享有的權利。《羅馬公約》中並沒有出版者權的規定，將出版者權作為鄰接權規定在著作權法中，是中國的特色。

1. 專有出版權

出版者是否享有專有出版權，享有多長時間，享有多大區域範圍內的專有出版權，主要取決於著作權人的授權，是出版者和著作權人雙方自願協商的結果。中國《著作權法》第三十一條規定，圖書出版者對著作權人交付出版的作品，按照合同約定享有的專有出版權受法律保護，他人不得出版該作品。中國《著作權法實施條例》第二十七條規定，圖書出版合同中約定圖書出版者享有專有出版權但沒有明確其具體內容的，視為圖書出版者享有在合同有效期內和在合同約定的地域範圍內以何種文字的原版、修訂版出版圖書的專有權利。

2. 版式設計的專用權

所謂版式，是指出版者對出版圖書、期刊所使用的開本、文字、字形、篇章結構

的整體編排設計的式樣。版式設計是指對圖書、期刊的版面格式設計。出版者有權許可或禁止他人使用其出版的圖書、期刊的版式設計。該權利的保護期為 10 年，截止於使用該版式設計的圖書、期刊首次出版后第 10 年的 12 月 31 日。

另外，出版者權利的行使會涉及著作權，對著作權人需履行以下義務：圖書出版者出版圖書應當和著作權人訂立出版合同，並支付報酬；應當按照合同約定的出版質量、期限出版圖書；圖書出版者重印、再版作品的，應當通知著作權人，並支付報酬；圖書脫銷后，圖書出版者拒絕重印、再版的，著作權人有權終止合同；圖書出版者經作者許可，可以對作品修改、刪節；報社、期刊社對作品內容的修改，應當經作者許可。出版改編、翻譯、註釋、整理、匯編已有作品而產生的作品，應當取得改編、翻譯、註釋、整理、匯編作品的著作權人和原作品的著作權人許可，並支付報酬。

2.5.4 表演者權

1. 表演者權概述

表演者是指以各種演出的形式表演文學藝術作品的單位和個人，包括演員、歌唱家、音樂家、舞蹈家、演講者、朗誦者等，但不包括運動員。需注意的是，中國《著作權法》已經將雜技藝術列入著作權法的保護對象，所以雜技演員是表演者，他們對其進行的雜技藝術表演享有表演者權。

表演者表演文學藝術作品的過程，不僅是對作品的機械傳播過程，也是對作品進一步創作、賦予作品表演個性的過程。

2. 表演者權的內容

根據中國《著作權法》第三十八條的規定，表演者依法享有以下權利：

（1）表明身分的權利。表明表演者身分就是表演者有權以適當的方式指明自己的真名、藝名等，表明自己是該表演的表演者。表演者表明身分的權利屬於人身權，表演者不能通過處分該權利來換取報酬。

（2）保護表演形象不受歪曲的權利。保護表演形象不受歪曲的權利，是指表演形象被再次使用時，原表演者享有禁止他人歪曲、醜化其表演形象和未經許可將其表演形象挪作他用的權利。該權利是表演者對自己的表演形象享有的權利，屬於人身權利。

（3）許可他人現場直播和公開傳送表演並獲取報酬的權利。許可他人現場直播和公開傳送表演並獲取報酬的權利，是指表演者許可他人使用廣播電視通信手段或者其他信息傳送手段將現場表演直接傳送給用戶，並收取報酬的權利。

（4）許可他人錄音錄像並獲取報酬的權利。表演者可以自己或許可他人對自己的表演錄音、錄像，以獲取收益，但都需要徵得著作權人的同意，並支付報酬。

（5）許可他人通過信息網路向公眾傳播其表演並獲取報酬的權利。表演者可以自己或許可他人將自己的表演在信息網路上傳播以獲取收益。但都需要徵得著作權人的同意，並支付相應的報酬。

（6）表演者的複製發行權。表演者的複製發行權，是指表演者有權許可他人複製、發行對其表演活動進行錄音錄像的錄音錄像製品並獲得報酬的權利。需要注意的是，需要複製發行該音像製品的單位或個人不僅要取得表演者的許可，同時還要取得該音

像製品製作者以及相關著作權人的多重許可。

以上前兩條為表演者的人身權，后四條為表演者的財產權。

3. 表演者權的期限

根據中國《著作權法》第三十八條、第三十九條的規定，表演者權中，表演者人身權的保護期不受限制，表演者財產權的保護期為 50 年，截止於該表演發生後第 50 年的 12 月 31 日。

另外，表演者權利的行使會涉及著作權，對著作權人需履行以下義務：使用他人作品演出，表演者（演員、演出單位）、演出組織者應當取得著作權人許可，並支付報酬；使用改編、翻譯、註釋、整理已有作品而產生的作品進行演出，應當取得改編、翻譯、註釋、整理作品的著作權人和原作品的著作權人許可，並支付報酬。

2.5.5 錄音錄像製品製作者權

1. 錄音錄像製品製作者權概述

錄音錄像製品製作者權，是指錄音、錄像製品的製作者對其製作的錄音錄像製品依法享有的專有權利。錄音錄像製作者權的客體是錄音錄像製品，包括錄音製品和錄像製品。中國《著作權法實施條例》界定錄音製品為任何對表演的聲音和其他聲音的錄製品，錄像製品為電影和以類似攝製電影的方法創作的作品以外的任何有伴音或無伴音的連續相關的影像的原始錄製品。中國現行著作權法規定的錄製者權利的客體也包括錄音製品和錄像製品。

2. 錄音錄像製品製作者權的內容

中國《著作權法》第四十二條規定，錄音錄像製作者對其製作的錄音錄像製品有如下權利：

（1）複製、發行錄音錄像製品權。錄音錄像製作者可以自行複製、發行錄音錄像製品獲取收益，也可以許可他人複製、發行，並收取報酬。任何人未經錄音錄像製作者許可，不得複製、發行其製作的錄音錄像製品，但法律另有規定的除外。

（2）出租音像製品許可權。錄音錄像製作者可以將自己製作的錄音錄像製品出租給他人使用。按照租賃合同關係的一般法律規則，承租人轉租錄音錄像製品需經錄音錄像製作者同意，並支付報酬。音像製品所有人不得擅自以營利為目的出租其所購買的音像製品，只有當他取得了音像製品製作者的許可，才能進行出租音像製品的業務。

（3）信息網路傳播權。信息網路傳播權是指音像製作者享有授權或禁止將音像製品中錄音、錄像內容上傳到網路中，供公眾在其個人選定的時間、地點在線欣賞或下載的專有權利。

音像製品製作者行使上述三項許可權時，可以獲得相應的報酬，另一方面被許可人複製發行、通過信息網路向公眾傳播音像製品，還需要取得著作權人、表演者的許可並支付報酬。

3. 錄音錄像製品製作者權的保護期

錄音錄像製品製作者權的保護期為 50 年，截止於錄音錄像製品首次製作完成後第 50 年的 12 月 31 日。

另外，錄音錄像製品製作者權利的行使會涉及著作權，對著作權人需履行以下義務：錄音錄像製作者使用他人作品製作錄音錄像製品，應當取得著作權人許可，並支付報酬；錄音錄像製作者使用改編、翻譯、註釋、整理已有作品而產生的作品，應當取得改編、翻譯、註釋、整理作品的著作權人和原作品著作權人許可，並支付報酬；錄音製作者使用他人已經合法錄制為錄音製品的音樂作品製作錄音製品，可以不經著作權人許可，但應當按照規定支付報酬，著作權人聲明不許使用的不得使用；錄音錄像製作者製作錄音錄像製品，應當同表演者訂立合同，並支付報酬。

2.5.6 廣播電臺、電視臺播放者權

1. 廣播電臺、電視臺播放者權概述

廣播電臺、電視臺播放者權是指廣播電臺、電視臺對其廣播節目的控製權。中國《著作權法》第四十五條規定，廣播電臺、電視臺有權禁止他人將其播放的廣播、電視進行轉播，有權禁止他人將其播放的廣播、電視錄制在音像載體上以及複製音像載體。

廣播電臺、電視臺播放者權的權利主體是廣播電臺、電視臺，在中國，既包括無線的電臺、電視臺，也包括有線的電臺、電視臺。外國的廣播電臺、電視臺按照中國參加的國際條約的規定所享有的權利，受中國著作權法保護。

2. 廣播電臺、電視臺播放者權的內容

廣播電視組織權利的主要內容是許可或禁止他人對其製作的廣播電視節目的使用。主要有以下幾方面的內容：

（1）轉播權。轉播是指一個廣播電視組織的廣播電視節目同時被另一個廣播電視組織播放。轉播權是授權或禁止他人轉播其製作的廣播電視信號的專有權利。中國《著作權法》第四十五條規定，廣播電臺、電視臺有權禁止他人將其播放的廣播、電視進行轉播。

（2）錄制、複製權。錄制、複製權，是指錄制、複製廣播電視信號的專有權利。《羅馬公約》及大多數國家都規定廣播電視組織享有自己錄制、複製或許可他人錄制、複製發行其製作的廣播電視節目，並獲得報酬的權利。中國《著作權法》第四十五條規定，廣播電臺、電視臺有權禁止他人將其播放的廣播、電視錄制在音像載體上以及複製音像載體。

中國《著作權法修改草案（第三稿）》規定，廣播電臺、電視臺對其播放的廣播電視節目享有下列權利：①許可他人以無線或者有線方式轉播其廣播電視節目；②許可他人錄制其廣播電視節目；③許可他人複製其廣播電視節目的錄製品。前款規定的權利的保護期為 50 年，自廣播電視節目首次播放后的次年 1 月 1 日起算。被許可人以本條第 1 款規定的方式使用作品、表演和錄音製品的，還應當取得著作權人、表演者和錄音製作者的許可。

3. 廣播電臺、電視臺播放者權的保護期

廣播電臺、電視臺播放者權的保護期為 50 年，截止於廣播、電視節目首次播放后第 50 年的 12 月 31 日。

另外，廣播電臺、電視臺播放者權利的行使會涉及著作權，對著作權人需履行以

下義務；廣播電臺、電視臺播放他人未發表的作品，應當取得著作權人許可，並支付報酬；廣播電臺、電視臺播放他人已發表的作品，可以不經著作權人許可，但應當支付報酬；廣播電臺、電視臺播放已經出版的錄音製品，可以不經著作權人許可，但應當支付報酬；電視臺播放他人的電影作品和以類似攝製電影的方法創作的作品、錄像製品，應當取得製片者或者錄像製作者許可，並支付報酬；播放他人的錄像製品，還應當取得著作權人許可，並支付報酬。

除了以上四種法律規定的鄰接權，是否還有其他鄰接權？網站經營者在其網站上付出巨大成本、智力勞動建立的圖書館、公告板及其他許多鏈接方式是否也應按照鄰接權給予保護，值得討論。

2.6 著作權的運用與限制

2.6.1 著作權的運用

著作權的運用是指對著作權作品的使用。著作權的使用方式主要有四種，包括自己行使、許可他人使用、著作權轉讓和著作權質押。

1. 自己行使

自己行使是作品使用的基本方式，就是著作權人自己直接使用享有著作權的作品。由於具體作品不同，使用的目的和條件各異，對於每件作品的具體使用情形可能會有不同。

2. 許可他人使用

（1）著作權的許可使用的概念。著作權的許可使用，是著作權人在保留著作權所有者身分的前提下，授權他人在一定地域和期限內以一定方式使用其作品的制度。著作權的許可使用通常以訂立許可使用合同的方式實現，可以在許可人和被許可人之間產生多重權利義務關係。

著作權的許可使用具有以下特徵：①著作權許可使用並不改變著作權的歸屬。②被許可人的權利受制於合同的約定。被許可人不能擅自行使超出約定的權利，同時也只能以約定的方式在約定的地域和期限行使著作權。③被許可人不能擅自將自己享有的權利許可他人使用，也不能禁止著作權人將同樣權利以完全相同的方式，在相同的地域和期限內許可他人使用，除非合同另有約定。④被許可人對第三人侵犯自己權益的行為一般不能以自己的名義向侵權者提起訴訟，因為被許可人並非著作權的主體，除非著作權人許可的是專有使用權。

（2）著作權的許可使用，按照許可的專有性角度可以分為獨占許可、排他許可和普通許可三種類型。獨占許可，是指著作權人授予被許可人在一定地域和期限內以一定方式使用其作品的權利是排他性專有的，即使著作權人本人也不得在許可範圍內行使該權利。如圖書出版者通過合同從作者處獲得的專有出版權，就是典型的獨占許可權。中國《著作權法實施條例》規定，取得某項作品專有使用權者，有權排除包括著

作權人在內的任何其他人以同樣的方式使用該作品。排他許可，是指著作權人授予被許可人在一定地域和期限內以一定方式使用其作品的權利是排他性的，但著作權人本人可以在許可範圍內行使該權利。普通許可，是指著作權人授予許可人在一定地域和期限內以一定方式使用其作品的權利不是排他的，著作權人不僅自己有權在許可範圍內使用作品，也可以授予其他人相同的使用權。

（3）著作權許可使用合同。著作權許可使用合同是指作為許可人的著作權人與被許可人之間就作品使用的期間、地域、方式等達成的協議。著作權許可使用，通常是通過許可使用合同的形式來實現。《著作權法實施條例》規定，使用他人作品應當同著作權人訂立許可使用合同，許可使用的權利是專有使用權的，應當採取書面形式，但是報社、期刊社刊登作品除外。

《著作權法》第二十四條規定，使用他人作品應當向著作權人訂立許可使用合同，根據法律規定可以不經許可的除外。許可使用合同包括下列主要內容：①許可使用的權利種類；②許可使用的權利是專有使用權或者非專有使用權；③許可使用的地域範圍、期間；④付酬標準和辦法；⑤違約責任；⑥雙方認為需要約定的其他內容。可見，許可使用合同是要式合同、雙務合同、有償合同。

3. 著作權轉讓

（1）著作權轉讓的概念。著作權轉讓，是指著作權人將著作權中的全部或部分財產權有償或無償地讓渡給他人的法律行為。轉讓通常可以通過買賣、互易、贈與或遺贈等方式完成。出讓著作權的著作權人稱為轉讓人，受讓著作權的人稱為受讓人。

著作權的轉讓的特點：①著作權的轉讓只能轉讓著作財產權，不能轉讓著作人身權；②著作權的轉讓會改變著作權的歸屬，導致著作權主體的變更；③著作權轉讓可以是全部轉讓，也可以是部分轉讓：第一，全部轉讓，是指著作權人將作品的全部著作財產權都轉讓給受讓人，由受讓人對作品著作財產權進行全面的支配。著作財產權的全部轉讓也稱賣絕。第二，部分轉讓，是指著作權人僅將著作財產權中的部分權能轉讓給受讓人，其他權能轉讓給另外的受讓人或者自己保留。部分轉讓的受讓人只享有特定的權能，不能行使著作權人沒有轉讓的其他權能，否則構成侵權。

（2）著作權轉讓合同。著作權轉讓合同是著作權轉讓的法律形式，是轉讓方和受讓方對著作權轉讓的具體合意，屬於雙方民事法律行為。著作權轉讓合同應當使用書面形式。中國《著作權法》第二十五條規定，轉讓本法第十條第一款第（五）項至第（十七）項規定的權利，應當訂立書面合同。

著作權轉讓合同一般包括下列主要內容：①作品的名稱；②轉讓的權利種類、地域範圍；③轉讓價金；④交付轉讓價金的日期和方式；⑤違約責任；⑥雙方認為需要約定的其他內容。可見，著作權轉讓合同是要式合同、有償合同、雙務合同，而且還需要到版權部門備案。《著作權法修改草案（第三稿）》採用了登記對抗主義立法模式。中國《著作權法修改草案（第三稿）》規定，與著作權人訂立專有許可合同或者轉讓合同的，使用者可以向國務院著作權行政管理部門設立的專門登記機構登記。經登記的權利，可以對抗第三人。登記應當繳納費用，收費標準由國務院財政、價格管理部門確定。

著作權除了通過合同方式轉讓外，還可以基於法律的規定發生轉移。通過法定事由引起著作權轉移主要包括兩種情形：自然人的繼承和法人及非法人組織因合併引起的著作權繼受。

4. 著作權質押

著作權質押是指債務人或者第三人依法將其著作權中的財產權出質，將該財產權作為債權的擔保，在債務人不履行債務時，債權人有權依法以該財產權折價或者以拍賣、變賣該財產權的價款優先受償。

2.6.2 著作權的限制

著作權的限制是指法律明確規定的對著作權人依法行使著作權時所做的約束。著作權限制，一方面，可以合理平衡作品創作者、傳播者和使用者之間的收益，從而維護社會公共利益；另一方面，可以有效防止因著作權過度保護所導致的權利濫用和不正當競爭，從而促進社會科學事業的進步和文化的繁榮與發展。著作權的限制主要包括合理使用、法定許可和強制許可三種類型。

1. 合理使用

合理使用是指根據法律規定，可以在不經著作權人許可，不向其支付報酬的情況下使用他人作品的制度。

（1）合理使用成立的基本條件。中國《著作權法》第二十二條明確規定了合理使用的具體行為。與此同時，該條對合理使用的行為提出了明確要求，必須同時符合以下條件：①合理使用的對象應是已經發表的作品，沒有發表的作品不屬於合理使用的範圍；②合理使用他人作品一般不應用於商業目的；③使用者在依據合理使用他人作品時必須註明被使用作品的作者姓名和作品出處；④使用行為必須屬於法律明確規定的合理使用情形；⑤不得侵犯著作權人依法享有的其他權利。

（2）著作權合理使用行為的具體類型。《著作權法》規定的合理使用行為包括下列情形：①為個人學習、研究或者欣賞，使用他人已經發表的作品；②為介紹、評論某一作品或者說明某一問題，在作品中適當引用他人已經發表的作品（一般認為，「適當」的標準是指所引用部分不能構成引用人作品的主要部分或者實質部分）；③為報導時事新聞，在報紙、期刊、廣播電臺、電視臺等媒體中不可避免地再現或者引用已經發表的作品；④報紙、期刊、廣播電臺、電視臺等媒體刊登或者播放其他報紙、期刊、廣播電臺、電視臺等媒體已經發表的關於政治、經濟、宗教問題的時事性文章，但作者聲明不許刊登、播放的除外；⑤報紙、期刊、廣播電臺、電視臺等媒體刊登或者播放在公眾集會上發表的講話，但作者聲明不許刊登、播放的除外；⑥為學校課堂教學或者科學研究，翻譯或者少量複製已經發表的作品，供教學或者科研人員使用，但不得出版發行；⑦國家機關為執行公務在合理範圍內使用已經發表的作品；⑧圖書館、檔案館、紀念館、博物館、美術館等為陳列或者保存版本的需要，複製本館收藏的作品；⑨免費表演已經發表的作品，該表演未向公眾收取費用，也未向表演者支付報酬；⑩對設置或者陳列在室外公共場所的藝術作品進行臨摹、繪畫、攝影、錄像；⑪將中國公民、法人或者其他組織已經發表的以漢語言文字創作的作品翻譯成少數民族語言

文字作品在國內出版發行；⑫將已經發表的作品改成盲文出版。

上述規定適用於對出版者、表演者、錄音錄像製作者、廣播電臺、電視臺的權利的限制。

（3）計算機軟件作品的合理使用。中國《計算機軟件保護條例》對計算機軟件作品的合理使用做出規定，即為了學習和研究軟件內含的設計思想和原理，通過安裝、顯示、傳輸或者存儲軟件等方式使用軟件的，可以不經軟件著作權人許可，不向其支付報酬。

（4）信息網路傳播權的合理使用。中國《信息網路傳播權保護條例》規定，在下列情況下，通過信息網路提供他人作品，可以不經著作權人許可，不向其支付報酬：①為介紹、評論某一作品或者說明某一問題，在向公眾提供的作品中適當引用經發表的作品；②為報導時事新聞，在向公眾提供的作品中不可避免地再現或者引用已經發表的作品；③為學校課堂教學或者科學研究，向少數教學、科研人員提供少量已經發表的作品；④國家機關為執行公務，在合理範圍內向公眾提供已經發表的作品；⑤將中國公民、法人或者其他組織已經發表的、以漢語言文字創作的作品翻譯成的少數民族語言文字作品，向中國境內少數民族提供；⑥不以營利為目的，以盲人能夠感知的獨特方式向盲人提供已經發表的文字作品；⑦向公眾提供在信息網路上已經發表的關於政治、經濟問題的時事性文章；⑧向公眾提供在公眾集會上發表的講話。

除此之外，對於圖書館、檔案館、紀念館、博物館、美術館通過信息網路使用他人作品的情況，《信息網路傳播權保護條例》也做出了有條件的合理使用的規定，即圖書館、檔案館、紀念館、博物館、美術館等可以不經著作權人許可，通過信息網路向本館館舍內服務對象提供本館收藏的合法出版的數字作品和依法為陳列或者保存版本的需要以數字化形式複製的作品，不向其支付報酬，但不得直接或者間接獲得經濟利益。當事人另有約定的除外。所謂為陳列或者保存版本需要以數字化形式複製的作品，是指已經損毀或者瀕臨損毀、丟失或者失竊，或者其存儲格式已經過時，並且在市場上無法購買或者只能以明顯高於標定的價格購買的作品。

2. 法定許可使用

法定許可使用，是指基於著作權法的規定，特定的使用人可以不經著作權人的許可而以某種方式使用其已經發表的作品，但應當向著作權人支付報酬的制度。

（1）法定許可的條件。根據中國《著作權法》的規定，法定許可使用應具備以下條件：①法定許可使用只限於著作權法直接、明確規定的範圍內，不能任意擴大。著作權法的規定，是適用法定許可使用的直接法律根據，對於《著作權法》沒有做出規定的，不能適用法定許可使用制度。②法定許可使用只限於已經發表的作品。對於尚未發表的作品，不適用法定許可使用制度，使用人要想使用著作權人的作品，必須徵得著作權人的同意，否則，構成侵犯著作權的行為，並應承擔法律責任。③作者有權事先聲明其作品不適用法定許可，若沒有明確做出聲明的，則法律推定作者同意適用法定許可使用制度。也就是說，著作權法所規定的法定許可使用制度，可因著作權人的聲明而排除適用。當然，聲明必須以明示方式做出，不能採用默認方式。

（2）法定許可的情形。根據中國《著作權法》的規定，法定許可使用主要有以下

幾種情況：①《著作權法》第二十三條第一款規定，為實施九年制義務教育和國家教育規劃而編寫出版教科書，除作者事先聲明不許使用的外，可以不經著作權人許可在教科書中匯編已經發表的作品片段或者短小的文字作品、音樂作品或者單幅的美術作品、攝影作品，但應當按照規定支付報酬，指明作者姓名、作品名稱，並且不得侵犯著作權人依照本法享有的其他權利。②《著作權法》第三十三條第二款規定，作品刊登后，除著作權人聲明不得轉載、摘編的外，其他報刊可以轉載或者作為文摘、資料刊登，但應當按照規定向著作權人支付報酬。③《著作權法》第四十條第三款規定，錄音製作者使用他人已經合法錄製為錄音製品的音樂作品製作錄音製品，可以不經著作權人許可，但應當按照規定支付報酬；著作權人聲明不許使用的不得使用。④《著作權法》第四十三條第二款規定，廣播電臺、電視臺播放他人已發表的作品，可以不經著作權人許可，但應當支付報酬。《著作權法》第四十四條規定，廣播電臺、電視臺播放已經出版的錄音製品，可以不經著作權人許可，但應當支付報酬。當事人另有約定的除外。具體辦法由國務院規定。

（3）法定許可與合理使用的區別：①從設定目的看，合理使用主要是為了滿足使用者個人對於文化產品的需求，允許其小範圍地使用他人作品，而法定許可是為了簡化著作權許可手續，為促進作品廣泛而迅速地傳播而設定的；②在使用對象上，合理使用絕大多數情況下限定為已發表作品，個別情況也可以是未發表作品，而法定許可的對象只能是已經發表的作品，因為法定許可使用的範圍通常較大，一旦使用他人未發表的作品，將嚴重侵害著作權人的發表權；③在使用目的上，合理使用通常要求是非營利性的，而法定許可未做出要求，既可以是非營利性的，也可以是營利性的，營利性的居多；④報酬不同，合理使用不需支付報酬，而法定許可使用需要支付報酬。

3. 強制許可使用

強制許可使用，是指著作權法規定的，由著作權主管機關在特定條件下，強制性地許可他人使用著作權人已經發表的作品的制度。

對於已經發表的作品，如果著作權人在一定時期內沒有許可他人使用，想使用該作品的人可以向著作權主管機關提出申請，由著作權主管機關進行審核，審核批准後發給申請人強制許可證，以取得對該作品的使用權。當然，使用人仍然需要向著作權人支付相應的報酬。

中國著作權法中沒有直接規定強制許可制度，但由於中國加入了《伯爾尼公約》和《世界版權公約》，這兩個公約對強制許可制度做出了相應規定，因此中國應當承擔實施強制許可制度的國際義務。對於社會生活中出現的著作權人濫用著作權阻礙作品的傳播，影響文化事業的發展和科學技術進步的現象，中國應該在立法上予以明確規定並加以制止，授予著作權行政管理部門頒發強制許可證的權力。

2.7 著作權的管理

2.7.1 著作權行政管理

著作權行政管理，是指國家著作權行政管理機關通過行政行為，代表國家對著作權的行使、轉讓以及侵犯他人著作權的行為進行管理的活動。

1. 著作權行政管理機關

著作權行政管理機構分成兩級：一是國家級行政管理機構，即國家版權局；二是地方級行政管理機構，即各省、自治區和直轄市以及其他各級版權局。

2. 著作權行政管理機關的職責

國家級著作權行政管理機關是國家版權局，國家版權局的主要職責是：

（1）貫徹實施著作權法律、法規，制定與著作權行政管理有關的辦法；
（2）查處在全國有重大影響的著作權侵權案件；
（3）批准設立涉外代理機構並監督、指導其工作；
（4）負責著作權涉外管理工作；
（5）負責國家享有的著作權管理工作；
（6）指導地方著作權行政管理部門的工作；
（7）承擔國務院交辦的其他著作權管理工作。

地方著作權行政管理機構的主要職責是：

（1）在本地區實施、執行著作權法律、法規，制定本地區著作權行政管理的具體辦法；
（2）查處本地區發生的嚴重侵犯著作權以及與著作權有關權利的行為；
（3）組織本地區的著作權糾紛仲裁；
（4）監督、指導本地區的著作權貿易活動；
（5）監督、指導著作權集團管理機構在本地區的活動。

2.7.2 著作權集體管理

1. 著作權集體管理概述

著作權是私有權利，本應由權利人自己管理和行使，但是隨著科學技術的日新月異和使用手段的日趨多樣化，尤其是廣播、網路傳播等便捷傳播技術的快速發展，著作權人對作品被使用的情況很難全面瞭解、控製和支配，對廣泛的侵權行為往往也無力抗衡，因此，成立一個為眾多著作權人行使權利提供保障的團體組織就很有必要，著作權集體管理這種制度就應運而生。著作權集體管理是指著作權集體管理組織經權利人授權集中行使權利人的有關權利並以自己的名義進行的下列活動：與使用者訂立著作權或者與著作權有關的權利許可使用合同；向使用者收取使用費；向權利人轉付使用費；進行涉及著作權或者與著作權有關的權利的訴訟、仲裁等。

著作權集體管理的前提是著作權人的授權，通過著作權人與著作權集體管理機構訂立著作權管理合同的方式來實現。

2. 著作權集體管理組織的性質、職責

著作權的集體管理是通過著作權集體管理組織實現的。目前，大多數國家和地區都建立了著作權集體管理組織。絕大多數國家的此類管理組織都是民間性私人團體，通過收取一定費用來提供服務。

中國第一家著作權集體管理組織是 1992 年由國家版權局批准成立的中國音樂著作權協會。此后，經過 10 年籌備的中國音像著作權集體管理協會於 2008 年 6 月成立，同年成立的還有中國文字著作權協會、中國攝影著作權協會。2010 年，中國電影著作權協會成立。這些協會的成立，意味著中國音樂、音像、文字、攝影等主要作品類型的集體管理組織基本齊備，著作權管理體系不斷健全。著作權集體管理制度的逐步完善，將為中國版權作品的創作和傳播發揮重要的推動作用。

（1）著作權集體管理組織的性質。

著作權集體管理組織的性質為：①中國的著作權集體管理組織是半官方性質的民間團體，是由一定數量的權利人發起成立的，集中行使單個權利人難以行使的權利的社會團體，其成立需要按照國家法律的要求進行登記和公告。②中國的著作權集體管理組織是非營利性組織。著作權集體管理組織需要根據權利人的授權收取許可使用作品、錄音錄像製品的費用，其本身的活動雖帶有經濟意義，但不具有營利的目的，其收取的費用在扣除必要的成本後，全部轉付權利人。

另外，與一些國家不同，中國著作權集體管理組織的業務活動具有獨占性。中國《著作權集體管理條例》第六條規定，除依照本條例規定設立的著作權集體管理組織外，任何組織和個人不得從事著作權集體管理活動。《著作權集體管理條例》第七條第二款第（二）項進一步規定，設立的著作權集體管理組織不與已經依法登記的著作權集體管理組織的業務範圍交叉、重合。如此規定，一來有利於強化著作權集體管理組織的業務分工，提高其專業化水平，同時也可避免著作權集體管理組織之間的惡性競爭。

（2）著作權集體管理組織的職責。

著作權集體管理組織的主要職責為：①代表著作權人、鄰接權人授權或者許可他人使用作品；②收取、分配使用費；③追究侵權行為，代表著作權人提起或參加訴訟、仲裁；④維護本國權利人的域外利益。

2.8 著作權的保護

2.8.1 著作權侵權行為

著作權侵權行為，是指未經著作權人和相關權利人同意，又無法律上的依據，擅自實施其權利、使用其作品，依法應當承擔法律責任的行為。

1. 按照侵權行為侵犯的權利內容的不同，可將著作權侵權行為分為對著作人人身權的侵權行為、對著作人財產權的侵權行為以及對鄰接權的侵權行為及其他類型的侵權行為

（1）對著作人人身權的侵權行為。

對著作人人身權的侵權行為包括：

①擅自發表他人作品的行為。擅自發表他人作品，是指未經作者同意，擅自公開作者從沒有公開過的作品的行為。作品創作完成后，只有作者才有權決定其是否發表以及在何時、何地、以何種方式發表。未經作者同意，擅自發表其作品，即構成侵權。

②侵占他人作品的行為。侵占他人作品，是指未經合作作者許可，將與他人合作創作的作品當作自己單獨創作的作品發表的行為。因為合作作品的著作權歸合作作者共同享有，合作作品的作者無權獨自行使作品發表權，更不能把合作作品當作自己單獨的作品發表。否則，就侵犯了他人對合作作品的著作權。

③歪曲、篡改他人作品的行為。歪曲、篡改他人作品的行為，是指在未徵得著作權人同意的情況下，對其作品做實質性的刪節、修改，從而破壞作品的真實含義的行為，侵犯了作者的保護作品完整權。

④在他人作品上署名的行為。在他人作品上署名，是指自己並沒有參加作品的創作，卻在他人作品上署上自己的名字的行為。這種行為，侵犯作者的署名權，侵吞他人的勞動成果，也欺騙了社會公眾。

⑤剽竊他人作品的行為。這是指將他人作品的全部或部分改頭換面，或略加整理以自己的名義發表的行為。

⑥製作、出售假冒他人署名的作品的行為。

（2）對著作權人財產權利的侵權行為。

對著作權人財產權利的侵權行為包括：

①擅自使用他人作品的行為。該行為是指未經著作權人許可，又無法律上的規定，以展覽、攝制電影和以類似攝制電影的方法使用作品，或者以改編、翻譯、註釋等方式使用他人作品，侵犯作者著作財產權的行為。

②拒付報酬的行為。該行為是指使用他人作品而未按規定支付報酬的情況。如未經表演者許可，從現場錄制、傳送表演行為；未經音像製作者許可，出租、複製、發行音像製品；未經電臺、電視臺的許可，複製、發行其製作的廣播電視節目的行為等。

③未經電影作品或以類似攝制電影的方法創作之作品的著作權人許可，未經計算機軟件的著作權人許可，出租其作品的，本法另有規定的除外。

（3）對鄰接權的侵權行為。

對鄰接權的侵權行為包括：

①未經錄音錄像製品的權利人許可，出租其錄音錄像製品的；未經出版者許可，使用其出版的圖書、期刊的版式設計的。

②未經表演者許可，複製、發行錄有其表演的錄音錄像製品，或者通過信息網路向公眾傳播其表演的；未經音像製作者許可，複製、發行、通過信息網路向公眾傳播其製作的音像製品的；未經許可，播放或者複製廣播、電視的。

③未經著作權人或者著作權有關的權利人許可，又無法律上的規定，故意避開或者破壞權利人為其作品、錄音錄像製品等採取的保護著作權或者與著作權有關的技術措施的。

④未經著作權人或者與著作權有關的權利人許可，故意刪除或者改變作品、錄音錄像製品等的權利管理電子信息的。

（4）其他類型的侵權行為。

其他類型的侵權行為是《著作權法》針對複雜多變的侵權所做的保留性規定。

2. 根據侵權行為承擔的法律責任的不同，可把著作權侵權行為分為承擔民事責任的侵權行為和承擔民事責任、行政責任或刑事責任的侵權行為

中國著作權法就是按照此種分類方式，將著作權侵權行為分為兩類，第一類有11種，第二類有8種。

（1）承擔民事責任的著作權侵權行為。

中國《著作權法》規定以下幾種行為應當承擔民事責任：

①未經著作權人許可，發表其作品的。

②未經合作作者許可，將與他人合作創作的作品當作自己單獨創作的作品發表的。

③沒有參加創作，為謀取個人名利，在他人作品上署名的。

④歪曲、篡改他人作品的。

⑤剽竊他人作品的。

⑥未經著作權人許可，以展覽、攝制電影和以類似攝制電影的方法使用作品的，或以改編、翻譯、註釋等方式使用作品的。

⑦使用他人作品，應當支付報酬而未付、少付或拖延支付的。這裡的使用，通常是指法定許可下的使用。否則，使用人僅承擔違約責任。

⑧未經電影作品和以類似攝制電影的方法創作的作品、計算機軟件、錄音錄像製品的著作權人或與著作權有關的權利人許可，出租其作品或者錄音錄像製品的。法律法規另有規定的除外。這類行為侵犯了著作權人或與著作權有關權利人的出租權。

⑨未經出版者許可，使用其出版的圖書、期刊的版式設計的。依據《著作權法》的規定，出版者有權許可或者禁止他人使用其出版的圖書、期刊的版式設計。

⑩未經表演者許可，從現場直播或公開傳送其現場表演，或者錄制其表演的。

⑪其他侵犯著作權以及與著作權有關的權益的行為。

（2）承擔民事責任、行政責任或刑事責任的著作權侵權行為。

有些著作權侵權行為不僅損害了著作權人的合法權益，還直接破壞了國家正常的經濟秩序，嚴重損害了社會公共利益。這種行為，除了要依法承擔民事責任，還可能承擔行政責任或刑事責任。

①未經著作權人許可，複製、發行、表演、放映、廣播、匯編、通過信息網路向公眾傳播其作品的，本法另有規定的除外。

②出版他人享有專有出版權的圖書的。

③未經表演者許可，複製、發行錄有其表演的錄音錄像製品，或者通過信息網路向公眾傳播其表演的，本法另有規定的除外。

④未經錄音錄像製作者許可，複製、發行、通過信息網路向公眾傳播其製作的錄音錄像製品的，本法另有規定的除外。

⑤未經許可，播放或者複製廣播、電視的，本法另有規定的除外。

⑥未經著作權人或者與著作權有關的權利人許可，故意避開或者破壞權利人為其作品、錄音錄像製品等採取的保護著作權或與著作權有關的權利的技術措施的，法律、行政法規另有規定的除外。

⑦未經著作權人或者與著作權有關的權利人許可，故意刪除或者改變作品、錄音錄像製品等的權利管理電子信息的，法律、行政法規另有規定的除外。

⑧製作、出售假冒他人署名的作品的。

2.8.2 著作權侵權的救濟方式

1. 民事司法救濟

著作權的民事司法救濟包括提起訴訟和提起臨時措施兩種方式。

（1）提起訴訟。

著作權人或相關權人在自己的權利受到侵害後，可以通過訴訟進行民事救濟。通過向人民法院提起訴訟而解決著作權侵權糾紛，是現實生活中最為常見的侵權救濟措施。

從級別管轄來看，著作權侵權民事糾紛的第一審法院，可以是中級人民法院，也可以是各高級人民法院根據本轄區的實際情況確定的若干基層人民法院。2014年底，北京、上海、廣州的知識產權法院成立起來，在知識產權法院轄區內，著作權案件由基層人民法院管轄。

從地域管轄來看，因侵犯著作權行為提起的民事訴訟，由侵權行為的實施地、侵權複製品儲藏地或者查封扣押地、被告住所地人民法院管轄。

網路著作權侵權糾紛案件由侵權行為地或者被告住所地人民法院管轄，侵權行為地包括實施被訴侵權行為的網路服務器、計算機終端等設備所在地。對難以確定侵權行為地和被告住所地的，原告發現侵權內容的計算機終端等設備所在地可以視為侵權行為地。

（2）提起臨時措施。

訴前臨時措施，是指權利人對有證據證明他人正在實施侵權行為或即將實施侵權行為，法院在對案件是非曲直做出最終裁判之前，先行採取的保護當事人利益的臨時救濟措施。適用這種臨時救濟措施主要是為了保存重要證據，防止損失進一步擴大或可能導致無法彌補損失可能性發生。

訴前臨時措施要符合以下條件：申請人確實是有關的權利持有人；有關的侵權活動正在發生或即將發生；申請人提供了相應的保證金或擔保。

中國《著作權法》有訴前責令停止侵權、訴前證據保全和訴前財產保全三項臨時措施。

①訴前責令停止侵權。訴前責令停止侵權，也稱訴前禁令，是指權利人有證據證明他人正在實施侵權行為或即將實施侵權行為，如不及時制止將會使其合法權益受到

無法彌補的損失，在起訴前向法院申請責令停止有關行為。

在人民法院採取責令停止有關行為的措施后，著作權人或鄰接權人應當在15日以內提起訴訟，否則人民法院將解除有關的措施。責令停止侵權的措施，一般應維持到終審法律文書生效時為止。此外，根據最高人民法院的有關司法解釋，著作權人和鄰接權人在提起訴訟或提起訴訟后，也可以請求法院做出先行停止侵權的裁定。

②訴前財產保全。訴前財產保全，是指著作權人有證據證明他人正在實施或即將實施侵犯其權利的行為，而且不加以及時制止將會使其合法權益受到難以彌補的損害的，可以在起訴之前向人民法院提出申請，採取財產保全的措施。

人民法院在接受申請后，必須在48小時內做出裁定。裁定財產保全措施的，應當立即開始執行。申請人在人民法院採取保全措施后15日內不起訴的，人民法院應當解除財產保全。財產保全限於請求的範圍，或者與本案有關的財產。財產保全採取查封、扣押、凍結或者法律規定的其他方法；人民法院凍結財產后，應當立即通知被凍結財產的人；財產已被查封、凍結的，不得重複查封、凍結。被申請人提供擔保的，人民法院應當解除財產保全。申請有錯誤的，申請人應當賠償被申請人因財產保全所遭受的損失。當事人對財產保全的裁定不服的，可以申請復議一次。復議期間不停止裁定的執行。

③訴前證據保全。訴前證據保全，是指為了制止侵權行為，在證據可能滅失或者以后難以取得的情況下，知識產權權利人或者利害關係人可以在起訴前向人民法院申請保全證據。為制止侵權行為，在證據可能滅失或者以后難以取得的情況下，著作權人或者鄰接權人可以在起訴前向人民法院申請保全證據。人民法院在接受申請后，必須在48小時內做出裁定。裁定採取保全措施的，應當立即開始執行。人民法院可以責令申請人提供擔保，申請人不提供擔保的，駁回申請。申請人在人民法院採取措施后15日內不起訴的，人民法院應當解除保全措施。

訴中臨時措施的提起條件與訴前臨時措施的要求差不多，只是提起時間是在訴訟進行期間。

2. 追究法律責任進行救濟

法律責任，是指侵權行為人違反著作權法的規定對著作權造成侵害時，依法應承擔的法律后果。依據中國《著作權法》規定，侵權行為人應承擔如下法律責任。

（1）民事責任。

侵權行為人應承擔的民事責任包括：

①停止侵害，即侵權人立即停止其侵權行為，防止擴大侵害權利人的合法權益。

②消除影響，即侵權人在一定範圍內澄清事實，以消除對權利人或其作品的不良影響，為其恢復名譽。

③公開賠禮道歉，即侵權人應在一定範圍內，向權利人公開承認錯誤，表示歉意，包括登報致歉、公開場所聲明等。

④賠償損失，指侵權人應以自己的財產彌補權利人因侵權行為而遭受的財產損失。其計算方式應按權利人實際損失給予賠償；實際損失難以計算的，可以按照侵權人的非法所得給予賠償。賠償數額還應包括權利人為制止該行為所支付的合理開支。權利

人實際損失或侵權人的非法所得不能確定的,由法院根據侵權行為的社會影響、侵權手段和情節、侵權時間和範圍,判決給予50萬元以下的賠償。

上述民事責任形式可以單獨適用,亦可合併適用。

(2) 行政責任。

行政責任指著作權行政管理部門依照法律規定,對侵犯著作權的行為人所給予的行政強制措施和處罰,包括:

①責令停止侵權行為,即著作權行政管理部門責令侵權人立即停止其侵權行為,防止擴大侵害權利人的合法權益。

②沒收非法所得,即著作權行政管理部門依法對侵權人因侵權行為而獲得的收益,全部收繳國庫。

③沒收、銷毀侵權複製品,以防止侵權行為人的複製品在公眾中繼續流傳而造成不良影響。

④沒收用於製作複製品的材料、工具和設備等,以防止其繼續從事非法複製等侵權行為。

⑤罰款。對於違反《著作權法》第四十八條的侵權行為,同時損害社會公共利益的,非法經營額5萬元以上的,可處以非法經營額1倍以上5倍以下的罰款;沒有非法經營額或者非法經營額5萬元以下的,可根據其情節輕重,處以25萬元以下的罰款。

(3) 刑事責任。

刑事責任是指侵權人實施的侵犯著作權的行為觸犯刑法,依照刑法應承擔的法律后果。中國《刑法》第二百一十七條明確規定,「侵犯著作權罪」是以營利為目的,違反著作權管理法規,侵犯他人著作權,違法所得數額較大或者有其他嚴重情節的行為。一旦構成侵犯著作權罪,行為人就應承擔刑事責任,受到刑法制裁。侵犯知識產權的刑事責任,主要有管制、拘役、有期徒刑和罰金4種處罰形式。

3 專利權法律制度

3.1 專利與專利權

3.1.1 專利

「專利」源於英文「patent」一詞，最初是指國王親自簽署的具有玉璽印鑒的獨占權利證書。在沒有成文法的時代，國王的命令就是法律，只有國王才能授予獨占權。法律意義下的專利是指專利權，它是國家依法授予發明創造人享有的獨占權。實踐中，專利一詞被更廣泛地使用，主要有三種含義：

（1）專利是專利權的簡稱。專利是一種法定權利，是國家專利主管部門依照專利法授予發明創造人或者合法申請人對某項發明創造在法定期間所享有的一種獨占權或專有權。這是專利在現代的基本含義，本書在涉及「專利」概念時一般指專利權。

（2）專利是指專利權的客體，即取得專利的發明創造及具有獨占權的公開技術。

（3）專利是指記載發明創造的專利文獻，如說明書及其摘要、權利要求書等。專利又可以理解為公開的專利文獻。

我們認為，專利最基本的含義就是法律授予的專利權。

3.1.2 專利權

專利權是國家專利主管部門依據專利法授予發明創造人或者合法申請人對某項發明創造在法定期間所享有的一種獨占權或者專有權。未經專利權人許可，他人不得使用該項專利技術。

專利權具有知識產權最基本的特徵，即專有性、時間性和地域性。除此之外，專利權還具有法定性。專利權依法產生，專利必須要按照法定程序提出申請，才能獲得專利保護。

3.2 中國專利制度的建立和發展

3.2.1 中國專利制度的起源

專利制度是國際上通行的一種利用法律的和經濟的手段確認發明人對其發明享有專有權，以保護和促進技術發明的制度。最早實行專利制度的國家是威尼斯。中國歷

史上最早有關專利的法規是 1898 年光緒皇帝頒布的《振興工藝給獎章程》，其中規定對於不同的發明新方法及新產品，可以給予 50 年、30 年、10 年的專利。

辛亥革命以後，工商部於 1912 年公布了《獎勵工藝品暫行章程》，規定對發明或者改良的產品，除食品和藥品外，授予 5 年以內的專利權或者給予名譽上的褒獎。1928 年南京政府頒布了《獎勵工藝品暫行條例》。這兩個規章，都將專利擴展到了製造方法的發明或者改進。1932 年南京政府又頒布了《獎勵工業技術暫行條例》，並在 1939 年進行了修訂，其中增加了對於「新型」（實用新型）和「新式樣」（外觀設計）的保護。

中國歷史上第一部正式的專利法是 1944 年南京國民政府頒布的《專利法》，規定對發明、實用新型和新式樣給予專利權的保護，規定發明專利的保護期限為 15 年，實用新型為 10 年，新式樣為 5 年，均自申請之日起算。

基於強國富民的迫切願望，新中國成立後，1951 年 8 月即頒布了《保障發明權與專利權暫行條例》，並於同年 10 月頒布了該條例的實施細則。這個條例最大的特點是採取了發明權與專利權的雙軌制。發明人可以自由選擇申請發明權或者專利權，並分別獲得發明權證書或專利證書。在獲得發明權的情況下，發明人可以獲得獎金、獎章、獎狀或勛章；可以將發明權作為遺產，繼承人可以取得獎金；經「中央技術管理局」批准之後，可以在發明物上註明本人姓名或其他特殊名稱。① 但是遺憾的是，在之後長達 13 年的時間裡，國家只批准了 6 項發明權、4 項專利權，數量並不多。1963 年，國務院廢止了《保障發明權與專利權暫行條例》，頒布了《發明獎勵條例》，對那些具備新穎性、實用性，其技術水平處於國內或國際領先的發明創造，發給發明證書，過去實施的雙軌制變成了單一的發明權制度，不再有專利制度。這是中國專利制度一次曲折的倒退。隨後長達 15 年的時間裡，中國的發明創造受到了嚴重的挫折，中國整體科技水平逐漸落後於世界先進國家。

3.2.2 中國專利法的制定與修改

1984 年 3 月 12 日通過《中華人民共和國專利法》（以下簡稱《專利法》），於 1985 年 4 月開始實施。在《專利法》實施之前的 1985 年 1 月 19 日，國務院批准了《中華人民共和國專利法實施細則》（以下簡稱《專利法實施細則》）。1984 年專利法是在特殊的環境下制定的專利法律，雖然參考了世界各國的專利制度和有關的國際條約，但也受中國當時的條件限制。該法規定了對發明、實用新型和外觀設計的保護，規定了授予專利權的實質性要件、專利的申請和審查程序、專利權的無效程序和侵權的法律救濟。該專利法也考慮到中國即將加入《保護工業產權巴黎公約》的前景，體現了國民待遇、優先權、專利獨立三大原則。

中、美兩國於 1992 年初達成《關於保護知識產權的諒解備忘錄》以及在關貿總協定烏拉圭回合談判提出《與貿易有關的知識產權協議》草案。在此國際背景下，1992

---

① 鄭成思. 知識產權法 [M]. 北京：法律出版社，1997：232.

年9月4日，中國進行了《專利法》的第一次修訂，1993年1月開始實施，內容主要是擴大了專利權保護的客體，延長了專利權保護期限，增加了進口權，以及增設了本國優先權等。

2000年8月25日，在中國即將加入世界貿易組織的背景下，中國再次修訂了《專利法》，於2001年7月開始實施，這次修訂的主要目的是讓中國專利法符合《與貿易有關的知識產權協議》的基本原則和最低要求，為中國加入世界貿易組織掃清障礙。主要內容包括四個方面：第一，修改與國有企業改革、行政管理體制改革精神不相適應的有關規定。第二，進一步完善專利保護制度。第三，簡化、完善有關程序。第四，處理專利國際申請的內容，與《專利合作條約》相銜接。

2008年，為滿足中國自主創新與經濟社會發展的迫切需要，中國再次對《專利法》進行了修訂，於2008年12月27日通過，2009年10月1日實施。通過修訂，進一步加強了對專利權的保護，激勵自主創新，促進專利技術的實施，推動專利技術向現實生產力轉化，提高中國自主創新能力，完成建設創新型國家的目標；保持與世界接軌，在規定條件下給予實施藥品專利的強制許可，對利用專利制度保護遺傳資源做了規定。這次修改是中國專利法律立法上一個重大的進步。當然，就這部法律而言，仍然需要完善。隨著科研創造在21世紀的興起、專利制度思想的不斷發展，專利法還會不斷修改完善。

3.2.3 專利制度的作用

1. 保護與鼓勵發明創造

發明對人類社會的發展有重要的意義。發明者進行研發活動要投入智力、精力、物力、財力，專利制度賦予專利權人在一定的期限內排他性地利用技術發明，或者有償的許可他人利用相關的技術發明，有利於調動專利權人繼續從事技術創新的積極性，保護和鼓勵發明創造。

2. 打破技術封鎖，推動科技進步與創新，促進國民經濟的發展

專利的兩大特點是壟斷和公開。專利權人獲得壟斷權的前提是必須將發明創造的全部內容向社會公眾公開。一方面，公開的技術為他人進一步的技術創新提供了基礎，他人可以通過查詢專利文獻，瞭解該領域已達到的技術高度，從而在現有技術的基礎上進行新的發明，避免對相同技術的重複研究開發，有利於促進科學技術的不斷發展；另一方面，專利局的技術文獻中，不僅有專利說明書和必要的附圖，還有專利申請人或專利權人的發明以及實用新型。如果某企業對該項技術有興趣，可以與專利權人聯繫，接洽技術轉讓和許可的問題。專利制度不僅賦予發明人以專利權，也對相關技術的推廣起到了積極的作用。

3.3 專利權的客體

專利權的客體是指專利法保護的對象，即依法以專利形式保護的發明創造成果，是依法應授予專利、記載於專利文件之中已公開的技術成果。就中國而言，專利權的客體為發明創造，即發明、實用新型、外觀設計。

3.3.1 發明

1. 發明的概念

專利法上的發明是指發明人利用自然規律為解決某一技術領域存在的問題而提出的具有創造性水平的技術方案。所謂技術方案，是利用自然規律解決人類生產、生活中某一特定技術問題的構思。中國《專利法》第二條第二款規定，發明，是指對產品、方法或者其改進所提出的新的技術方案。

2. 發明的屬性

作為專利客體的發明必須具備兩個屬性：技術屬性和法律屬性。

（1）技術屬性。發明是一種技術方案。專利法上的發明並不要求發明是技術本身，只要求是技術方案即可。發明是利用自然規律在技術應用上的創造和革新，而不是單純的揭示自然規律。發明是解決特定技術課題的技術方案，不是單純的提出課題。發明必須通過物品體現出來，或是在作用於物品的方法中表現出來。

（2）法律屬性。專利法保護的發明具有一定的法律意義。發明必須經過主管專利機關的審查，確認其符合專利法的條件才能取得專利權。技術上的發明要成為法律上的發明必須具備一些法定條件。

3. 發明的種類

根據不同的分類標準，發明可以分為不同種類。按發明的完成狀況劃分，可分為完成發明和未完成發明。按完成發明的人數來劃分，可分為獨立發明和共同發明。按發明人的國籍劃分，可分為本國發明和外國發明。按發明的權利歸屬劃分，可分為職務發明和非職務發明。依據《專利法實施細則》第二條的規定，可將作為專利法保護對象的發明分為產品發明、方法發明和改進發明，這是專利法上最為常見、也是最為基本的一種分類。

（1）產品發明。產品發明是指經過人工製造，以有形形式出現的一切發明。他是人們通過創造性的勞動創制出來的各種製成品和產品。未經人加工而屬於自然狀態的東西不能成為產品發明，如野生藥材、礦物質等。產品發明又可分為製造品的發明、材料的發明、有新用途產品的發明。產品發明取得專利權后成為產品專利。產品專利不保護製造方法，只保護產品本身。

（2）方法發明。方法發明是指把一種物品變成另一種物品所使用的或製造一種產品的具有特性的方法和手段。專利法所說的方法可以是化學方法、機械方法、通訊方法及工藝規定的順序來描述的方法。方法發明取得專利后，稱為方法專利。中國1985

年《專利法》對方法專利的保護只涉及其方法本身，不涉及用該方法製造的產品。2000 年，修改後的《專利法》把方法專利的保護延及用該專利方法直接獲得的產品，即未經許可，他人不得使用其專利方法以及使用、許諾銷售、銷售、進口依照該專利方法直接獲得的產品。

(3) 改進發明。改進發明是指人們對已有的產品和方法發明提出實質性改革的新技術方案。改進發明與產品發明、方法發明的根本區別在於，它並不是新的產品的創制和新的方法的創造，而是對已有的產品或方法帶來了新的特性、新的部分質變，但沒有從根本上突破原有產品或方法的根本格局。例如愛迪生發明的白熾燈是前所未有的，通用電氣公司用給白熾燈燈泡內充以惰性氣體的方法，對愛迪生發明的白熾燈進行了改進，從而大大地提高了白熾燈的質量並延長了其使用壽命，這種發明就是改進發明。改進發明對於技術的進步具有重要的作用，因此，中國專利法把改進發明作為專利保護的對象。

3.3.2 實用新型

實用新型是指對產品的形狀、構造或者其結合所提出的適於實用的新的技術方案，又稱小發明或小專利。它的創造性和技術水平較發明專利低，但實用價值大，在專利權審批上採取簡化審批程序、縮短保護期限、降低收費標準辦法加以保護。關於實用新型，有些國家並沒有將其列為專利保護的獨立對象，而是將其放在發明專利中予以保護。另外有些國家，實用新型則被列為專利保護的獨立客體，這種實用新型則主要是指小發明。

實用新型的主要特點包括：①實用新型必須是產品。這個產品是經過工業方法製造的占據一定空間的實體，如儀器、設備、日用品。②實用新型必須是具有一定立體形狀和結構或者是兩者結合的產品。形狀是指外部能觀察到的產品固定的主體外形，非裝飾性的具有一定技術效果的形狀。③實用新型應具有實用性。實用性是指該發明創造能夠製造或者使用，並且能夠產生積極的效果。④實用新型的創造性比發明低。創造性是指同申請日以前已有技術相比，該實用新型具有實質性特點和進步。在實用新型申請與授權過程中，專利行政機關並不進行實質審查，僅僅進行初步審查，授權程序相對簡單便捷。

3.3.3 外觀設計

外觀設計，又稱工業外觀設計。外觀設計是指對產品的形狀、圖案或其結合以及色彩與形狀、圖案的結合所做出的富有美感並適於工業應用的新設計。不同於發明以及實用新型，是一種工業品的裝飾性或藝術性外觀或式樣。

外觀設計的主要特點有：①外觀設計是對產品外表所做的設計。外觀設計必須與產品有關，並與使用該外觀設計的產品合為一體。②外觀設計是關於產品形狀、圖案或其結合以及色彩與形狀、圖案相結合的設計。這裡的形狀是指具有三維空間的產品造型，如空調的外形；圖案是指二維的平面設計，或用線條、不同色彩形成的圖形，如產品外包裝盒圖案；色彩指構成圖案的成分。常見的外觀設計往往是對產品的形狀、

圖案、色彩三者的結合。僅僅為實現某種技術思想而做的設計不能成為外觀設計。③外觀設計富有美感。外觀設計專利有利於促進商品外觀改進，豐富人民的生活。外觀設計的美感通常以消費者的眼光來衡量，只有多數消費者認為是美觀的，才可以認為是富有美感的。④外觀設計必須是適合工業上應用的新設計，即使用外觀設計的產品能在工業生產過程中大量地複製生產，或者通過手工業進行批量生產。這是外觀設計區別於藝術創作的特徵。新設計是指外觀設計須具有新穎性，在現有的技術中找不到與之相同或相近的外觀設計。

3.3.4　專利法不保護的對象

並非所有發明創造都會授予專利。沒有一個國家對所有的發明給予保護，中國《專利法》也有相應的規定。具體而言，不授予專利的發明創造可分為三類：

1. 違反法律、社會公德或妨害公共利益的發明創造

對違反法律、行政法規的規定獲取或者利用遺傳資源，並依賴該遺傳資源完成的發明創造，不授予專利權。法律是指由全國人民代表大會或者全國人民代表大會常務委員會依照立法程序制定和頒布的法律，不包括行政法規和部門規章。違反法律的發明創造如用於賭博的設備、機器、偽造公文、印章的設備等，不能授予專利權。社會公德是指公眾普遍認為是正當的並被接受的倫理道德觀念和行為準則。違背社會公德的發明創造，不能被授予專利權。例如，帶有淫穢圖片的外觀設計，不能授予專利權。妨害公共利益是指發明創造的實施或使用會給公眾和社會造成危害，或者使國家和社會的正常秩序受到影響。例如，會破壞生態平衡的發明創造，不能被授予專利權。

2. 不屬於發明的項目

有些科研成果，不是技術方案，一般不具備創造性和實用性，不屬於專利法所說的發明創造。

（1）科學發現。科學發現是智力勞動成果，但屬於人類對物質世界的認識，不具有發明創造必須具備的技術性，不是對客觀世界的改造提出的一種技術方案。例如，牛頓發現萬有引力規律。

（2）智力活動的規則和方法。智力活動的規則和方法是人大腦進行精神和智能活動的手段或過程，不是對自然規律的利用過程，更不是一種技術解決方案。例如速算法、遊戲方案等都不能獲得專利權。

（3）疾病的診斷和治療方法。這是以有生命的人體或動物作為直接實施對象，進行識別、確定或消除疾病的過程，無法在產業上進行製造或使用，不具備專利所說的實用性。例如，西醫的外科手術方案，不能申請專利權。但是，醫療器械或者設備符合專利申請條件的，可以申請專利權。

3. 某些特定技術領域的發明

根據中國《專利法》的規定，以下兩類技術領域的發明創造不予保護：

（1）動物和植物品種。動植物品種作為有生命的物體，是大自然的產物，不是人類的發明創造。對於人工培育的動植物新品種，各國一般採用專門法保護。1997年10月1日，中國開始實施《中華人民共和國植物新品種保護條例》，由國務院和林業

行政部門共同負責植物新品種保護權的申請受理和審查授予工作。但是，微生物品種以及動植物品種所列產品的生產方法，可以依照本法規定授予專利權。

（2）用原子核變換方法獲得的物質。一方面，由於變換核方法如果缺乏安全生產手段，會給國家和人民利益帶來危害，且不具有專利法要求的實用性；另一方面，由於核物質如果用於製造核武器，直接涉及國家安全，可能影響本國的原子工業的發展以及造成國外原子武器的壟斷。基於上述原因，世界各國一般都不予保護。但是，為實現核變換方法的各種設備、儀器等，可以授予專利權。

3.4　授予專利權的條件

一項發明創造要取得專利，必須具備一定的條件，包括形式條件和實質條件。本節主要討論的是實質條件，即申請專利的發明創造本身有無專利性。

3.4.1　發明、實用新型的專利條件

1. 新穎性

（1）新穎性的含義。

中國《專利法》修訂前對新穎性的定義是指在申請日以前沒有同樣的發明或者實用新型在國內外出版物上公開發表過、在國內公開使用過或者以其他方式為公眾所知，也沒有同樣的發明或者實用新型由他人向專利局提出過申請並且記載在申請日以後公布的專利申請文件中。2008年《專利法》修訂后，將新穎性重新界定為：該發明和實用新型不屬於現有技術，也沒有任何單位或個人就同樣的發明或者實用新型在申請日以前向國務院專利行政部門提出過申請，並記載在申請日以後公布的專利申請文件中。修改后的《專利法》判斷新穎性的公開標準為絕對新穎性標準。該標準有效地防止將雖沒在中國公開使用過或者以其他方式為公眾知悉，但在國外已經被公開使用或者已經有相應產品出售的技術或設計申請專利，有利於國外的技術和設計在中國的應用。該標準取消了地域限制，符合大多數國家專利法的通例。

各國專利法判斷新穎性的時間標準不完全一致。中國判斷新穎性的時間標準採用以申請日作為判斷新穎性的時間標準。只要申請專利的發明在申請日之前沒有公開過，就具有新穎性。

（2）對現有技術的界定。

現有技術又可稱為已有技術、先行技術，是指在某一時間以前，在特定的地域和情報範圍內已公開的技術知識的總和。專利法意義上的現有技術是指在申請日以前公眾能知悉的技術內容。現有技術對於判斷發明、實用新型的新穎性和創造性具有基礎性的作用。

現有技術的時間界限是劃分新技術發明和已知技術的時間界限。根據《專利法》第二十二條第二款與《專利法實施細則》第三十條的規定，現有技術的時間界限是申請日，享有優先權的，則指優先權日。

現有技術的公開方式有四種情況：第一，出版物公開。現有技術通過在國內出版物上公開發表，即通過出版物使技術內容為公眾所知，是技術最主要的公開方式。第二，使用公開。使用公開是通過公開實施使公眾能瞭解和掌握該技術方案。由於使用導致一項或多項技術方案的公開，或者導致該技術方案處於公眾可以知曉的狀態，這種公開方式即公開使用。修訂后的《專利法》引入的是絕對新穎性標準，因此使用不僅包括國內，也包括在國外的公開使用。第三，以其他方式公開。其他方式主要指口頭公開以及除出版物公開和使用公開以外的其他任何可能的公開方式。修訂后的《專利法》引入的是絕對新穎性標準，因此公開的地域標準不局限於國內，也包括在國外的公開。第四，抵觸申請。抵觸申請是指他人在申請日以前已經以相同內容向專利局提出過申請，並在申請日之后公布的情況。出現抵觸申請，先申請案為后申請案的現有技術，除非先申請案沒公開而中止申請，后申請案不具備新穎性，不能授予專利權。抵觸是指他人在申請日以前提出的，他人在申請日提出或申請人本人在申請日以前提出的同樣申請不屬於此類。

2. 創造性

發明專利的創造性是授予發明專利權的三個實質條件中最為關鍵的一個。發明專利和實用新型專利的主要區別在於創造的高度，因此專利法對發明專利和實用新型專利的創造性分別作了規定。對於發明來說，創造性是指同申請日以前已有的技術相比，該發明有突出的實質性特點和顯著的進步。對於實用新型，應具有實質性特點和進步。兩者的區別在於「實質性特點」是否突出和「進步」是否顯著上。

（1）突出的實質性特點。

突出的實質性特點是指發明相對於現有技術，在技術方案的構成上具有實質性的差別，對所屬技術領域的技術人員來說必須經過創造性思維活動才能獲得，具有非顯而易見性。如果發明是所屬技術領域的技術人員在現有技術的基礎上通過邏輯分析、推理或者有限的試驗就能夠自然而然得出的結果，則該發明是顯而易見的，也就不具備突出的實質性特點。突出的實質性特點反映的是發明的質的特徵，即發明的技術方案同現有技術相比，不是通常人們所理解的簡單的小改小革，而是具有本質上的區別，這種本質上的區別是發明人創造性構思的結果，是非顯而易見的。因此，發明的水平凡是與普通技術人員的專業能力相適應的，就屬於顯而易見，就不具有突出的實質性特點；凡是超過了普通技術人員的專業能力，應認為是非顯而易見的，因而就具有突出的實質性特點。這裡「普通技術人員的能力」實質上是表明某一層次技術人員的知識水平，是一個抽象的概念。普通技術人員，指的是掌握該發明所屬技術領域的通用知識和技能的人員，即具有中等技術水平的人員；他既不是這個專業領域的門外漢，也不是該領域的高級專家。

（2）顯著的進步。

顯著的進步是指申請專利的發明與最接近的現有技術相比具有長足的進步，能夠產生有益的技術效果。進步主要是從發明創造的客觀有益效果來衡量的。這裡的有益效果不僅包括從技術角度來看的效果，也包括從社會意義來看的技術效果。發明與現有技術相比，具有更好的技術效果，或者有利於推動科學技術進步，比如，發明克服

了現有技術中存在的缺點和不足，為解決某一技術問題提供了一種不同構思的技術案，對保護環境或者保護稀有動物有益，或者發明代表了某種新的技術趨勢等。通常，發明有顯著的進步，反映在發明的明顯的有益效果中。

3. 實用性

實用性是指該發明或者實用新型能夠製造或者使用，並且能夠產生積極效果。實用性要求具備以下條件：

（1）工業實用性。

這裡的工業是廣義上的概念，包括農業、林業、礦業、運輸業等各個行業。發明或者實用新型必須能在工業上製造，或者是發明方法能夠在產業上使用。如果創造性成果僅是一種理論上的，則不能夠獲得專利權。

（2）重複再現性。

具有實用性的發明或實用新型專利申請的主題應當是能夠重複實施的。就是說，依照說明書所公開的整體技術內容，所屬技術領域的普通技術人員都能夠實現該申請的主題，並且他們實施的結果應當是完全一樣的，不會因人而異，也不含有隨機因素。這種能夠重複實施的性質，稱為再現性。

（3）有益性。

具備實用性的發明、實用新型應當能夠產生積極效果。這是從發明創造社會屬性來講的，有益性要求它們在以后實際實施時能夠提供積極有益的效果。積極有益的效果通常表現為改善產品質量，提高產品產量，節約原材料，降低成本，提高勞動生產率，改善勞動條件，防治環境污染等。

3.4.2 外觀設計的專利條件

授予專利權的外觀設計，應當同申請日以前在國內外出版物上公開發表過或者國內公開使用過的外觀設計不相同和不相近，並不得與他人在先取得的合法權利相衝突。

1. 新穎性

新穎性，即與現有的外觀設計不相同。判斷新穎性的時間標準是申請日，地域標準與公開的方式有關。由於外觀設計是附著於產品的，因此其法律保護的效力僅及於同類產品。根據中華人民共和國國家知識產權局修訂的《專利審查指南》（2010）的規定，外觀設計相同是指被對比的外觀設計與在先設計是相同種類產品的外觀設計。產品種類不同時，即使其外觀設計的形狀、圖案、顏色相同，也不應認為是外觀設計相同。相同種類產品是指用途完全相同的產品。

2. 獨創性

獨創性，即與現有的外觀設計不相近，與現有的外觀設計有明顯的不同，要求申請外觀設計的產品與現有產品的形狀、圖案、色彩所引起的整體美感或視覺不相近。其獨創性不同於發明專利和實用新型，主要體現在：外觀設計的創造性是一對一的比照，其判斷是假定的一般水平的消費者的知識水平和認知能力。

3. 其他規定

不得與他人在先取得的合法權利相衝突。他人在先取得的合法權利，是指外觀設計專利申請日前，專利申請以外的人已經取得了的合法權利。

3.5　專利權的申請與獲得

專利權的獲得非自動獲得，需要向國家專利機關提出申請，經審查批准后授予專利權。否則，只能在符合條件的情況下按照商業秘密來保護。本節主要依據中國《專利法》的相關規定，對專利權的申請、審查和授權程序作簡要說明。

3.5.1　專利申請人

中國《專利法》根據發明創造的性質及主體的所有制性質，分別規定了完成發明創造的人、專利申請人和專利權人之間的關係以及不同的權利義務。專利申請人是指可以申請專利的人。中國《專利法》規定自然人、法人和其他組織可以申請並獲得權利，而對於不同主體有不同的資格條件和相應的權利與義務。

1. 發明人或設計人

對發明創造的實質性特點做出創造性貢獻的自然人是發明人或設計人，享有署名權、獲得獎勵權和獲得報酬權。

自然人或法人成為發明人或設計人，大體有兩種情形：一是獨立的發明人或設計人，他們不屬於任何單位或法人，完全以自己的物質條件和技術能力完成相關的發明創造。二是隸屬於單位或法人的個人，在本職工作或者單位交付的工作之外，完全依靠自己的物質技術條件做出的發明創造。在中國專利法中，這被稱為「非職務發明創造」。

2. 職務發明創造的專利申請

《專利法》第六條規定：「執行本單位的任務或者主要是利用本單位的物質技術條件所完成的發明創造為職務發明創造」，不僅明示了何為職務發明創造，而且將原來的「物質條件」修改為「物質技術條件」。「技術」兩字的加入，表明職務發明創造做出過程中所利用的單位的條件不僅包括物質條件，也包括技術條件。職務發明的兩種情形包括：

（1）執行本單位任務所完成的發明創造。

《專利法》第十條規定，包括三種情形：在本職工作中完成的發明；履行本單位交付的本職工作以外的任務所完成的發明創造；退職、退休或調動工作后一年內做出的，與其在原單位承擔的本職工作或者原單位分配的任務有關的發明創造。

（2）利用本單位的物質技術條件所完成的發明創造。

在這種情況下，發明人或設計人不是在完成本職工作的過程中完成了發明創造，也不是接受單位指派的任務而完成了發明創造，而是主動完成了有關的發明創造。但是，發明人或者設計人在完成相關發明創造的過程中，又主要是利用了本單位的物質技術條件。所謂的物質技術條件包括物質條件，也包括技術條件。所謂的物質條件包括資金、設備、零部件等；所謂的技術條件包括單位擁有的不對外公開的情報和技術資料，如技術情報、技術檔案或設計圖紙等。

除此之外，《專利法》還規定了利用本單位物質技術條件完成的發明創造，單位與發明人或者設計人訂有合同，對申請專利的權利和專利權的歸屬做出約定的，從其約定。

3. 合作發明創造和委託發明創造

合作發明創造是指兩個以上的個人或者單位共同完成的發明創造。《中華人民共和國合同法》（簡稱《合同法》）規定，合作開發完成的發明創造，除當事人另有約定的以外，申請專利的權利屬於合作開發的當事人共有。當事人一方轉讓其共有的專利申請權的，其他各方享有以同等條件優先受讓的權利。

委託發明創造是指一個單位或個人接受其他單位或個人的委託所完成的發明創造。《合同法》規定，委託開發完成的發明創造，除當事人另有約定的以外，申請專利的權利屬於研究開發人。研究開發人取得專利權的，委託人可以免費實施該專利。研究開發人轉讓專利申請權的，委託人享有以同等條件優先受讓的權利。

4. 外國人的專利申請資格

在中國設有經常居所的外國人在中國申請專利時，依照其所屬國同中國簽訂的協議或共同參加的國際條約，或者依照互惠原則，依照中國的專利法辦理。無國籍人不能在中國申請專利。

3.5.2 專利權的申請

1. 專利申請的原則

專利申請的原則是專利申請中具有指導性的準則。中國專利申請的原則主要有書面原則和單一性原則。

(1) 書面原則是指申請人辦理《專利法》及其《專利法實施細則》規定的申請專利的手續時應採用書面形式，不能以口頭說明或提交實物來代替書面申請和對申請文件進行修改補正。

(2) 專利申請單一性原則可有廣義和狹義兩種理解。狹義的專利申請單一性原則是指一件專利申請的內容只能包含一項發明創造，不能將兩項或兩項以上的發明創造作為一件申請提出。而廣義的專利申請單一性原則不僅包括上面所說的含意，而且還包括同樣的發明創造只能被授予一次專利權，同樣的發明創造不能同時存在兩項或兩項以上的專利權。中國《專利法》第三十一條規定，一件發明專利或者實用新型專利申請應當僅限於一項發明專利或者實用新型專利。屬於一個總的發明構思的兩項以上的發明專利或者實用新型專利，可以作為一件申請提出。一件外觀設計專利申請應當限於一種產品所使用的一項外觀設計。用於同一類別並且成套出售或者使用的產品的兩項以上的外觀設計，可以作為一件申請提出。

2. 專利申請文件

隨著全球專利申請總量的持續增長，技術複雜程度日益提高，新技術領域不斷湧現。中國年專利申請量在 2015 年突破了 200 萬件，其中發明專利申請 110.2 萬件，同比增長 18.7%，連續 5 年位居世界首位，專利申請量快速增長與審查資源有限之間的矛盾日益突出。

(1) 發明和實用新型的專利申請文件。

《專利法》第二十六條第一款規定，申請發明或者實用新型專利的，應當提交請求書、說明書及其摘要和權利要求書等文件。

①請求書。請求書是申請人向專利局遞交的請求授予專利權的呈請文件，一般放在申請案的最前面。請求書應簡明扼要，說明申請所要達到的目的。

②權利要求書。權利要求書是申請發明專利和申請實用新型專利必須提交的申請文件。它是發明或者實用新型專利要求保護的內容，具有直接的法律效力，是申請專利的核心，也是確定專利保護範圍的重要法律文件。申請人可以自行填寫或撰寫，也可以委託專利代理機構代為辦理。

一份權利要求書至少應包括一項獨立權利要求，還可以包括從屬權利要求。獨立權利要求應當從整體上反映發明或實用新型目的的必要技術特徵。從屬權利要求是用附加的技術特徵對引用的權利要求進一步限定的權利要求。基本權利要求書的基本要求是以說明書為依據，清楚、簡明，並遵循一定的格式要求撰寫。

獨立的權利要求應當包括前序部分和特徵部分，按下列要求撰寫：前序部分，寫明要求保護的發明或者實用新型技術方案的主題名稱和發明或者實用新型主題與最接近的現有技術共有的必要技術特徵；特徵部分，使用「其特徵是……」或者類似的用語，寫明發明或者實用新型區別於最接近的現有技術的技術特徵，這些特徵和前序部分寫明的特徵合在一起，限定發明或者實用新型要求保護的範圍。一項發明或者實用新型應當只有一項獨立權利要求，並且寫在同一發明或者實用新型的從屬權利要求之前。這一規定的本意是為了使權利要求書從整體上更清楚、簡明。

發明或實用新型的從屬權利要求應當包括引用部分和限定部分，按照下列規定撰寫：引用部分，寫明引用的權利要求的編號及其主題名稱；限定部分，寫明發明或者實用新型附加的技術特徵。

從屬權利要求只能引用在前的權利要求。引用兩項以上權利要求的多項從屬權利要求只能以擇一方式引用在前的權利要求，並不得作為被另一項多項從屬權利要求引用的基礎。

③說明書。說明書應當對發明或者實用新型做出清楚、完整的說明，以所屬技術領域的技術人員能夠實現為準；必要的時候，應當有附圖。摘要應當簡要說明發明或者實用新型的技術要點。權利要求書應當以說明書為依據，清楚、簡要地限定要求專利保護的範圍。《專利法實施細則》第十七條規定，發明或者實用新型專利申請的說明書應當寫明發明或者實用新型的名稱，該名稱應當與請求書中的名稱一致。

說明書應當包括下列內容：第一，技術領域，寫明要求保護的技術方案所屬的技術領域；第二，背景技術，寫明對發明或者實用新型的理解、檢索、審查有用的背景技術；有可能的，並引證反映這些背景技術的文件；第三，發明內容，寫明發明或者實用新型所要解決的技術問題以及解決其技術問題採用的技術方案，並對照現有技術寫明發明或者實用新型的有益效果；第四，附圖說明，說明書有附圖的，對各幅附圖作簡略說明；第五，具體實施方式，詳細寫明申請人認為實現發明或者實用新型的優

選方式，必要時舉例說明，有附圖的，對照附圖。

④說明書摘要。說明書摘要應當寫明發明或者實用新型專利申請所公開內容的概要，即寫明發明或者實用新型的名稱和所屬技術領域，並清楚地反映所要解決的技術問題、解決該問題的技術方案的要點以及主要用途。摘要可以包含最能說明發明的化學式；有附圖的專利申請，還應當提供一幅最能說明該發明或者實用新型技術特徵的附圖。摘要文字部分不得超過300個字。摘要中不得使用商業性宣傳用語。

⑤其他文件。其他文件如委託代理機構辦理專利的委託書、優先權的證明文件、特殊領域專利申請要求提供的文件等。

（2）外觀設計的專利申請文件

申請外觀設計專利的，應當提交請求書、該外觀設計的圖片或者照片以及對該外觀設計的簡要說明等文件。申請人提交的有關圖片或照片應當清楚地顯示要求專利保護的產品的外觀設計。

①請求書。該請求書應該填寫外觀設計的產品名稱，其他欄目的要求與發明和實用新型專利的請求書相同。

②圖片或照片。至少兩套附圖或相片（包括正視圖、后視圖、左視圖、右視圖、俯視圖、仰視圖），如需要時需加上立體圖。可以提交相片代替附圖。如果要求保護色彩則需提交彩色及黑白相片各三套，相片尺寸為 3R。請注意拍攝相片時物品必須置於單一顏色的背景上，除要求保護其外觀設計的物品外，背景上不應出現其他物品。

③簡要說明。對於外觀設計產品的主要創作部分要求的特殊說明的，或者請求保護色彩、省略視圖等情況，應遞交簡要說明。

④其他文件。同發明和實用新型專利的請求書相同。

3.5.3 專利權的審批

1. 發明專利申請的審批

中國發明專利採用「早期公開、延遲審查」制度，國務院專利行政部門收到申請文件后經初審合格，自申請日起滿 18 個月即行公開其申請文件，然後根據申請人的請求進入實質審查程序。發明專利申請的審批程序包括受理、初審、公布（自申請日起滿 18 個月）、實審（自申請日起 3 年內）以及授權五個階段。

（1）受理階段。專利局收到發明專利申請后進行審查，如果符合受理條件，專利局將確定申請日，給予申請號，並且核實過文件清單后，發出受理通知書，通知申請人。如果申請文件未打字、印刷或字跡不清、有塗改的，或者附圖及圖片未用繪圖工具和黑色墨水繪制、照片模糊不清有塗改的，或者申請文件不齊備的，或者請求書中缺申請人姓名或名稱及地址不詳的，或專利申請類別不明確或無法確定的，以及外國單位和個人未經涉外專利代理機構直接寄來的專利申請，不予受理。

（2）初步審查階段。經受理后的專利申請按照規定繳納申請費的，自動進入初審階段。初審前發明專利申請首先要進行保密審查，需要保密的，按保密程序處理。在初審時要對申請是否存在明顯缺陷進行審查，主要包括審查內容是否屬於專利法中不

授予專利權的範圍,是否明顯缺乏技術內容不能構成技術方案,是否缺乏單一性,申請文件是否齊備及格式是否符合要求。若是外國申請人,還要進行資格審查及申請手續審查。不合格的,專利局將通知申請人在規定的期限內補正或陳述意見,逾期不答覆的,申請即被視為撤回。經答覆仍未消除缺陷的,予以駁回。發明專利申請初審合格的,將發給初審合格通知書。

(3) 公布階段。發明專利申請從發出初審合格通知書起進入公布階段,如果申請人沒有提出提前公開的請求,要等到申請日起滿 18 個月才進入公開準備程序。如果申請人請求提前公開的,則申請立即進入公開準備程序。經過格式復核、編輯校對、計算機處理、排版印刷,大約 3 個月后在專利公報上公布其說明書摘要並出版說明書單行本。申請公布以後,申請人就獲得了受臨時保護的權利。

(4) 實質審查階段。發明專利申請公布以後,如果申請人已經提出實質審查請求並已生效的,申請人進入實審程序。如果申請人從申請日起滿三年還未提出實審請求,或者實審請求未生效的,申請即被視為撤回。在實審期間將對專利申請是否具有新穎性、創造性、實用性以及專利法規定的其他實質性條件進行全面審查。經審查認為不符合授權條件或者存在各種缺陷的,將通知申請人在規定的時間內陳述意見或進行修改,逾期不答覆的,申請即被視為撤回。經多次答覆,申請仍不符合要求的,予以駁回。實審週期較長,若從申請日起兩年內尚未授權,從第三年起應當每年繳納申請維持費,逾期不繳的,申請即被視為撤回。實質審查中未發現駁回理由的,將按規定進入授權程序。

(5) 授權階段。發明專利申請經實質審查未發現駁回理由的,由審查員做出授權通知,申請進入授權登記準備,經對授權文本的法律效力和完整性進行復核,對專利申請的著錄項目進行校對、修改后,專利局發出授權通知書和辦理登記手續通知書,申請人接到通知書後應當在兩個月之內按照通知的要求辦理登記手續並繳納規定的費用,按期辦理登記手續的,專利局將授予發明專利權,頒發專利證書,在專利登記簿上記錄,並在兩個月后於專利公報上公告,未按規定辦理登記手續的,視為放棄取得專利權的權利。

2. 實用新型和外觀設計專利申請的審批

實用新型和外觀設計的內容較發明簡單,採用「初審登記」可以加快審批速度,使得技術可以盡快為社會所用,進一步發揮專利的作用。對於不符合專利法要求的,可以通過無效程序進行審查。因此,實用新型和外觀設計的專利申請在審批中不進行早期公布和實質審查,只有受理、初審和授權三個階段,每一階段的流程與發明專利審批相同,只是實用新型和外觀設計的授權公告的文件不經過實質審查。

3.6 專利權及其限制

3.6.1 專利權人的權利

1. 獨占實施權

獨占實施權包括兩方面內容：

（1）專利權人自己實施其專利的權利，即專利權人對其專利產品依法享有的進行製造、使用、銷售、允許銷售的專有權利，或者專利權人對其專利方法依法享有的專有使用權以及對依照該專利方法直接獲得的產品的專有使用權和銷售權。

（2）專利權人禁止他人實施其專利的特權。除另有規定的以外，發明和實用新型專利權人有權禁止任何單位或者個人未經其許可實施其專利，即為生產經營目的製造、使用、銷售、允許銷售、進口其專利產品，或者使用其專利方法以及使用、銷售、允許銷售、進口依照該專利方法直接獲得的產品；專利權人有權禁止任何單位或者個人未經其許可實施其專利，即為生產經營目的製造、銷售、進口其外觀設計專利產品。

2. 轉讓權

轉讓權是指專利權人將其獲得的專利所有權轉讓給他人的權利。轉讓專利權的，當事人應當訂立書面合同，並向國務院專利行政部門登記，由國務院專利行政部門予以公告。專利權的轉讓自登記之日起生效。中國單位或者個人向外國人轉讓專利權的，必須經國務院有關主管部門批准。

3. 許可實施權

許可實施權是指專利權人通過實施許可合同的方式，許可他人實施其專利並收取專利使用費的權利。許可他人實施專利，應該與專利權人訂立書面實施許可合同，向專利權人支付許可使用費。

4. 標記權

標記權即專利權人有權自行決定是否在其專利產品或者該產品的包裝上標明專利標記和專利號。

5. 請求保護權

請求保護權是專利權人認為其專利權受到侵犯時，有權向人民法院起訴或請求專利管理部門處理以保護其專利權的權利。保護專利權是專利制度的核心，他人未經專利權人許可而實施其專利，侵犯專利權並引起糾紛的，專利權人可以直接向人民法院起訴，也可以請求管理專利工作的部門處理。

6. 放棄權

專利權人可以在專利權保護期限屆滿前的任何時候，以書面形式聲明或以不繳納年費的方式自動放棄其專利權。《專利法》規定，專利權人以書面聲明放棄其專利權的，專利權在期限屆滿前終止。專利權人提出放棄專利權聲明后，一經國務院專利行政部門登記和公告，其專利權即終止。放棄專利權時需要注意：①在專利權由兩個以

上單位或個人共有時，必須經全體專利權人同意才能放棄；②專利權人在已經與他人簽訂了專利實施許可合同許可他人實施其專利的情況下，放棄專利權時應當事先得到被許可人的同意，並且還要根據合同的約定，賠償被許可人由此造成的損失，否則專利權人不得隨意放棄專利權。

3.6.2 專利權人的義務

權利與義務具有相對性。依據《專利法》和相關國際條約的規定，專利權人應履行的義務包括：按規定繳納專利年費和不得濫用專利權的義務。

專利年費又稱為專利維持費。《專利法》規定，專利權人應當自被授予專利權的當年開始交納年費，其數額按照專利類型的不同而不等。繳納年費的主要目的在於促使專利權人盡早放棄已無商業價值的專利，作為一種經濟槓桿調節專利權人與社會利益的關係。專利權人不履行繳納年費的義務，將導致專利權提前終止。

不得濫用專利權是指專利權人應當在法律所允許的範圍內選擇其利用專利權的方式並適度行使自己的權利，不得損害他人的知識產權和其他合法權益。

3.6.3 專利權的限制

為防止專利權人濫用其依法獲得的獨占權，影響市場的良性競爭，阻礙科技創新，《專利法》規定允許第三人在某些特殊情況下可以不經專利權人許可而實施其專利，且其實施行為並不構成侵權。

1. 專利的計劃許可制度

根據《專利法》第十四條的規定，對國家利益或者公共利益具有重大意義的國有企事業單位的發明專利，國務院有關主管部門和省級人民政府經國務院批准，可以決定在批准的範圍內推廣應用，允許指定的單位實施，由實施單位按照國家規定向專利權人支付使用費。對於中國集體所有製單位和個人的發明專利，參照前述規定辦理。對於外國專利權人的專利，不適用這種國家計劃許可。

2. 專利的強制許可制度

強制許可也稱非自願許可，是指國務院專利行政部門根據具體情況，不經專利權人同意，通過行政程序授權他人實施發明或者實用新型專利的一種法律制度。強制許可分為以下三種類型：

（1）合理條件的強制許可。《專利法》第四十八條規定，具備實施條件的單位以合理的條件請求發明或者實用新型專利權人許可實施其專利，而未能在合理長的時間內獲得這種許可時，國務院專利行政部門根據該單位的申請，可以給予實施該發明專利或者實用新型專利的強制許可。該法條規定的就是合理條件的強制許可。適用這種強制許可應當具備以下條件：

①申請實施強制許可的人只能是單位，不能是個人；

②申請實施強制許可的時間必須在自授予專利權之日起滿 3 年后；

③申請實施強制許可的對象只能是發明專利或實用新型專利，不能是外觀設計專利；

④申請人在向國務院專利行政部門提出實施這種強制許可申請時，必須提供相關的證據以證明其具備實施的條件並且已以合理條件在合理長的時間內未能與專利權人達成實施許可協議。

（2）國家強制許可。《專利法》第四十九條規定，在國家出現緊急狀態或者非常情況時，或者為了公共利益的目的，國務院專利行政部門可以給予實施發明專利或者實用新型專利的強制許可。

（3）依存專利強制許可。《專利法》第五十一條規定，一項取得專利權的發明或者實用新型（后一專利）比在前已經取得專利權的發明或者實用新型（前一專利）具有顯著經濟意義的重大技術進步，而其實施又有賴於前一專利實施的，國務院專利行政部門根據后一專利的專利權人的申請，可以給予實施前一發明或者實用新型的強制許可。同時，前一專利權人有權在合理的條件下，取得使用后一專利中的發明或者實用新型的強制許可。

申請人向國務院專利行政部門提出實施發明或者實用新型專利的強制許可時，應當提出未能以合理條件與專利權人簽訂實施許可合同的證明。只有在申請人與專利權人進行了正常談判，以合理的條件卻沒有獲得正常的實施許可的情況下，申請人才能向國務院專利行政部門提出強制許可的請求。

國務院專利行政部門做出的給予實施強制許可的決定，應當及時通知專利權人，並予以登記和公告。給予實施強制許可的決定，應當根據強制許可的理由規定實施的範圍和時間。強制許可的理由消除並不再發生時，國務院專利行政部門應當根據專利權人的請求，經審查後做出終止實施強制許可的決定。取得實施強制許可的單位或者個人所獲得的實施權，是普通實施權，不享有獨占的實施權；而且只能由強制許可實施人自己實施，不得再許可任何第三人實施。取得實施強制許可的單位或者個人應當向專利人支付合理的使用費。

3. 專利的合理使用

專利的合理使用是指在法定情形下，不經專利權人許可，也不必向其支付費用即可使用他人的專利技術。

（1）權利用盡后的使用、許諾銷售或銷售。當專利權人自己製造或者經其許可製造的專利產品或者依照專利方法直接獲得的產品售出後，使用、許諾銷售或者銷售該產品的，不構成侵犯專利權。這種情形只適用於合法投入市場的專利產品。

（2）先用權人的製造與使用。即在專利申請日前已經製造相同產品、使用相同方法或者已經作好製造、使用的必要準備，並且僅在原有範圍內繼續製造、使用的，不構成侵犯專利權。

（3）外國臨時過境交通工具上的使用。即臨時通過中國領陸、領水、領空的外國運輸工具，依照國際條約，或者依照互惠原則，為運輸工具自身需要而在其裝置和設備中使用專利的，不構成侵犯專利權。

（4）非生產經營目的利用。為科學研究和實驗目的，為教育、個人及其他非為生產經營目的使用專利技術的，可以不經專利權人的許可，不視為侵權行為。這裡所說的在科學研究、實驗、教育中使用他人專利技術，只能是小範圍的非營利性質的使用。

如果在整個教育系統內大量使用他人專利技術製作的教學用具，即便沒有盈利，但由於單位節省了大量購置教具的經費，屬間接盈利，並且使專利權人失掉了這一主要消費市場而蒙受經濟損失，因此，這種行為不屬於合理使用的範圍。

3.7 專利的行政管理

3.7.1 管理專利工作的部門的設立和職責

1. 中國專利管理部門的設立

中國知識產權制度是伴隨改革開放而產生的、1982 年頒布《商標法》，1984 年頒布《專利法》，1990 年頒布《著作權法》。與之相伴，知識產權行政管理體系也陸續建立起來。在專利行政管理方面，1980 年 1 月，中國專利局經國務院批准正式成立；1984 年 8 月，國家經委、國家科委、勞動人事部、中國專利局聯合印發《關於在全國設置專利工作機構的通知》，各地相繼建立了具有執法和管理雙重職能的專利管理機關。在商標行政管理方面，1978 年 9 月，國務院發出《關於成立工商行政管理總局的通知》，主要職責包括商標註冊管理，並要求縣和縣以上各級政府設工商行政管理局，縣以下設立工商行政管理所。在版權行政管理方面，1985 年 7 月，國務院批准設立國家版權局。

30 多年來，知識產權行政管理機構也在國務院各部門機構改革的大框架內進行了相應調整。在中央層面，以專利、商標、版權三個主要知識產權職能部門來看，中國專利局從原國家科委下屬調整至國家經委下屬，再調整為國務院直屬事業單位，最後更名為國家知識產權局，為國務院直屬機構；商標局一直為工商行政管理總局內設機構，但工商行政管理總局由國務院正部級直屬機構調整至副部級職能部門，最後調整為國務院正部級直屬機構；版權局由文化部內設機構調整至與新聞出版署一套機構、兩塊牌子，此後新聞出版署調整為正部級，后更名為國家新聞出版廣電總局。總體來看，各部門機構設置和職能範圍調整幅度和深度均有不同，但基本依據是適應改革和發展的需要和變化，調整的結果也是更加規範、科學和有效。

知識產權宏觀管理工作大體上可以分為三個階段：一是初級發展階段（1978—1997 年），建立了中國特色的知識產權制度體系和行政管理體系；二是快速發展階段（1998—2007 年），在國務院機構改革大力壓縮編制、精簡機構的背景下，知識產權管理機構得到不同程度的加強，醞釀出台國家知識產權戰略；三是科學發展階段（2008 年至今），國務院於 2008 年 6 月頒布實施《國家知識產權戰略綱要》，知識產權宏觀管理工作按照「激勵創造、有效運用、依法保護、科學管理」的方針，步入了科學發展階段。

2. 中國專利管理部門的職責

專利管理部門具有執法和管理雙重職能，是中國專利制度的特色之一。從《專利法實施細則》的規定中可知，專利管理部門是一個行政機構，因此，專利管理部門處

理專利糾紛，從本質上看是一種行政行為。其職責主要有：

（1）調解糾紛，包括：①專利申請權和專利權歸屬糾紛；②發明人、設計人資格糾紛；③職務發明人、設計人的獎勵和報酬糾紛；④在發明專利申請公布后專利權授予前使用發明而未支付適當費用的糾紛。

（2）行政處罰。專利管理部門應當事人的請求，可以對專利侵權行為做出行政處罰，包括：①專利管理機關認定侵犯專利權行為成立時，可以責令侵權人立即停止侵權行為，專利管理部門做出的行政處罰，在規定的十五日內侵權人不停止侵權又不提起訴訟的，專利管理部門可以申請人民法院強制執行；②假冒他人專利的，管理專利工作部門可責令其改正，並公告，沒收違法所得，可以並處違法所得三倍以下罰款，沒有違法所得，可以處五萬元以下罰款；③以非專利產品冒充專利產品，以非專利方法冒充專利方法，管理專利工作部門可以責令其改正，並公告，可以處五萬元以下的罰款。

3. 專利管理部門履行職務時應承擔的法律責任

專利管理部門履行職務時應承擔的法律責任包括：①專利管理部門不得參與向社會推薦專利產品等經營活動；違反規定的，由上級機關或者監察部門責令改正，消除影響，有違法收入予以沒收，情節嚴重的，對直接負責的主管人員和其他直接責任人員給予行政處分；②從事專利管理工作的國家機關工作人員以及其他有關國家機關工作人員玩忽職守、濫用職權、徇私舞弊，構成犯罪的，依法追究刑事責任；尚不構成犯罪的，依法追究行政責任；不服管理專利工作機構的行政處罰的當事人向人民法院提起行政訴訟，專利管理部門應出庭應訴，敗訴按國家賠償法的規定承擔賠償責任。

3.7.2 專利糾紛的行政處理

1. 專利糾紛的處理方式

專利侵權糾紛的處理方式包括司法訴訟和行政處理兩種。毋需多言，司法訴訟是私權救濟的主要途徑。專利侵權糾紛的行政處理是指專利行政部門根據當事人的請求，作為中立的第三方來處理專利侵權糾紛的專門活動，是一種非訴訟的專利侵權糾紛解決機制。[1] 專利權屬於私權，各國的知識產權法律實踐中也普遍實行司法保護。[2] 長期以來，中國專利侵權糾紛一直是司法訴訟與行政處理「雙軌」並行，這是諸多因素作用的結果，也是中國特色。司法訴訟的審理期限長，判賠額度低，專利權人的利益難以保障，而相比較而言，行政處理的成本低、效率高，與司法保護形成了優勢互補。

國家知識產權局規劃發展司和知識產權發展研究中心在全國範圍內對企業、高校、科研單位和個人權利人進行了問卷調查，數據匯總后形成《2015年中國專利調查報告》。報告顯示，過去五年，大部分的專利權人在遭遇專利侵權時沒有選擇司法訴訟維權方式。其原因主要是審理期限長導致專利權人的利益得不到及時保護，而判賠額度低又導致專利權人的損失得不到完全補償。面對現實狀況，專利權人普遍希望尋求更

---

① 黃瑜，李建民. 試論中國專利侵權糾紛行政處理機制及其完善[J]. 知識產權，2011（7）：97-99.
② 曹博. 知識產權行政保護的制度邏輯與改革路徑[J]. 知識產權，2016（5）：52-62.

簡便快捷、成本低、效率高的專利保護措施。

2. 專利糾紛行政處理的優勢

一般認為，專利侵權糾紛行政處理的成本低於司法訴訟成本，正如一些學者所言，知識產權糾紛解決的行政渠道與程序化的司法渠道相比，前者具有直接交易成本（成本要素包括時間、精力、金錢、聲譽等）較低的特點，不失為多數情況下降低私人成本和社會成本並節省目前非常短缺的司法資源的一種優先選擇。[①]

（1）社會成本。有學者認為在專利行政部門執法過程中不僅會產生高昂的制度成本，而且這些成本皆由公共財政負擔，公共財政的支出應符合公共利益的原則，不應該以公共資源去救濟專利權人的私人利益。[②] 任何一項制度都必然存在著建設與運行的成本，制度成本的高低應全面比較才能得出結論。首先，行政處理需要的人力、機構、執法運行等成本，司法訴訟同樣需要，這些屬於必要的制度成本。其次，由於中國強勢行政與弱勢司法的觀念和歷史傳統已經深入人心，遇到糾紛，當事人往往要求政府來解決，即使打官司，通常也要求法院以一種行政部門的方式來解決。因此，取消或弱化專利侵權糾紛行政處理有較大的制度變遷成本，即克服文化慣性與路徑依賴的成本。再者，自《專利法》實施以來多年所構建的專利行政保護體系是建制完整的優勢資源，棄之不用是資源的巨大浪費，這也是一種成本。最后，以公共財政投入加強專利權的保護並不只是維護專利權人的利益，更在於營造創新環境，使創新主體勇於創新，樂於創新。

（2）個人成本。就個人成本而言，有學者認為如果當事人對行政處理決定不服，進而向法院提起行政訴訟甚至民事訴訟，則不僅會延長處理時間，使成本顯著增加，還會造成司法資源和行政資源的重複投入。行政處理的價值在於為權利人提供了另一種更簡單便捷的救濟方式，權利人可能獲得經濟和時間節約的收益，同時理應承擔相應的風險。專利權人選擇司法訴訟同樣可能面對二審甚至再審的風險。將司法訴訟作為行政處理的最終機制是現代司法審查的慣例，其目的在於制約行政權。總體而言，對於專利權人來說，行政處理在物質、時間以及精力等成本上都低於司法訴訟。

一般的民事侵權訴訟期限往往都要持續數月乃至一年之久，而對於專利侵權糾紛，由於其涉及技術認定，審理期限更是動輒數年。遲到的正義即非正義，現代技術更迭之迅速導致大部分專利的市場壽命往往「撐不到」正義實現的那一天，這也是司法訴訟的致命缺陷之一。行政處理高效率的背後或許會有非正義的可能，但「司法最終保護」原則避免了這種非正義的發生，雖然這有可能會導致處理期限的稍許延長，但相對於追求效率帶來的收益，其結果是值得容忍的。專利侵權糾紛行政處理與司法訴訟偏向不同的價值取向也正是兩者功能分工、優勢互補的體現。

3. 新形勢下加強專利侵權糾紛行政處理的必要性

（1）打擊惡性專利侵權行為。惡性侵權行為包括專利群體侵權和重複侵權。一般認為專利群體侵權是指侵權主體在三個以上並且侵犯的是同一專利權的行為。專利重

---

① 王曄. 知識產權行政保護芻議 [M] //北大知識產權評論：第一卷. 北京：法律出版社，2002：209.
② 劉銀良. 論專利侵權糾紛行政處理的弊端 [J]. 知識產權，2016（3）：33-44.

複侵權是指同一行為人針對同一專利權多次實施的侵權行為，行為人在被認定侵權後指示其他關聯人再次對同一專利權實施侵權的情況，也應認為屬於重複侵權行為。這些行為不僅直接侵害了專利權人的民事權益，還擾亂了市場秩序，破壞了創新環境，侵害了公共利益，對此，只有行政部門主動介入，並追究侵權人的行政責任，方可在保護權利人民事權利的同時，有效維護市場秩序和公共利益。專利法執法檢查報告也明確建議在專利法修改中考慮「加大對嚴重侵犯公共利益的專利侵權行為的執法和查處力度」[1]。行政權力介入知識產權的正當性在於其目的是為了維護良好的市場秩序，這是一種公共利益，而不告不理的司法訴訟卻無法救濟主體不特定的公共利益。就利法而言，群體侵權、重複侵權等惡性侵權行為侵害的不僅僅是專利權人的權益，更為嚴重的是它擾亂了專利實施乃至激勵創新所需要的良好的市場經濟秩序，這種秩序因為缺乏特定的訴訟主體難以通過司法訴訟予以救濟，需要公權力的介入來維護。至於群體侵權、重複侵權的界定和把握，這是相應司法解釋和實施條例應解決的事情，即使權力濫用，還有司法審查的最終機制。因此，新形勢下，為打擊惡性專利侵權行為，維護良好的市場經濟秩序，加強行政執法的力度是必要的。

（2）打擊網路專利侵權行為。近年來，由網路技術催生的新型業態如電子商務環境下的專利侵權行為大量出現，相較於線下的專利侵權行為，線上的侵權行為具有小額、高頻、涉及商品流行週期短、取證難等特點，更適合通過程序簡單、處理快捷的行政處理途徑解決。

在地方先行先試的基礎上，國家知識產權局於2014年下半年和2015年連續在全國開展電子商務領域專利執法維權專項行動，要求地方知識產權局和知識產權維權中心，聯合電商平臺以刪除、屏蔽鏈接或關閉網店等方式及時有效地處理網路專利侵權，並提出要建立部門聯動機制，實現快速維權。[2] 2015年1月至11月，全國知識產權系統共辦理電商領域專利侵權假冒案件近4000件。各知識產權維權援助中心高效提供電商領域侵權判定諮詢意見，大大提升了知識產權維權效率，「政府行政執法—第三方機構諮詢—電商平臺處理」的聯合爭端解決機制初步形成，促進了互聯網治理水平的提高。在「互聯網+」背景下，網路技術的發展不斷催生出新的商業形態，能動性強的行政處理能夠更好地解決新業態中出現的專利侵權行為，這是新形勢下行政處理專利侵權糾紛之必要性的另一體現。

在效率與公平的價值追求上，行政處理與司法訴訟各有偏頗，但行政處理對效率的追求並不意味著以犧牲公平為代價。新形勢下，惡性專利侵權行為和網路專利侵權行為都需要專利行政部門的介入才能更好地保護專利權和市場秩序。因此，專利侵權糾紛行政處理在當今時代仍然具有充分的合理性和必要性。

---

[1] 徐楠軒. 惡性專利侵權行為的法律規制——兼評《專利法》第四次修改 [J]. 知識產權, 2015（1）: 62-85.

[2] 劉迪. 芻議電子商務平臺服務提供者專利間接侵權中「通知—刪除」規則的完善 [J]. 電子知識產權, 2015（6）: 22-30.

3.8 專利權的法律保護

3.8.1 專利權的保護期限

專利權的保護是一個廣義的概念，其核心是指專利申請人或專利權人對自己的發明創造的排他獨占權。專利申請授權后，專利權肯定受到保護，但專利申請自申請日起至授權前，權利也受到保護，只是程度不同，表現形式也不同。以發明專利申請為例，自申請日起至該申請公布前，這時申請處於保密階段。這一階段對其權利的保護表現在對該發明專利申請后同樣主題的申請因與其相抵觸而將喪失新穎性，不能授予專利權自該申請公布至其授予專利權前這一階段是「臨時保護」階段。在這期間，申請人雖然不能對未經其允許實施其發明的人提起訴訟、予以禁止，但可以要求其支付適當的使用費。如果對方拒絕付費，申請人可以在獲得專利權之后行使提起訴訟的權利。這一階段申請人只有有限的獨占權。發明專利權的期限為 20 年，實用新型專利權和外觀設計專利權的期限為 10 年，均自申請日起計算，專利權期滿時應當及時在專利登記簿和專利公報上分別予以登記和公告，並將專利申請文檔轉入失效庫。

3.8.2 專利權的終止

專利權的終止是指因專利權保護期限已滿或由於某種原因專利權失效。

專利權終止的原因主要包括：

（1）沒有按照規定交納年費。專利年費滯納期滿仍未繳納或者繳足專利年費和滯納金的，自滯納期滿之日起 2 個月內，最早不早於 1 個月，專利局做出專利權終止通知，通知專利權人，專利權人未啟動恢復程序或恢復未被批准的，在終止通知書發出 4 個月后，在專利登記簿和專利公報上分別予以登記和公告。之后，專利申請案卷存入失效案卷庫。專利權終止日應為上一年度期滿日。

（2）專利權人以書面聲明放棄專利權。專利權人自願將其發明創造貢獻給全社會，可以提出聲明主動放棄專利權。專利權人主動放棄專利權的，應當使用專利局統一制定的表格，提出書面聲明。放棄專利權只允許放棄全部專利權，不允許放棄部分專利權。放棄部分專利權的聲明視為未提出。專利權人不是真正擁有人，惡意要求放棄專利權后，專利權真正擁有人（必須提供生效法律文書來證明）可以要求撤銷該聲明。放棄一件有兩名以上的專利權人的專利時，應當由全體專利權人同意，並在聲明或其他文件上簽章。兩名以上的專利權人中，有一個或者部分專利權人要求放棄專利權的，應當通過辦理著錄項目變更手續，改變專利權人。符合規定的放棄專利權聲明被批准后，專利局將有關事項在專利登記簿上和專利公報上登記和公告。該聲明自登記、公告后生效。

（3）專利權期滿，專利權即行終止。期滿后，專利技術進入公共領域，社會上的任何人都可以無償使用。

3.8.3 專利權保護範圍的確定原則

一般來說，認定專利權的保護範圍的依據是權利要求書。各國對權利要求書中權利要求的理解有以下三種原則：

（1）周邊限定原則。根據該原則，專利權的保護範圍只能由權利要求書認定。即必須嚴格根據權利要求書的文字進行解釋，權利要求書記載的範圍是專利保護的最大限度。在這種情況下，對權利要求書進行嚴格的解釋，對專利權的保護範圍不能超出權利要求書中權利要求的範圍，對於權利要求書中未包含的內容是不能列入專利權的保護範圍的。只有在權利要求書不明確、不清楚時，才適用說明書、附圖對專利權的保護範圍做出限制性解釋。採用該原則的主要有英國、美國等國家。

（2）中心限定原則。根據該原則，專利權的保護範圍以權利要求書的記載為中心和依據，同時可以作一定的擴展。即在認定專利權的保護範圍以權利要求書為中心的同時，又不拘泥於權利要求書的記載，還要考慮該發明創造的性質、目的、參照說明書、附圖，把中心以外一定範圍的技術也覆蓋在專利保護範圍內。凡是該領域的普通專業技術人員通過研究說明書、附圖後認為可以包括的技術都屬於專利權的保護範圍。採用該原則的主要有德國等大陸法系的國家。

（3）折中原則。該原則是周邊限定原則和中心限定原則的折中。根據該原則，專利權的保護範圍主要以權利要求書的記載認定，在權利要求書中表達有疑義或不清晰時，又可以依照說明書和附圖來解釋權利要求書。採用該原則的國家主要有《歐洲專利公約》成員國。中國也採用該原則。

3.8.4 中國專利權的保護範圍

專利權的保護範圍是指專利權法律效力所涉及的發明創造的範圍。發明或者實用新型專利權的保護範圍以其權利要求的內容為準，說明書及附圖可以用於解釋權利要求。外觀設計的保護範圍以表示在圖片或者照片中的該外觀設計專利產品為準。

1. 發明或者實用新型專利權的保護範圍

根據《專利法》第二十六條、第五十六條第一款和《專利法實施細則》第二十條第一款的規定，在認定發明或實用新型的專利權的保護範圍時，應注意以下幾方面：

（1）發明或實用新型的專利權的保護範圍以其權利要求書的內容為準。即認定發明或實用新型的專利權的保護範圍的根本依據是權利要求書，並且是權利要求書的整體、實質內容，而非個別的文字或措辭。如果一項技術構思並未在權利要求書中記載，即使在說明書、附圖中體現仍不屬於專利權的保護範圍。可見，權利要求書中沒有記載的即可排除在專利權的保護範圍之外，權利要求書是認定專利權保護範圍的基本依據，說明書、附圖不能作為認定專利權保護範圍的依據，只是居於從屬地位。

（2）作為專利權的保護範圍的認定依據，清楚、準確地解釋權利要求書的內容是必須的。要對權利要求書所記載的技術特徵做出清楚、準確的解釋，明確該發明創造的目的、效果，需要參考說明書和附圖。說明書和附圖具有解釋權利要求書的法定功能。

（3）在認定專利權的保護範圍時，為了明確某一技術術語的含義還可以參考專利申請過程中國務院專利行政部門和申請人之間的往來信件和文件。當然，這些信件和文件不能作為認定專利權保護範圍的依據，但在這些信件和文件中專利權人表示認可、承諾或放棄的東西，專利權人以後是不能反悔的，這就是所說的「禁止反悔原則」。

2. 外觀設計專利權的保護範圍

根據《專利法》第五十九條第一款的規定，外觀設計專利權的保護範圍以表示在圖片或者照片中的該外觀設計專利產品為準。在認定外觀設計專利權的保護範圍時，應注意以下幾方面：

（1）外觀設計的專利申請文件中沒有權利要求書和說明書，所以，其保護範圍以圖片或照片為準，即使尺寸上存在細微差別也並不妨礙權利認定。

（2）外觀設計專利權的保護範圍僅限於在授予專利權時指定的產品上使用的外觀設計，即他人不能在指定的產品上使用相同或近似的外觀設計。

3.8.5 專利侵權及其認定

專利侵權行為是指在專利權有效期限內，行為人未經專利權人許可又無法律依據，以營利為目的實施他人專利的行為。這裡的實施是指製造、使用、許諾銷售、銷售、進口其專利產品或使用其專利方法以及使用、銷售、許諾銷售、進口依該方法直接獲得的產品。

1. 專利侵權行為的構成

依據侵權行為的構成要件，專利侵權行為由以下要件構成：

（1）侵害的對象為有效的專利。專利侵權必須以存在有效的專利為前提，實施專利授權以前的技術、已經被宣告無效、被專利權人放棄的專利或者專利權期限屆滿的技術，不構成侵權行為。專利法規定了臨時保護制度，發明專利申請公布後至專利權授予前，使用該發明的應支付適當的使用費。對於在發明專利申請公布後專利權授予前使用發明而未支付適當費用的糾紛，專利權人應當在專利權被授予之後，請求管理專利工作的部門調解，或直接向人民法院起訴。

（2）必須有侵害行為，即行為人在客觀上實施了侵害他人專利的行為。

（3）行為人以生產經營為目的實施侵權行為。非生產經營目的的實施，不構成侵權。中國《專利法》第十一條規定，發明和實用新型專利權被授予後，除本法另有規定以外，任何單位或者個人未經專利權人許可，都不得實施其專利，即不得為生產經營目的製造、使用、許諾銷售、銷售、進口其專利產品，或者使用其專利方法以及使用、許諾銷售、銷售、進口依照該專利方法直接獲得的產品。外觀設計專利權被授予後，任何單位或者個人未經專利權人許可，都不得實施其專利，即不得為生產經營目的製造、許諾銷售、銷售、進口其外觀設計專利產品。由此可見，侵權行為必須以生產經營為目的。

（4）侵權行為人主觀上無須有過錯。侵權人主觀上的過錯包括故意和過失。所謂故意是指行為人明知自己的行為是侵犯他人專利權的行為而實施該行為；所謂過失是指行為人因疏忽或過於自信而實施了侵犯他人專利權的行為。

2. 專利侵權行為的種類

依據侵權行為是否是行為人本身的行為造成，將專利侵權行為分為直接侵權行為和間接侵權行為兩類。

（1）直接侵權行為。直接侵權行為是指侵犯他人專利權的行為由行為人直接實施的侵權行為。這主要有以下幾種形式：

①未經許可實施他人專利行為。這類專利侵權行為必須滿足兩個條件：第一，未經權利人許可和以生產經營為目的。根據《專利法》第十一條的規定，發明和實用新型專利權被授予後，除《專利法》另有規定的以外，任何單位或者個人未經專利權人許可，都不得實施其專利，即不得為生產經營目的製造、使用、許諾銷售、銷售、進口其專利產品，或者使用其專利方法以及使用、許諾銷售、銷售、進口依照該專利方法直接獲得的產品。外觀設計專利權被授予後，任何單位或者個人未經專利權人許可，都不得實施其專利，即不得為生產經營目的製造、銷售、進口其外觀設計專利產品。

②假冒他人專利行為。這類專利侵權行為是指侵害專利權人的標榜權。《專利法實施細則》第八十四條規定，包括以下四種具體形式：未經許可，在其製造或者銷售的產品、產品的包裝上標註他人的專利號；未經許可，在廣告或者其他宣傳材料中使用他人的專利號，使人將所涉及的技術誤認為是他人的專利技術；未經許可，在合同中使用他人的專利號，使人將合同涉及的技術誤認為是他人的專利技術；偽造或者變造他人的專利證書、專利文件或者專利申請文件。

（2）間接侵權行為。間接侵權行為是指行為人本身的行為並不直接構成對專利權的侵害，但實施了誘導、慫恿、教唆、幫助他人侵害專利權的行為。間接侵權行為通常是為直接行為製造條件，常見的表現形式有：行為人銷售專利產品的零部件、專門用於實施專利產品的模具或者用於實施專利方法的機械設備；行為人未經專利權人授權或者委託，擅自轉讓其專利技術的行為等。

間接侵權行為促使和導致了直接侵權行為的發生，行為人有過錯，對專利權人造成了損害，與直接侵權構成了共同侵權。由於間接侵權的成立以直接侵權為前提，所以只有確定了直接侵權後，才能確認間接侵權。

3. 侵權認定的適用原則

中國現行專利法中對此沒有詳細規定，各級法院和專利行使部門處理專利侵權糾紛中採用以下幾種判斷標準：

（1）全面覆蓋原則。全面覆蓋原則，即全部技術特徵覆蓋原則或字面侵權原則。如果被控侵權物（產品或方法）的技術特徵包含了專利權利要求中記載的全部必要技術特徵，則納入專利權的保護範圍。這是法院判定商業侵權的基本方法，也是最簡單的專利仿製，或稱為相同侵權。

（2）等同原則。專利侵權認定中的等同原則，是美國法院在專利侵權的審判實踐中提出來的一項原則，是法院在判定被控侵權物是否侵權時的一種判定依據。當被控侵權物的技術特徵在實質上以基本相同的方式或手段，替換與專利權利要求中記載的全部必要技術特徵，實現大致相同的功能，進而達到基本相同的效果，但從表面上看來只有個別不明顯的區別，從而構成等同侵權。

等同原則第一次規定在 2001 年最高人民法院頒布的《關於審理專利糾紛案件適用法律問題的若干規定》中。2008 年，第十一屆全國人民代表大會常務委員會第六次會議通過了《專利法》，其中第五十九條第一款所稱的「發明或者實用新型專利權的保護範圍以其權利要求的內容為準，說明書及附圖可以用於解釋權利要求」，是指專利權的保護範圍應當以權利要求書中明確記載的必要技術特徵所確定的範圍為準，也包括與該必要技術特徵相等同的特徵所確定的範圍。① 但此規定並沒有對等同原則的適用範圍、判斷標準進行規定，也沒有關於等同原則適用限制的規定。

等同原則適用的判定方法包括：

①整體效果分析法。也就是「方法—功能—效果」三要素法，美國最高法院認可等同原則的首起判例是 1853 年的威南斯訴登米德案。最高法院認為，在適用等同理論時，可採用「權利要求及其等同物」的標準來判定是否侵權。即從結構、方式和結果三個方面比較專利產品與被控產品是否實質相同。這是「等同原則」的最初基本原則。

②逐一要素比較法。即逐一比較被控侵權物中的某些技術特徵與專利權利要求書中的相應的技術特徵是否實質相同。1997 年的華納·金肯遜訴希爾頓·戴維斯一案，美國聯邦巡迴上訴法院據此提出了輔助判斷方法，將「三要素準則」適用之初採用的整體效果分析變為逐項要素比對，因為在專利權利要求書中的每一個要素在解釋專利範圍及實質方面都起到重要作用。

(3) 禁止反悔原則。禁止反悔原則，是指禁止專利權利人將其在審批過程中通過修改或者意見陳述所表明的不屬於其專利權保護範圍之內的內容重新囊括到專利權的保護範圍之內。禁止反悔原則的目的在於防止專利權利人的出爾反爾的策略，即在專利審批過程中為了獲得專利權而對其保護範圍進行了某種限制，或者強調權利要求中的某個技術特徵對於確定其新穎性、創造性如何重要，而在侵權訴訟中又試圖取消所做的限制，或者強調該技術特徵可有可無，試圖擴大其保護範圍，從而兩頭得利。

2010 年 1 月 1 日起實施的《最高人民法院關於審理侵犯專利權糾紛案件應用法律若干問題的解釋》第一次對禁止反悔原則的適用作了明確規定。該解釋第六條規定，專利申請人、專利權人在專利授權或者無效宣告程序中，通過對權利要求、說明書的修改或者意見陳述而放棄的技術方案，權利人在侵犯專利權糾紛案件中又將其納入專利權保護範圍的，人民法院不予支持。該條強調的是專利申請人、專利權人客觀所做的限制性修改或者意見陳述，至於該修改或者陳述的動因、與專利授權條件是否有因果關係以及是否被審查員採信，均不影響該規則的適用。

(4) 多餘指定原則。多餘指定原則，是指專利侵權司法實踐中，在確定專利獨立權利要求和確定專利保護範圍時，將明確寫明在專利獨立要求中的明顯附加技術特徵（即多餘特徵）忽略掉，只以專利獨立權利要求中的必要技術特徵來確定專利保護範圍的原則。必要技術特徵是指發明或者實用新型為達到其目的和功能所必須具備的，其足以構成發明或者實用新型主題，使之區別於其他的技術方案的技術特徵。

中國多餘指定原則理論與非必要技術特徵理論並沒有本質上的不同。非必要技術

---

① 吳勝華. 等同原則的適用及限制 [J]. 科技與法律，2010 (3).

特徵理論的產生依據是《專利法實施細則》第二十一條第二款的規定。該理論認為：在確定專利權保護範圍時可以逐個甄別獨立權利要求中的每一個技術特徵是否為解決技術問題所不可缺少的技術特徵，即必要技術特徵。如果確定某一技術特徵不是必要的技術特徵，那麼則認為是附加技術特徵，在判斷保護範圍時可以不納入。在獨立權利要求中不應當有非必要技術特徵，因為它對技術方案的形成沒有實質意義。當某一項技術特徵不被認定為必要技術特徵，則原告需要引用多餘指定原則來擴大專利權利的保護範圍，從而使被告的專利技術特徵歸入原告的專利保護範圍。

中國專利制度不夠發達，專利代理水平不高。撰寫權利要求書時，存在將非必技術特徵寫入獨立權利要求的情況。若按照全面覆蓋原則判斷侵權的話，只能得出不侵權的結果。多餘指定原則有利於擴大專利權的保護範圍，但在司法實踐中應慎用。

3.8.6 專利侵權的訴訟時效

侵犯專利權的訴訟時效為 2 年，自專利權人或者利害關係人知道或者應當知道侵權行為之日起計算。權利人超過 2 年起訴的，假如侵權行為在起訴之時仍在繼續，在該項專利權的有效期內，人民法院應當判決被告人停止侵權行為，侵權損害賠償數額應當自權利人向人民法院起訴之日起向前推算 2 年計算。如果侵權人實施侵權行為結束之日起超過 2 年，專利權人將失去勝訴權。

3.8.7 專利侵權的責任

侵犯專利權是違反《專利法》的行為，侵權人應當依法承擔相應的責任，使專利權人的合法權益得到保護。專利侵權的主要責任類型有民事責任、行政責任和刑事責任。

1. 侵權行為的民事責任

專利法對專利侵權主要是採用民事制裁，專利管理機關或者人民法院在處理侵權的時候，主要是責令侵權人停止侵權行為和賠償損失。

（1）責令當事人停止侵權行為。停止侵權是最有效、最直接的防止繼續侵權的方法。根據《民法通則》的有關規定，專利權人或者利害關係人可以請求停止侵權。同時，還可以請求採取預防措施，如處置已經生產出來的侵權產品等，避免擴大損失。

（2）責令侵權人賠償損失。專利權人或利害關係人可以向法院申請合理賠償。

（3）沒收侵權人由侵權所得的產品。該制裁措施的目的在於恢復專利權人被侵害的權利。

（4）消除影響，恢復專利產品的信譽。

2. 侵權行為的行政責任

中國對侵權行為中的假冒他人專利、洩露國家機密、徇私舞弊等行為規定了行政責任。另外，中國還對侵犯發明人或者設計人合法權益的行為規定了行政責任。其目的在於維護科技人員和進行科研創造的其他人員的合法權益，以保護和激勵他們進行發明創造的積極性。除此之外，還規定，以非專利產品冒充專利產品、以非專利方法冒充專利方法的，由管理專利工作的部門責令改正並予公告，可以處 5 萬元以下的罰

款。這樣,專利管理機關可依法主動出擊,有力地打擊假冒專利的違法行為。

3. 侵權行為的刑事責任

根據相關法律法規規定,專利侵權主要給予民事制裁,但有時也需要刑事制裁。因為侵權不僅僅涉及專利權人的財產權,有時也涉及公共利益。對違反公共利益的侵權行為最有效的制裁是刑事制裁。中國對假冒他人專利、洩露國家機密以及徇私舞弊這三種行為規定了刑事責任。

(1) 假冒他人專利是指非專利權人未經專利權人許可,在其產品或者產品包裝上人為地標註專利權人的專利標誌或者專利號,冒充專利權人的專利產品,以假亂真,以劣充優,在市場上銷售的行為。

(2) 中國法律規定,中國單位或者個人將在國內完成的發明創造向外國申請專利的,應當首先向中國專利局申請專利,並經國務院有關主管部門同意后,委託國務院指定的專利代理機構辦理。規定這樣的申請、審查程序,目的是保守國家的機密。對於違反法律,擅自向外國申請專利,洩露國家機密的,由行為人所在單位或者上級主管機關給予行政處分,情節嚴重的,比照《刑法》以洩露國家秘密罪論處。

(3) 徇私舞弊是指在受理、審批專利申請的工作中或者在接受申請人委託辦理專利事務的工作中,或者在處理專利糾紛工作中,明知是不符合授予專利權的條件而授予專利權,或者明知是符合授予專利權的條件而駁回申請,或者剽竊申請人的技術等行為。

4 商標權法律制度

4.1 商標的含義與特徵

4.1.1 商標的含義

商標，是指用於區別不同經營者所提供的商品或者服務的標記。一般由文字、圖形、字母、數字、三維標誌、顏色組合，或上述要素的組合，具有顯著特徵，目的是幫助消費者區別同類商品或者服務項目。商標作為一種具有指代功能的標誌，具有以下特徵：

1. 商標是有形符號

商標由文字、圖形、字母、數字、三維標記和顏色等構成，或者是這些要素的組合，是可以被感知的。《中華人民共和國商標法》（簡稱《商標法》）第八條規定：「任何能夠將自然人、法人或者其他組織的商品與他人的商品區別開的標誌，包括文字、圖形、字母、數字、三維標誌、顏色組合和聲音等，以及上述要素的組合，均可以作為商標申請註冊。」

2. 商標必須與特定商品或者服務相聯繫

商標是以商業活動為基礎，並非單純的美術作品。脫離了商品或服務，任何有形的符號都不是商標。

3. 商標具有顯著的識別性

對於生產者或服務者來說，最重要的任務是獲得消費者的認同和選擇，商標的識別性使得生產者或服務者與其他競爭者相區別，吸引消費者的注意；對於消費者來說，也可以在眾多商品或服務中快速識別所需要的商品或者服務。

4.1.2 商標的功能

商標的功能是指由商標的自然屬性決定的特有的作用。具體到商標的功能種類，通常具有商品識別功能、質量保障功能和廣告宣傳功能等三種功能。

1. 商品識別功能

商品識別功能即商標具有識別性，這是商標的最基本和首要的功能。商標就是要區別商品或服務的來源。商標作為區別特定產品來源的基本標誌必須具有唯一性和顯著性，即只能由一家企業所擁有，並且不同企業在相同商品甚至不同商品上使用的商標要能夠彼此區別開來，否則就會使得消費者產生混淆、誤認甚至欺騙，使廠商和消

費者的利益都受到損害。

2. 質量保障功能

中國《商標法》在第一條立法宗旨部分就強調要「促使生產、經營者保證商品和服務質量」。生產者通過商標表示商品為自己所提供，服務提供者通過商標表示某項服務為自己所提供，消費者也通過商標來辨別商品或服務，對其質量做出鑑別，這種鑑別關係到生產經營者的興衰。

3. 廣告宣傳功能

現代的商業宣傳往往以商標為中心，通過商標發布商品信息，推介商品，突出醒目，簡明易記，能借助商標這種特定標記吸引消費者的注意力，加深對商品的印象。中國《商標法》雖未明確商標的廣告宣傳功能，但從商標使用行為的認定及馳名商標認定的因素來看，是允許並適度保護商標的廣告功能的。例如《商標法》第十四條規定，認定馳名商標應當考慮該商標的宣傳的持續時間、程序和地理範圍。

隨著社會經濟的不斷發展，除了上述三種功能外，商標還逐漸衍生出其他功能，比如文化功能、表彰功能等。實際上，這些功能是商標三大基本功能產生的附加功能，是企業商標經營到一定水平的必然產物。

4.1.3 商標與其他商業標誌的區別

1. 包裝裝潢

包裝裝潢是指為識別與美化商品而在商品或者其包裝上附加的文字、圖案、色彩及其排列組合，起到傳遞商品信息、表現商品特色、宣傳商品、美化商品、促進銷售和方便消費等作用。包裝裝潢與商標共同附於同一商品上，為同一商品服務，經常被混為一體。其實，兩者有以下區別：

（1）使用目的不同。使用商標的目的在於區別不同的生產者、經營者生產、銷售的商品，以利於消費者認牌購物。使用商品裝潢的主要目的在於用豐富多彩的圖案、繪畫、色彩和生動的文字來裝飾、美化商品，宣傳商品，以刺激消費者的購買欲望，達到推銷商品的目的。

（2）穩定程度不同。商標一經註冊，不得隨意變更，包括商標的圖形和文字等要素，否則不受商標法保護。因此，有的商標可以沿用幾百年，具有相當的穩定性。而包裝裝潢一般為了隨行就市，商品的生產者或經營者可隨時依市場行情的需求，不斷創新，改變原來的文字、圖形，以此來吸引消費者。

（3）構成要素不同。各國商標法對構成商標的文字、圖形等要素都有禁止性的規定，它只能反映商品的內在形態，具有抽象性。而商品裝潢所使用的文字、圖形則不受商標法設定的限制，不僅不禁用表示商品的質量、功能、用途等內容，反而可採用多種直接的表達形式，昭示上述內容，反映商品的外在形態。

（4）法律保護不同。商標通過註冊受到法律的限制和保護，包裝裝潢則不然。

2. 商號

商號，即企業名稱，指用於識別在一定地域內和一定行業中不同經營者的稱謂。商號作為企業名稱的主要部分，具有人身權屬性，商號不經登記不得使用。商號與商

標往往有著十分緊密的聯繫，如有的經營者將其商號直接作為商標使用，也有經營者將其商號作為商標的重要組成部分。商號和商標的區別在於：

（1）功能和作用不同。商號是用來區分不同的企業，而商標是用來區分不同的商品。一般而言一個公司和企業只能有一個商號，而對於商標而言，則可以根據不同的商品來註冊商標。在一定情況下商號有些時候還能作為商標使用，而商標則在一定程度上是不可以作為商號使用的。

（2）註冊登記原則及登記機關不同。商標的註冊實行的是「自願註冊與強制註冊相結合」的原則，即規定除人用藥品、菸草製品外，其他商品上使用的商標註冊與否，聽其自便。商號登記是採用「強制登記」的原則，即未經登記的商號不得使用。商標可以在國家工商總局商標局登記註冊，商號的登記機關則是全國各地的工商行政管理機關。

（3）註冊登記的法律效力不同。商號進行登記后，企業所享有的名稱專用權僅限於登記主管機關所轄範圍；商標註冊后在全國範圍內享有註冊商標專用權。

（4）保護期限不同。註冊商標的保護期限一般為10年，期滿后可續展；商號一經登記，只要企業存在就能一直使用。

3. 商務標語

商務標語，是企業經營者為了推銷商品或服務項目而使用的宣傳廣告用語。在商業活動中，為了推銷商品，經營者在宣傳推廣中常常使用表達贊美含義的廣告類標語。商務標語因為和商標同時出現，所以與商標有密切的聯繫。但商務標語既不起區別商品出處的作用，也不能獨家佔有使用，而且還會時常調整改變。

4.1.4 商標的種類

1. 註冊商標和未註冊商標

根據商標是否登記註冊，商標劃分為註冊商標和未註冊商標。註冊商標是指經國家商標主管機關核准註冊而使用的商標。未註冊商標，又稱為非註冊商標，是指未經國家商標主管機關核准註冊而自行使用的商標。中國實行自願註冊制度，依商標法規定，未註冊商標的使用不得對抗已註冊商標，未註冊商標一旦被他人註冊，便會被禁止使用。

2. 商品商標和服務商標

根據商標標誌對象不同，商標劃分為商品商標和服務商標。商品商標是用以將商品生產者或經銷者的商品同他人的商品區別開來的一種標誌，具有區別商品不同出處的功能，表明商品質量和特點。服務商標是用以將服務提供者的服務同他人的服務區別開來的一種標誌，具有區別服務不同出處的功能，表明服務質量和特點。商品是有形的，商品商標使用在具體商品上。服務是無形的，服務商標使用在具體服務中。

3. 集體商標和證明商標

根據商標的特殊功能，商標劃分為集體商標和證明商標。集體商標是指以團體、協會或者其他組織名義註冊，專供該組織成員在商事活動中使用，以表明使用者在該組織中的成員資格的標誌。證明商標由對某種商品或服務具有檢測和監督能力的組織

所控製，而由其以外的人使用在商品或服務上，以證明商品或服務的產地、原料、製造方法、質量、精確度或其他特定品質的商標。

4. 製造商標與銷售商標

根據商標使用者在商品的生產、流通過程中所處的不同環節來劃分，可以將商標劃分為製造商標和銷售商標。製造商標又稱為生產商標，製造商標是產品的生產、加工或製造者為了將自己與其他生產者區別開而使用的文字、圖形或其組合標記。銷售商標是指商品銷售者為了保證自己所銷售商品的質量而使用的文字、圖片或其他組合標記。銷售商標的使用者並不生產商品，而是將採購來的商品用上自己的商標，或採取定牌委託生產企業加工，然后用銷售商的商標統一出口或銷售，以經營者的信譽擔保產品質量的可靠性，如常見的「屈臣氏」「家樂福」等。

5. 等級商標和防禦商標

等級商標是指在商品質量、規格、等級不同的一種商品上使用的同一商標或者不同的商標。這種商標有的雖然名稱相同，但圖形或文字字體不同，有的雖然圖形相同，但為了便於區別不同商品質量，而是以不同顏色、不同紙張、不同印刷技術或者其他標誌作區別，也有的是用不同商標名稱或者圖形作區別。例如青島同泰橡膠廠生產的輪胎，因規格不同，分別使用「駱駝」「金鹿」「工農」等商標。

防禦商標，是指較為知名的商標所有人在該註冊商標核定使用的商品（服務）或類似商品（服務）以外的其他不同類別的商品或服務上註冊的若干相同商標，為防止他人在這些類別的商品或服務上註冊使用相同的商標。原商標為主商標，其餘為防禦商標。例如，可口可樂公司在「可口可樂」牌碳酸飲料成為馳名商標以後，又在其他33類商品上註冊「可口可樂」商標。

4.2　商標註冊的申請和審核

4.2.1　商標註冊的申請

1. 商標申請的主體

《商標法》第四條第一款規定：「自然人、法人或者其他組織在生產經營活動中，對其商品或者服務需要取得商標專用權的，應當向商標局申請商標註冊。」中國能夠申請商品商標和服務商標的是自然人、法人以及其他組織。

（1）自然人。《商標法》規定，自然人在中國可申請註冊商標，而不必具有從事生產經營的資格。

（2）法人。申請註冊商標的法人組織包括企業法人、機關法人、事業單位法人、社會團體法人等。

（3）其他組織。其他組織是指合法成立，有一定的組織機構和財產，但又不具有法人資格的組織，包括私營獨資企業、合夥組織、合夥型聯營企業、中外合作經營企業、社會團體、依法設立並領取營業執照的法人的分支機構等。

（4）共同申請人。《商標法》第五條規定：「兩個以上的自然人、法人或者其他組織可以共同向商標局申請註冊同一商標，共同享有和行使該商標專用權。」中國《商標法》沒有對共有商標使用商品或者服務的範圍、使用地域附加條件限制。但是，共有商標遠沒有獨立註冊的專有商標那樣可以進退自如。因此，企業應把商標的共同註冊作為迫不得已情況下的選擇。《中華人民共和國商標法實施條例》（簡稱《商標法實施條例》）第十六條規定：「共同申請註冊同一商標的，應當在申請書中指定一個代表人，沒有指定代表人的，以申請書中順序排列的第一人為代表人。」

（5）外國人或者外國企業。根據《商標法》第十七條、第十八條規定，外國人者外國企業在中國申請商標註冊的，應當按其所屬國和中華人民共和國簽訂的協議或者共同參加的國際條約辦理，或者按對等原則辦理。外國人或者外國企業在中國申請商標註冊和辦理其他商標事宜的，應當委託依法設立的商標代理機構辦理。

2. 商標申請的原則

《商標法》第三十一條規定：「兩個或者兩個以上的商標註冊申請人，在同一種商品或者類似商品上，以相同或者近似的商標申請註冊的，初步審定並公告申請在先的商標；同一天申請的，初步審定並公告使用在先的商標，駁回其他人的申請，不予公告。」可見，中國主要採取商標申請在先取得原則。

（1）申請在先原則。申請在先原則又稱註冊在先原則，是指兩個或者兩個以上的商標註冊申請人，在同一種商品或者類似商品上，以相同或者近似的商標申請註冊的，申請在先的商標，其申請人可獲得商標專用權，申請在后的商標註冊申請予以駁回。如果是同一天申請，則採取使用在先原則，這種情況下，商標主管機關將初步審定並公告使用在先的商標。

（2）自願註冊原則。自願註冊原則是指商標使用人是否申請商標註冊取決於自己的意願。但只有註冊后的商標才受法律保護，享有商標專用權。未註冊的商標也不得與他人的註冊商標相衝突。

在實行自願註冊原則的同時，中國規定了在極少數商品上使用的商標實行強制註冊原則，作為對自願註冊原則的補充。目前必須使用註冊商標的商品只有菸草製品，未註冊商標的菸草製品，禁止生產和銷售。

4.2.2 商標註冊的條件

根據《商標法》的規定，申請註冊的商標必須具備以下條件，才能獲得核准：

1. 具備法定的構成要素

《商標法》第八條規定：「任何能夠將自然人、法人或者其他組織的商品與他人的商品區別開的標誌，包括文字、圖形、字母、數字、三維標誌、顏色組合和聲音等，以及上述要素的組合，均可以作為商標申請註冊。」根據該規定，中國商標的法定構成要素包括：文字、圖形、字母、數字、三維標誌、顏色組合和聲音。

2. 具有顯著特徵

《商標法》第九條第一款規定：「申請註冊的商標，應當有顯著特徵，便於識別，並不得與他人在先取得的合法權利相衝突。」商標的顯著特徵是指特定的標示與特定的

商品或者服務有著密切的聯繫，並將該商品或者服務與其他商品或服務區別開來的顯著特徵。這種顯著特徵可來自商標標示本身的設計，也可來自商標的使用。缺乏顯著特徵的標誌，則不得作為商標註冊。

3. 法律禁止使用的標誌不得使用

法律禁止使用的標誌包括絕對禁止和相對禁止。

（1）絕對禁止使用的對象。《商標法》第十條規定，禁止作為商標註冊或使用的標誌包括：同中華人民共和國的國家名稱、國旗、國徽、軍旗、勛章相同或者近似的，以及同中央國家機關所在地特定地點的名稱或者標誌性建築物的名稱、圖形相同的；同外國的國家名稱、國旗、國徽、軍旗相同或者近似的，但該國政府同意的除外；同政府間國際組織的名稱、旗幟、徽記相同或者近似的，但經該組織同意或者不易誤導公眾的除外；與表明實施控制、予以保證的官方標誌、檢驗印記相同或者近似的，但經授權的除外；同「紅十字」「紅新月」的名稱、標誌相同或者近似的；帶有民族歧視性的；誇大宣傳並帶有欺騙性的；有害於社會主義道德風尚或者有其他不良影響的；縣級以上行政區劃的地名或者公眾知曉的外國地名，不得作為商標。但是，地名具有其他含義或者作為集體商標、證明商標組成部分的除外；已經註冊的使用地名的商標繼續有效。

（2）禁止作為註冊商標使用的標誌。《商標法》第十一條規定，禁止作為商標註冊但可以作為未註冊商標或其他標誌使用的標誌包括：僅有本商品的通用名稱、圖形、型號的；僅僅直接表示商品的質量、主要原料、功能、用途、重量、數量及其他特點的；以三維標誌申請註冊商標的，僅由商品自身的性質產生的形狀、為獲得技術效果而需有的商品形狀或者使商品具有實質性價值的形狀，不得註冊；缺乏顯著特徵的。前述所列標誌經過使用取得顯著特徵，並便於識別的，可以作為商標註冊。

《商標法》第十二條對三維標誌還做出了特別的限制，即「以三維標誌申請註冊商標，僅由商品自身的性質產生的形狀、為獲得技術效果而需有的商品形狀或者使商品具有實質性價值的形狀，不得註冊」。

4. 不得和他人的在先權相衝突或惡意搶註

不得在相同或類似商品上與已註冊或申請在先的商標相同或近似；不得侵犯他人的其他在先權利，如外觀設計專利權、著作權、姓名權、肖像權、商號權、特殊標誌專用權、奧林匹克標誌專有權、知名商品特有名稱、包裝、裝潢專用權等；不得以不正當手段搶先註冊他人已經使用並有一定影響的商標。

4.2.3 商標註冊的審查和核准

1. 商標註冊的審查

對符合商標法規定的商標申請，商標局應予以受理並開始對其進行審查。具體程序如下：

（1）形式審查。形式審查又稱書面審查，是對申請註冊商標的形式要件的審查，包括申請文件是否齊備、書寫是否符合規定、手續是否辦理等。經審查完畢後，商標局會依據不同情況做出不同決定：申請文件符合商標法規定的，予以受理，發給《受

理通知書》；申請文件不齊備或未按規定填寫的，退回申請書，申請日期不予保留；申請文件基本齊備，需補正的，通知其在 15 日內補正，補正后符合規定的，予以受理，保留申請日；未在規定期限內補正或超過期限補正的，予以退回，申請日期不予保留。

（2）實質審查。商標註冊的實質審查是指國家商標局依照《商標法》和《商標法實施條例》的規定，對經過形式審查合格的商標註冊申請，按其申請日期的先後，通過檢索、分析、對比和必要的調查研究，審查其商標註冊的合法性，以確定是否給予初步審定或者駁回的行為。實質審查是決定申請商標是否獲得商標專用權的關鍵環節，商標註冊的實質審查內容包括對商標註冊絕對條件的審查和相對條件的審查。絕對條件的審查又稱對申請註冊商標自身條件的審查，它包括對申請註冊商標的絕對合法性和顯著性的審查；對申請註冊商標的相對條件的審查又稱為對商標是否與在先權利發生衝突的審查。

凡是經過實質審查，認為申請註冊的商標符合商標法的有關規定並且有顯著性的，予以初步審定，並予以公告。如果審核不通過，商標局會駁回申請。對駁回申請、不予公告的商標，商標局應當書面通知商標註冊申請人。商標註冊申請人不服的，可以自收到通知之日起 15 日內向商標評審委員會申請復審。商標評審委員會應當自收到申請之日起 9 個月內做出決定，並書面通知申請人。有特殊情況需要延長的，經國務院工商行政管理部門批准，可以延長 3 個月。當事人對商標評審委員會的決定不服的，可以自收到通知之日起 30 日內向人民法院起訴。

2. 商標註冊的核准

對經過實質審查符合商標法規定的申請商標，做出初步核准的審定。此時，該商標尚未正式註冊，也未取得商標專用權。《商標法》第二十八條規定：「對申請註冊的商標，商標局應當自收到商標註冊申請文件之日起九個月內審查完畢，符合本法有關規定的，予以初步審定公告。」商標公告是對初步審定的商標，在《商標公告》上予以公布，以徵求社會公眾的意見。初步審定公告的目的在於使公布的事項發生法律效力，為先申請人提供保護，防止在相同或類似商品上註冊相同或近似商標，避免和減少爭議，同時，將商標註冊置於公眾的監督之下，也可提高商標註冊的準確性。

4.3 商標權的取得

4.3.1 商標權及其內容

1. 商標權的概念

商標權是指商標所有人依法對其註冊商標所享有的專有權。《商標法》第三條規定：「經商標局核准註冊的商標為註冊商標，包括商品商標、服務商標和集體商標、證明商標；商標註冊人享有商標專用權，受法律保護。」可見，中國商標權的取得是根據註冊原則確定的，商標權實際上就是指註冊商標專有權。

2. 商標權的特點

商標權與專利權、著作權統稱為知識產權，商標權具有知識產權的一般屬性和特

徵,即專有性、時間性和地域性,但商標權與專利權、著作權比較,三者有較大的區別。

(1)商標權與專利權的區別。第一,權利授予的機關不同。專利權的獲得由國家知識產權局審核,而商標權則是由國家商標局授予。第二,保護的條件不同。兩者有著不同的特點,其法律規定的保護條件是不同的。第三,保護的對象不同。商標權主要保護註冊商標,包括商品商標、服務商標、立體商標、顏色組合商標、集體商標和證明商標等,而專利權保護的則是發明專利、外觀專利和實用新型專利。第四,權利的保護期不同。註冊商標的有效期為10年,而專利根據類型的不同而有不同的保護期限,發明專利保護期限是20年,實用新型專利和外觀設計專利保護期限是10年。

(2)商標權與著作權的區別。第一,權利屬性不同。著作權是一種具有人身屬性的權利,其著作財產權雖然可以因超過法定期限而喪失效力,但作者卻永久享有署名權、保護作品完整權等精神權利。商標權則只是一種財產權,不具有人身屬性,它可能因法定期限不續展而整體滅失,還可能因商標權人的違法行為而被撤銷。第二,取得權利的條件不同。著作權依自動保護原則自動產生,不需辦理任何法律手續,即可受到法律保護。但商標權的取得必須由申請人申請,並獲商標局核准註冊方能產生。第三,要求保護的條件不同。著作權保護的作品要求具有獨創性,禁止抄襲和剽竊他人的作品。商標是區別同類商品和服務的標誌,申請註冊的商標要具有識別性,並不考慮商標由誰創作。第四,保護期限不同。著作權的客體作品,專利權的客體技術方案,一旦超過法定有效期限,進入公有領域,人們即可不經過權利的許可,不支付任何報酬而使用它們。商標權則不同,中國《商標法》規定的商標權有效期為10年,期滿可以續展,續展的次數不受限制。

(3)商標權的特徵。第一,專有性。商標權的專有性又稱為獨占性或壟斷性,是指註冊商標所有人對其註冊商標享有專有使用權,其他任何單位及個人非經註冊商標所有人的許可,不得使用該註冊商標。第二,時效性。商標權的時效性指商標專用權的有效期限。在有效期限之內,商標專用權受法律保護,超過有效期限不進行續展手續,就不再受到法律的保護。第三,地域性。商標權的地域性指商標專用權的保護受地域範圍的限制。註冊商標專用權僅在商標註冊國享受法律保護,非註冊國沒有保護的義務。第四,財產性。商標專用權是一種無形財產權,屬於工業產權。商標專用權的整體是智力成果,凝聚了權利人的心血和勞動。智力成果不同於有形的物質財富,它雖然需要借助一定的載體表現,但載體本身並無太大的經濟價值,體現巨大經濟價值的只能是載體所蘊含的智力成果。第五,類別性。國家工商行政管理總局商標局依照商標申請人提交的《商標註冊申請書》中核定的類別和商品(服務)項目名稱進行審查和核准。註冊商標的保護範圍僅限於所核准的類別和項目,以世界知識產權組織提供的《商標註冊商品和服務國際分類》為基礎,國家商標局制定的《類似商品和服務區分表》將商品和服務總共分為45個類別,在相同或近似的類別及商品(服務)項目中只允許一個商標權利人擁有相同或近似的商標,在不相同和近似的類別中允許不同權利人享有相同或近似的商標。

3. 商標權的內容

商標權的內容主要包括商標專用權、商標禁止權、商標續展權、商標轉讓權和商標許可權。

（1）商標專用權。商標專用權是指商標權主體對其註冊商標依法享有的自己在指定商品或服務項目上獨占使用的權利。《商標法》第五十六條規定：「註冊商標的專用權，以核准註冊的商標和核定使用的商品為限。」商標專用權是商標權的核心內容，也是最基本的權利，其他商標權的權能都是專用權的派生。

（2）商標禁止權。商標禁止權是指商標權人依法享有的禁止他人不經過自己的許可而擅自使用註冊商標和與之相近似的商標的權利。商標禁止權體現商標權的排他性及獨占性。商標禁止權內容是禁止他人非法使用註冊商標，禁止擅自印刷註冊商標、偽造註冊商標等行為。《商標法》第五十七條列舉了7種侵犯註冊商標專用權的行為。

中國規定的商標禁止權範圍大於商標專用權範圍。商標使用權的範圍是商標權人只能在核准的商品上或服務上使用核准的註冊商標，不能擅自擴大使用範圍，不能隨意變更註冊商標標誌。商標權人自己不能使用與註冊商標相近似的商標，不能將註冊商標使用在核定的商品之外的商品上。禁止權的範圍是權利人不僅有權禁止他人擅自將與註冊商標相同或者相似的商標使用在相同的商品上，還有權禁止他人在類似的商品上使用與註冊商標相同或近似的商標，即禁止權可超越註冊事項而發生效力。

（3）商標續展權。續展權是指商標權人在其註冊商標有效期屆滿前，依法享有申請續展註冊，從而延長其註冊商標保護期的權利。《商標法》第四十條規定：「註冊商標有效期滿，需要繼續使用的，商標註冊人應當在期滿前十二個月內按照規定辦理續展手續；在此期間未能辦理的，可以給予六個月的寬展期。每次續展註冊的有效期為十年，自該商標上一屆有效期滿次日起計算。期滿未辦理續展手續的，註銷其註冊商標。商標局應當對續展註冊的商標予以公告。」

（4）商標轉讓權。商標轉讓權是指商標權人依法享有的將其註冊商標依法定程序和條件，轉讓給他人的權利。《商標法》第四十二條規定：「轉讓註冊商標的，轉讓人和受讓人應當簽訂轉讓協議，並共同向商標局提出申請。受讓人應當保證使用該註冊商標的商品質量。轉讓註冊商標的，商標註冊人對其在同一種商品上註冊的近似的商標，或者在類似商品上註冊的相同或者近似的商標，應當一併轉讓。對容易導致混淆或者有其他不良影響的轉讓，商標局不予核准，書面通知申請人並說明理由。轉讓註冊商標經核准後，予以公告。受讓人自公告之日起享有商標專用權。」

（5）商標許可權。商標許可權是指商標權人可以通過簽訂商標使用許可合同許可他人使用其註冊商標的權利。《商標法》第四十三條規定：「商標註冊人可以通過簽訂商標使用許可合同，許可他人使用其註冊商標。許可人應當監督被許可人使用其註冊商標的商品質量。被許可人應當保證使用該註冊商標的商品質量。經許可使用他人註冊商標的，必須在使用該註冊商標的商品上標明被許可人的名稱和商品產地。許可他人使用其註冊商標的，許可人應當將其商標使用許可報商標局備案，由商標局公告。商標使用許可未經備案不得對抗善意第三人。」

4.3.2 商標權取得的方式

商標權的取得，是指特定的人（包括自然人和法人），對其商標依法申請並經商標局核准註冊，即為取得商標權。商標權的取得即商標權法律關係產生。作為無形財產權和有形財產權一樣，其取得方式依其來源的不同，可分為原始取得和繼受取得。這兩種取得方式的主要區別在於商標權的取得是否以原商標所有人的商標權及其意志為依據。

1. 商標權的原始取得

原始取得又稱直接取得，即以法律規定為依據，具備了法定條件並經商標主管機關核准直接取得的商標權。這種權利的取得是最初的，而不是以原商標所有人商標權及其意志為依據而產生的。商標權的原始取得主要有三種形式：註冊取得、使用取得和混合取得。

（1）註冊取得。註冊取得是指商標權必須通過註冊方式才能獲得。世界上多數國家都規定，商標必須經過註冊才能取得商標權。採用註冊取得的國家又分為兩種情形：自願註冊和強制註冊。多數國家實行自願註冊。採用註冊原則確定商標權的歸屬問題，並不排除使用原則在特定條件下所具有的意義。《商標法》第三十一條規定：「兩個或者兩個以上的商標註冊申請人，在同一種商品或者類似商品上，以相同或者近似的商標申請註冊的，初步審定並公告申請在先的商標；同一天申請的，初步審定並公告使用在先的商標，駁回其他人的申請，不予公告。」

（2）使用取得。按使用商標的先後來確定商標權的歸屬，即誰先使用該商標，這一商標的商標權就屬於誰，並可以「使用在先」為由對抗使用在后的人，要求撤銷其註冊商標。採用這一原則確認商標權的取得有利於使用在先的人，但不利於使用在后的註冊商標所有人。這種做法會使註冊商標長期處於不穩定狀態，這不僅不利於商標管理工作，而且一旦發生爭議又不易查明誰是最先使用人，不利於爭議的處理。因而，目前世界上採用這種取得原則的國家很少。

（3）混合取得。混合取得是指註冊取得和使用取得並行，兩種途徑都可以獲得商標權。根據這一原則，一個企業或一個人只要首先使用了某一商標，雖然沒有註冊，都可以在規定的期限內，以使用在先為理由，對抗他人相同或近似的註冊商標。如這種對抗成立，已註冊的商標就會被撤銷，如對抗不能成立，商標註冊人即取得了無可辯駁的穩定的商標專用權。

2. 商標權的繼受取得

商標權的繼受取得又稱傳來取得，是指商標權的取得是以原商標所有人的商標權及其意志為依據，通過一定的法律事實實現商標權的轉移。繼受取得有兩種方式：第一，依據商標權轉讓合同，由受讓人向出讓人有償或無償地取得商標權；第二，依據繼承法的相關規定，由合法繼承人繼承被繼承人的商標權。

4.3.3 商標權保護期限、續展和終止

1. 商標權保護期限

商標權保護期限是指商標專用權受法律保護的有效期限。世界各國對商標專用權期限規定的方式和期限長短不同，多數國家規定為10年，如日本、法國、瑞典、丹麥、比利時等國。各國商標有效期開始計算的時間也不同，如法國為自提出申請之日起計算，英國則自核准註冊之日起計算。中國《商標法》第三十九條規定：「註冊商標的有效期為十年，自核准註冊之日起計算。」

2. 商標權續展

商標權的續展是指註冊商標所有人為了在註冊商標有效期滿后，繼續享有註冊商標專用權，按規定申請並經批准延續其註冊商標有效期的一種制度。商標權的續展制度有利於商標所有人根據自己的經營情況來進行選擇。

《商標法》第四十條規定：「註冊商標有效期滿，需要繼續使用的，商標註冊人應當在期滿前十二個月內按照規定辦理續展手續；在此期間未能辦理的，可以給予六個月的寬展期。每次續展註冊的有效期為十年，自該商標上一屆有效期滿次日起計算。期滿未辦理續展手續的，註銷其註冊商標。商標局應當對續展註冊的商標予以公告。」註冊商標的續展，實際上是商標權限的延長，只要商標權人按照規定及時辦理註冊手續，商標權就可以永久存在，商標權就成為一種相對的永久權。

3. 商標權終止

商標權終止是指由於法定事由的發生，註冊商標權人喪失其商標專用權，不再受法律保護的制度。註冊商標可基於註銷和撤銷兩種情況導致商標專用權終止。

(1) 因註銷而終止。註銷是指註冊商標所有人自願放棄其註冊商標的註冊，由商標局備案，並予以公告。具體內容包括：第一，未申請續展註冊或申請續展註冊但未獲核准。第二，主動放棄，即商標權人通過辦理註銷註冊商標的登記手續，放棄商標權。第三，其他事由，即註冊商標因其他原因被註銷而導致商標權終止，如註冊人已死亡。

(2) 因撤銷而終止。撤銷是指商標權人未按法律規定的要求使用註冊商標，商標局依職權撤銷該註冊商標的制度。《商標法》第四十九條規定：「商標註冊人在使用註冊商標的過程中，自行改變註冊商標、註冊人名義、地址或者其他註冊事項的，由地方工商行政管理部門責令限期改正；期滿不改正的，由商標局撤銷其註冊商標。註冊商標成為其核定使用的商品的通用名稱或者沒有正當理由連續三年不使用的，任何單位或者個人可以向商標局申請撤銷該註冊商標。商標局應當自收到申請之日起九個月內做出決定。有特殊情況需要延長的，經國務院工商行政管理部門批准，可以延長三個月。」

4.4 商標權的限制與行使

4.4.1 商標權的限制

商標權作為一種排他性的專有權，對其保護不能沒有任何限制，否則將可能侵害社會公眾的利益。

1. 合理使用

商標權的合理使用是指是指商標權人以外的人在一定條件下使用他人的商標而不構成侵權的行為。《商標法》第五十九條第一款和第二款列出兩種合理使用的情形：①註冊商標中含有的本商品的通用名稱、圖形、型號，或者直接表示商品的質量、主要原料、功能、用途、重量、數量及其他特點，或者含有的地名，註冊商標專用權人無權禁止他人正當使用。②三維標誌註冊商標中含有的商品自身的性質產生的形狀、為獲得技術效果而需有的商品形狀或者使商品具有實質性價值的形狀，註冊商標專用權人無權禁止他人正當使用。

2. 商標先用權

商標先用權是指在他人獲得商標權之前已經使用該商標的所有人，享有在原有範圍內繼續使用該商標的權利。《商標法》第五十九條第三款規定：「商標註冊人申請商標註冊前，他人已經在同一種商品或者類似商品上先於商標註冊人使用與註冊商標相同或者近似並有一定影響的商標的，註冊商標專用權人無權禁止該使用人在原使用範圍內繼續使用該商標，但可以要求其附加適當區別標示。」

3. 商標權利用盡

商標權利用盡又稱商標權利窮竭，是指商標權商品如經包括商標權所有人和被許可人在內的商標權主體以合法的方式銷售或轉讓，主體對該特定商品上的商標權即告窮竭，無權禁止他人在市場上再行銷售該產品或直接使用。

4.4.2 商標權的行使

1. 商標權使用

商標權人有權將核准註冊的商標在核定的商品或服務上使用。商標權人對商標的使用是商標專有權的體現，權利人有權將商標用於商品、商品包裝或者容器以及商品交易文書上，或者為了商業目的將商標用於廣告宣傳、展覽以及其他業務。

2. 商標權轉讓

商標權轉讓是商標註冊人在註冊商標的有效期內，依法定程序，將商標專用權轉讓給另一方的行為。商標轉讓的實質是商標主體的變更，是一種雙方的法律行為。商標的轉讓通常有兩種形式：一是通過合同轉讓，雙方通過簽訂合同進行商標權的轉讓；二是通過繼承轉讓，自然人通過繼承、遺贈方式取得商標權。

中國的商標轉讓採取登記生效主義。《商標法》第四十二條第四款規定：「轉讓註

冊商標經核准后，予以公告。受讓人自公告之日起享有商標專用權。」

3. 商標權許可

商標權許可是商標權人以訂立合同的方式允許他人在一定時間和地域範圍內以一定方式使用其註冊商標的行為。使用許可有以下三種類型：

（1）獨占使用許可。獨占使用許可即在規定地域範圍內，被許可人對授權使用的註冊商標享有獨占使用權。許可人不得再將同一商標許可給第三人，許可人自己也不得在該地域內使用該商標。獨占使用許可可以對抗商標所有人的獨家使用。

（2）排他使用許可。排他使用許可即商標註冊人在約定的期間、地域和以約定的方式，將該註冊商標僅許可一個被許可人使用，商標註冊人依約定可以使用該註冊商標但不得另行許可第三人使用。

（3）普通使用許可。普通使用許可即許可人允許被許可人在規定的地域範圍內使用合同項下的註冊商標。同時，許可人保留自己在該地區內使用該註冊商標和再授予第三人使用該註冊商標的權利，這是一種「薄利多銷」的形式。

4. 商標權質押

商標質押權是指債務人或第三人為了擔保債權人債權的實現，以其享有的商標權出質，在債務人到期不履行債務的情況下，債權人有權就該註冊商標拍賣所得的價款優先受償。商標權人可以將註冊商標質押，向金融機構申請貸款，以獲得更多的資金，加大對商品生產的投入，更好地為企業創造經濟效益和社會效益。

商標權的質押屬於權利質押。依據《中華人民共和國擔保法》（簡稱《擔保法》）的規定，商標權質押應當簽訂書面合同，並向管理部門辦理出質登記。商標專有權質押登記機關是國家工商行政管理總局。

4.5 商標權的保護

4.5.1 概述

1. 商標權的保護範圍

《商標法》第五十六條規定：「註冊商標的專用權，以核准註冊的商標和核定使用的商品為限」，這樣就為核准註冊的商標的權利範圍作了界定：

（1）註冊商標專用權，以核准註冊的商標為限。註冊人使用的商標應當與核准註冊的商標在文字、圖形、組合或其他構成要素上相一致，若不一致，可能產生四種后果：一是構成自行改變註冊商標的文字、圖形或其組合的違法行為；二是在自行改變的商標與核准註冊的商標有明顯區別，同時又標明註冊標記的情況下，構成冒充註冊商標的違法行為；三是若改變后的商標同他人的註冊商標近似，會構成侵犯他人商標專用權的行為；四是因連續三年不使用，導致註冊商標被撤銷。

（2）註冊商標專用權，以核定使用的商品為限。商標權人使用的商標應當和商標局核定使用的商品相一致，若不一致，可能產生三種后果：一是超出核定商品範圍使

用註冊商標，構成冒充註冊商標的違法行為；二是因連續三年未在核定的商品上使用，導致註冊商標被撤銷；三是因超出核定商品範圍（與核定使用的商品類似的除外）使用註冊商標，構成侵犯他人商標專用權的行為。

2. 商標侵權行為及其構成要件

商標侵權行為是指行為人未經商標權人許可，違反《商標法》的規定，在相同或類似商品上使用與其註冊商標相同或近似的商標，或者其他干涉、妨礙商標權人使用其註冊商標，損害商標權人合法權益的行為。

商標侵權行為的構成要件基本上適用一般民事侵權要件，包括以下四個方面：

（1）行為違法性。行為違法性即行為人實施了商標侵權行為，如行為人有銷售假冒註冊商標商品等行為。

（2）有損害后果。有損害后果即指行為人實施的銷售假冒商標商品的行為造成了商標權人一定的損害后果。如使相關公眾對商品或服務的來源產生混淆或者妨害了商標權人對商標的正常使用。

（3）行為人實施行為時的主觀狀態。商標侵權的判定與一般民事侵權的判定有所不同，如權利人要求行為人承擔停止侵權行為的民事責任時，侵權判定採取的是無過錯責任原則，權利人無需證明行為人相關行為具有過錯；而在權利人要求行為人承擔損害賠償責任時，侵權判定採取的是過錯責任原則，行為人只有在有過錯的情況下才須承擔損害賠償責任。

（4）行為與損害后果有因果關係。行為人實施的商標侵權行為與商標權人的損害結果之間存在前因后果的關係。

4.5.2 商標侵權行為的表現形式

根據《商標法》第五十七條、《商標法實施條例》以及最高人民法院《關於審理商標民事糾紛案件適用法律若干問題的解釋》的規定，商標侵權行為主要有以下幾種類型：

1. 未經商標註冊人的許可，在相同商品或者類似商品上使用與其註冊商標相同或者近似的商標，可能造成混淆的行為

這種行為屬於使用侵權行為，《商標法》第五十七條第一款和第二款作了規定，在實踐中主要表現為四種情形：

（1）未經許可，在同一種商品上使用與他人註冊商標相同的商標。

（2）未經許可，在同一種商品上使用與他人註冊商標相近似的商標，容易導致混淆的。

（3）未經許可，在類似商品上使用與他人註冊商標相同的商標，容易導致混淆的。

（4）未經許可，在類似商品上使用與他人註冊商標相近似的商標，容易導致混淆的。

使用侵權行為是數量最多、最常見的商標侵權行為，它會混淆商品來源，損害消費者及商標權人利益。

2. 銷售侵犯註冊商標專用權的商品的行為

這種行為屬於銷售侵權行為，銷售侵犯註冊商標權的商品的行為應認定為侵犯註冊商標專用權。《商標法》第五十七條第三款作了規定。同時，《商標法》第六十四條第二款規定，銷售不知道是侵犯註冊商標專用權的商品，能證明該商品是自己合法取得的並說明提供者的，不承擔賠償責任。結合兩個條款規定，銷售侵犯註冊商標專用權的商品的行為，構成商標侵權行為，在銷售者主觀上存在「知道或應當知道」的過錯時，才承擔損害賠償責任，否則只承擔停止侵權等民事責任。

3. 偽造、擅自製造他人註冊商標標示或者銷售偽造、擅自製造的註冊商標標示的行為

這類行為屬於標示侵權行為，侵犯了商標專用權中關於商標印制的專有權，《商標法》第五十七條第四款作了規定。偽造他人註冊商標標示，是指仿造他人的商標圖案和物質載體而製造出的商標標示。擅自製造他人註冊商標標示，是指未經商標權人的同意而製造其註冊商標標示，在自己生產的相同或類似商品上使用。銷售偽造、擅自製造的註冊商標標示，是指未經商標權人同意，以其註冊商標標示作為買賣對象。這類行為不僅損害了商標權人的合法利益，也為侵犯商標專用權的行為提供了便利條件。

4. 未經商標註冊人同意，更換其註冊商標並將該更換商標的商品又投入市場的行為

這類行為在國外稱為商標的反向假冒，《商標法》第五十七條第五款作了規定。商標反向假冒有兩個構成要件：

（1）未經過商標權人的同意，擅自將原來的註冊商標替換為侵權人自己的註冊商標。

（2）侵權人將替換商標后的商品再一次投入流通領域。

5. 故意為侵犯他人商標專用權行為提供便利條件，幫助他人實施侵犯商標專用權行為的

這類行為在學理上稱為間接侵權，《商標法》第五十七條第六款作了規定。即使第三人沒有直接實施侵權行為，但只要有引誘、教唆或者有意幫助他人侵權，應當與直接侵權者承擔連帶責任。

6. 給他人的註冊商標專用權造成其他損害的行為

《商標法》第五十七條第七款對商標侵權行為的類型進行了兜底性規定。《商標法實施條例》及最高人民法院頒布的與商標法適用相關的司法解釋對侵權行為作了補充性規定，具體包括：

（1）在同一種或類似商品上，將與他人註冊商標相同或近似的標誌作為商標名稱或者商標裝潢使用，誤導公眾的。

（2）將與他人註冊商標相同或者相近似的文字作為企業的字號在相同或者類似商品上突出使用，容易使相關公眾產生誤認的。

（3）複製、摹仿、翻譯他人註冊的馳名商標或其主要部分在不相同或者不相類似的商品上作為商標使用，誤導公眾，致使該馳名商標註冊人的利益可能受到損害的。

（4）將與他人註冊商標相同或者相近似的文字註冊為域名，並且通過該域名進行

相關商品交易的電子商務，容易使相關公眾產生誤認的。

4.5.3 商標侵權的法律責任

依法核准註冊的商標，商標註冊人享有該商標的專用權，受法律保護。商標註冊人的專有權受到侵害時，根據《商標法》《商標法實施條例》《中華人民共和國刑法》（簡稱《刑法》）的規定，侵權行為人應承擔相應的民事責任、行政責任或刑事責任。

1. 行政責任

行政責任是工商行政管理部門依照商標管理規定，對商標侵權行為所做的行政制裁。《商標法》第六十條規定：「有本法第五十七條所列侵犯註冊商標專用權行為之一，引起糾紛的，由當事人協商解決；不願協商或者協商不成的，商標註冊人或者利害關係人可以向人民法院起訴，也可以請求工商行政管理部門處理。工商行政管理部門處理時，認定侵權行為成立的，責令立即停止侵權行為，沒收、銷毀侵權商品和主要用於製造侵權商品、偽造註冊商標標示的工具，違法經營額五萬元以上的，可以處違法經營額五倍以下的罰款，沒有違法經營額或者違法經營額不足五萬元的，可以處二十五萬元以下的罰款。對五年內實施兩次以上商標侵權行為或者有其他嚴重情節的，應當從重處罰。銷售不知道是侵犯註冊商標專用權的商品，能證明該商品是自己合法取得並說明提供者的，由工商行政管理部門責令停止銷售。對侵犯商標專用權的賠償數額的爭議，當事人可以請求進行處理的工商行政管理部門調解，也可以依照《中華人民共和國民事訴訟法》（簡稱《民事訴訟法》）向人民法院起訴。經工商行政管理部門調解，當事人未達成協議或者調解書生效後不履行的，當事人可以依照《民事訴訟法》向人民法院起訴。」

2. 民事責任

民事責任是指人民法院依照民事訴訟法程序對侵權註冊商標專用權的行為所做的民事制裁。根據《民法通則》第一百一十八條的規定，行為人應當承擔停止侵害、消除影響、賠償損失的民事責任。

（1）停止侵權。商標權人有權要求侵權行為的實施者停止其侵權行為。

（2）損害賠償。行為人實施侵權行為給權利人造成損害時，權利人有權要求法院判令行為實施人支付一定的金錢作為賠償。

《商標法》第六十三條規定：「侵犯商標專用權的賠償數額，按照權利人因被侵權所受到的實際損失確定；實際損失難以確定的，可以按照侵權人因侵權所獲得的利益確定；權利人的損失或者侵權人獲得的利益難以確定的，參照該商標許可使用費的倍數合理確定。對惡意侵犯商標專用權，情節嚴重的，可以在按照上述方法確定數額的一倍以上三倍以下確定賠償數額。賠償數額應當包括權利人為制止侵權行為所支付的合理開支。人民法院為確定賠償數額，在權利人已經盡力舉證，而與侵權行為相關的帳簿、資料主要由侵權人掌握的情況下，可以責令侵權人提供與侵權行為相關的帳簿、資料，侵權人不提供或者提供虛假的帳簿、資料的，人民法院可以參考權利人的主張和提供的證據判定賠償數額。權利人因被侵權所受到的實際損失、侵權人因侵權所獲得的利益、註冊商標許可使用費難以確定的，由人民法院根據侵權行為的情節判決給

予三百萬元以下的賠償。」

《商標法》第六十四條規定：「註冊商標專用權人請求賠償，被控侵權人以註冊商標專用權人未使用註冊商標提出抗辯的，人民法院可以要求註冊商標專用權人提供此前三年內實際使用該註冊商標的證據。註冊商標專用權人不能證明此前三年內實際使用過該註冊商標，也不能證明因侵權行為受到其他損失的，被控侵權人不承擔賠償責任。銷售不知道是侵犯註冊商標專用權的商品，能證明該商品是自己合法取得並說明提供者的，不承擔賠償責任。」

3. 刑事責任

刑事責任是指人民法院依照《刑法》對假冒註冊商標的犯罪行為所做的刑事制裁。

《刑法》第二百一十三條規定：「未經註冊商標所有人許可，在同一種商品上使用與其註冊商標相同的商標，情節嚴重的，處三年以下有期徒刑或者拘役，並處或者單處罰金；情節特別嚴重的，處三年以上七年以下有期徒刑，並處罰金。」

《刑法》第二百一十四條規定：「銷售明知是假冒註冊商標的商品，銷售金額數額較大的，處三年以下有期徒刑或者拘役，並處或者單處罰金；銷售金額數額巨大的，處三年以上七年以下有期徒刑，並處罰金。」

《刑法》第二百一十五條規定：「偽造、擅自製造他人註冊商標標示或者銷售偽造、擅自製造的註冊商標標示，情節嚴重的，處三年以下有期徒刑、拘役或者管制，並處或者單處罰金；情節特別嚴重的，處三年以上七年以下有期徒刑，並處罰金。」

4.6 馳名商標的法律保護

4.6.1 馳名商標的概念

馳名商標是指為相關公眾所熟知的商標。2014年7月3日，國家工商總局發布了《馳名商標認定和保護規定》，使中國馳名商標的認定和管理工作法制化和規範化，對其保護程度達到了國際先進水平。根據《馳名商標認定和保護規定》的規定，中國馳名商標是指在中國為相關公眾所熟知的商標。

4.6.2 馳名商標的認定

1. 認定機關

根據《商標法》第十四條的規定，有權認定馳名商標的機關主要包括：

（1）商標局。《商標法》第十四條第二款規定：「在商標註冊審查、工商行政管理部門查處商標違法案件過程中，當事人依照本法第十三條規定主張權利的，商標局根據審查、處理案件的需要，可以對商標馳名情況作出認定。」

（2）商標評審委員會。《商標法》第十四條第三款規定：「在商標爭議處理過程中，當事人依照本法第十三條規定主張權利的，商標評審委員會根據處理案件的需要，可以對商標馳名情況作出認定。」

（3）人民法院。《商標法》第十四條第四款規定：「在商標民事、行政案件審理過程中，當事人依照本法第十三條規定主張權利的，最高人民法院指定的人民法院根據審理案件的需要，可以對商標馳名情況作出認定。」

2. 認定標準

中國《商標法》第十四條對馳名商標規定了以下認定標準：

（1）相關公眾對該商標的知曉程度。「為相關公眾所知曉」是指在一國的地域範圍內被使用、銷售、經營該商標的商品或服務的人們所知曉，而不是人人皆知。

（2）該商標使用的持續時間，包括最早使用及連續使用的時間。

（3）該商標的任何宣傳工作的持續時間、程度和地理範圍。

（4）該商標作為馳名商標受保護的記錄，如該商標在國內外註冊情況以及曾被認定為馳名商標等。

（5）該商標馳名的其他因素，包括商品的質量、銷售量和銷售地區等。

3. 認定程序及證據材料

馳名商標的認定方式有主動認定與被動認定兩種。主動認定，又稱為事前認定，是指國家有關主管機關對當事人的商標是否馳名依職權認定。被動認定，又稱為事後認定，是指依據當事人的請求，由商標主管機關或司法部門依職權對商標是否馳名作出認定。中國《馳名商標認定和保護規定》第四條規定：「馳名商標認定遵循個案認定、被動保護的原則。」

《馳名商標認定和保護規定》第八條規定：「當事人請求馳名商標保護應當遵循誠實信用原則，並對事實及所提交的證據材料的真實性負責。」

《馳名商標認定和保護規定》第九條對證明商標馳名的材料作了有關規定：

（1）證明相關公眾對該商標知曉程度的材料。

（2）證明該商標使用持續時間的材料，如該商標使用、註冊的歷史和範圍的材料。該商標為未註冊商標的，應當提供證明其使用持續時間不少於五年的材料。該商標為註冊商標的，應當提供證明其註冊時間不少於三年或者持續使用時間不少於五年的材料。

（3）證明該商標的任何宣傳工作的持續時間、程度和地理範圍的材料，如近三年廣告宣傳和促銷活動的方式、地域範圍、宣傳媒體的種類以及廣告投放量等材料。

（4）證明該商標曾在中國或者其他國家和地區作為馳名商標受保護的材料。

（5）證明該商標馳名的其他證據材料，如使用該商標的主要商品在近三年的銷售收入、市場佔有率、淨利潤、納稅額、銷售區域等材料。

4.6.3 馳名商標的保護

1. 對未在中國註冊的馳名商標的保護

《商標法》第十三條第二款規定：「就相同或者類似商品申請註冊的商標是複製、摹仿或者翻譯他人未在中國註冊的馳名商標，容易導致混淆的，不予註冊並禁止使用。」

2. 擴大對註冊的馳名商標的保護範圍

《商標法》第十三條第三款規定：「就不相同或者不相類似商品申請註冊的商標是複製、摹仿或者翻譯他人已經在中國註冊的馳名商標，誤導公眾，致使該馳名商標註冊人的利益可能受到損害的，不予註冊並禁止使用。」

3. 馳名商標所有人享有特殊期限的排他權

《商標法》第四十五條第一款規定：「已經註冊的商標，違反本法第十三條第二款和第三款、第十五條、第十六條第一款、第三十條、第三十一條、第三十二條規定的，自商標註冊之日起五年內，在先權利人或者利害關係人可以請求商標評審委員會宣告該註冊商標無效。對惡意註冊的，馳名商標所有人不受五年的時間限制。」

4. 禁止將他人的馳名商標作為企業的名稱使用

《商標法》第五十八條規定：「將他人註冊商標、未註冊的馳名商標作為企業名稱中的字號使用，誤導公眾，構成不正當競爭行為的，依照《中華人民共和國反不正當競爭法》處理。」

5 商標與地理標誌權法律制度

5.1 地理標誌及其特徵

5.1.1 地理標誌的概念及沿革

認識地理標誌，首先要瞭解地理標誌的概念。早在1883年的《巴黎公約》第一條即開宗明義：「工業產權的保護對象有專利、實用新型、外觀設計、商標、服務標記、廠商名稱、貨源標記或原產地名稱和制止不正當競爭」。該條明確將「貨源標記或原產地名稱」納入工業產權保護範圍，中間用「或」字連接，將兩者無區別地並列。

由此，地理標誌從廣義上講，包含貨源標記和原產地名稱兩個概念。

「貨源標記」也稱為產地標記，用來標記商品是在某個國家、地區或場所生產、製造或加工而使用的。它關注的只是商品出廠的地理區域和讓消費者知曉其所購產品或接受的服務的來源。比如「中國製造」「德國製造」等。

「原產地名稱」的概念在1925年《巴黎公約》海牙文本首次出現，到1958年《保護原產地名稱與國際註冊里斯本協定》（以下簡稱《里斯本協定》）第二條中對原產地名稱做出明確定義：原產地名稱系指一個國家、地區或地方的地理名稱，用於指示一項產品來源於該地，其質量或特徵完全或主要取決於地理環境，包括自然和人文因素。

1994年，《與貿易有關的知識產權協定》簽訂，它沒有沿用「貨源標記」或「原產地名稱」的概念，而是在第二十二條將兩者統一命名為「地理標誌」：在本協議中，地理標記是指示出一種商品是在一締約國的領土內或者在上述領土的一個地區或地點所生產的原產產品的標記。而該產品的某種質量、聲譽或者其他特性在本質上取決於其產地。

「貨源標記」「原產地名稱」和「地理標誌」這三個概念既有聯繫，也有區別。「貨源標記」的範圍最廣，它沒有限制所使用標記的類型，就是標明了商品的來源國或來源地，與其產品的特徵、質量沒有關聯；「原產地名稱」的範圍最窄，因為它要求產品必須具有其地理來源的質量和特徵；「地理標誌」則居於二者之間，不僅是商品的質量和特徵，連同商品的聲譽都與該地理來源有關聯，包括自然因素或者人文因素。由此，地理標記從狹義上講，更接近「原產地名稱」的概念。

5.1.2 地理標誌的特徵和作用

1. 地理標誌的特徵

（1）商品識別性。

識別性是地理標誌與其他商品標誌所共有的特徵，都是為了維護市場經濟秩序和維護權利人和消費者的知情權，從而維護其正當利益。由於商品上的地理標誌將來源於「原產地」的商品與其他地區的同種商品相區別，這使得消費者在購買商品時有了識別和選擇的方向。從「識別功能」來看，地理標誌指原產地名稱，與貨源標記具有相似之處。但地理標誌的「區別功能」比較籠統，消費者根據地理標誌只能知道該產品來源於哪一個國家、地區或地方，不能僅憑商品上的地理標誌確定該商品具體是由哪個廠商生產製造的。可見，地理標誌的識別性「只能表明商品來源於何地，而不能表明商品來源於何人」。

（2）品質證明性。

地理標誌是一種表明商品的特定品質的標誌。識別性是地理標誌的一般特徵，品質證明才是地理標誌最本質的特徵，即地理標誌能夠表明被標誌產品的一定品質。根據公約和法律的規定，地理標誌除表明商品來源於某地之外，還必須表明該商品不同於異地商品的特定質量、信譽或者其他特徵。如中國「景德鎮陶瓷」產品、新疆的「吐魯番葡萄」之所以與眾不同而被消費者青睞，是因為這些產品的製造與產地的「自然因素或人文因素」有著密切的關係，如「吐魯番葡萄」獨特的品質特徵與產地的氣候和充分的日照有直接的關聯，而「景德鎮陶瓷」的高品質聲譽是由其獨特的傳統製作工藝技術和悠久的歷史文化背景造就的。正是由於地理標誌具有表明產品品質特徵的功能，因此，地理標誌在某種程度上相當於具有普遍消費影響力的「質量證書」。

地理標誌表明產品「品質特徵」的功能主要取決於特定的自然因素或人文因素。而一個商標能夠表明其所標誌產品的品質特徵，這主要是由於商標使用人通過改進生產技術和產品售後服務等措施，不斷提高產品質量，為消費者真誠服務的結果。

（3）地名真實性。

地理標誌的構成核心是客觀存在的「地理名稱」。地理名稱是指商品來源的具體地名，如「山西老陳醋」「北京烤鴨」「景德鎮陶瓷」等地理標誌中的「山西」「北京」「景德鎮」等都是客觀存在的具體地理名稱，而不是臆造或者虛構的。

地理標誌的構成主要有兩種形式：一是地理標誌由具體的地理名稱和商品名稱組合而成，比如「北京烤鴨」；二是具體的地理名稱直接表示地理標誌，如「香檳」，既是法國的一個省名，又是該省一種起泡白葡萄酒的地理標誌。

2. 地理標誌的作用

地理標誌的特徵決定了地理標誌的作用。

（1）促進地理標誌所指地區的區域經濟的發展。

由於地理標誌是在一個範圍內極具特色的，因此受到地理標誌保護的產品更加具有知名度和信譽度，相當於廣告作用，長期的使用會在消費者心目中形成穩定的品牌

形象，成為消費者選擇的依據，從而保證和增加該產品的銷售，有效地帶動該區域的經濟不斷地發展。

（2）促進地理標誌所指地區的區域文化的發展。

基本上，受到地理標誌保護的商品在文化上都具有深厚的文化內涵，當這種產品在市場上被不斷地宣傳推廣的時候，無形之中就促進了當地的文化發展，讓更多的人瞭解到該區域的文化內涵，進而推動文化的發展。

（3）提高地理標誌產品的競爭力。

一般而言，受到地理標誌保護的產品意味著高品質和高聲譽，往往更容易被消費者接受。這樣，產品就可以利用這個優勢提高市場競爭力，從而在市場上爭取更加有力的地位，類似於馳名商標的作用。

5.1.3 地理標誌與商標的異同

地理標誌與商標的關係非常密切，從一般意義上講，地理標誌對消費者而言，其作用類似於馳名商標。但從法律意義上看，兩者並不能等同，它們之間既存在著相同的法律特徵，也存在著不同之處，它們是不同的兩種知識產權客體。

1. 地理標誌和商標的相同點

（1）兩者都屬於知識產權的客體，是一種無形財產，並且都屬於工業產權客體範疇。地理標誌和商標都屬於信息類無體物，而且都屬於產業領域的無形財產。

（2）兩者都具有識別功能。它們都是商品的來源方、經營方或者服務方提供為了表明這部分商品或者服務有別於其他，而在其商品上或者服務中所使用的可視性標誌。

（3）兩者都具有品質顯示功能。這點與它們的識別功能有直接關係。正因為商標和地理標誌都具有識別功能，所以都直觀地代表了商品的來源方、經營方或者服務方提供的商品品質和聲譽。

2. 地理標誌和商標的差別

（1）識別功能的內容不同。地理標誌是識別商品來源地的，而商標則是識別商品來源人的。也就是說，通過地理標誌，消費者只能知道商品來源於「何地」，而通過商標，消費者則能夠知道商品來源於「何人」。

（2）形式要件的構成不同。地理標誌可以用文字、圖形及其他具有標示意義的符號加以表達，但這種表達必須達到能使消費者推斷出其所代表的特定的客觀存在的地理區域，而一般都含有商品的名稱。商標雖然也可以用文字、圖形及其他具有標示意義的符號加以表達，但除此之外，商標則還可以用三維標誌和顏色組合，以及顏色與文字、圖形、符號的組合等形式加以表達。商標所表達的，在絕大多數情況下並不代表商品的來源地，消費者一般也不可能通過商標辨識商品的來源地，更為重要的是，在法律沒有例外規定的情況下，商標中不得含有本商品的通用名稱。

（3）內含品質的要因不同。地理標誌內含商品品質的要因，是商品來源地的自然因素或者人文因素。這些自然因素或者人文因素決定著商品的內含品質。商標內含商品品質的要因，則是該商品或者服務提供者在該商品或者服務形成過程中投入的各種

勞動。這些勞動決定著該商品的質量、信譽、對消費者的影響力等內含品質，它與商品來源地的自然因素或者人文因素無關。

（4）使用主體的範圍不同。地理標誌的使用者，只能是商品來源地生產、製造該商品的主體，而且這些「主體」並不限於法律上的單一主體，只要生產、製造同類商品，而且都是來源地的廠商，都可以使用同一地理標誌。

（5）轉讓性和保護時限不同。地理標誌與來源地自然因素或人文因素密切關聯，因此，不允許轉讓或者許可非來源地的廠商進行使用。同時，地理標誌的保護一般不規定明確期限，可以永久保護。商標在其未獲準註冊前，可由多人使用；在其獲準註冊后，其使用人由註冊商標專用權人決定。註冊商標專用權人可以自己使用、轉讓使用或許可他人使用。商標的保護期限一般是法律明確規定了的，如中國規定註冊商標保護期限為10年。

5.2　地理標誌的法律保護

5.2.1　地理標誌權

1. 概念和性質

地理標誌權是指基於地理標誌產生的專有權利。地理標誌是工業產權的對象之一，地理標誌權屬於工業產權的範疇。《巴黎公約》第一條第二款明確規定，工業產權的保護對象有專利、實用新型、外觀設計、商標、服務標記、廠商名稱、貨源標記或原產地名稱以及禁止不正當爭。同時，地理標誌屬於無形財產，是信息類無體物。根據《與貿易有關的知識產權協議》第一條第二款的規定，地理標誌權屬於知識產權的類別範疇。地理標誌權既具有知識產權的一般特徵，如地域性、時間性等，同時作為一種特殊的標誌權，與商標權、企業名稱權等標誌權相比，又有自己獨有的特點。

2. 地理標誌權的特徵

（1）地理標誌權的特殊共有性。

任何地理名稱不可能由某個特定的企業或者個人專有，而是屬於某個國家、地區或地方的所有生產同類產品的經濟主體或自然人共同享有。因此，任何經濟主體不得將地理標誌作為商標申請註冊而壟斷使用。凡是對此地理標誌享有地理標誌權的經濟主體均可使用。比如「山西老陳醋」，所有享有山西地理標誌權的經濟主體生產的陳醋均可使用「山西老陳醋」這個地理標誌，其他主體則都無權使用。

（2）地理標誌權使用人的範圍「限制性」。

地理標誌權的使用者除具備生產特定品質產品的條件外，還必須是地理標誌所指範圍之內的生產者，即必須同時滿足兩個條件。原產地內不符合條件的生產者和原產地之外的生產者均不可申請要求使用以該原產地為地理名稱的地理標誌。如山東某地的陳醋生產商不可能申請使用「山西老陳醋」這一地理標誌。對地理標誌權使用人的

範圍限制,這是由地理標誌的法律內涵所決定的。

(3) 地理標誌權的無期限性和不可轉讓性。

從權利的性質而言,知識產權本身具有一定的時間性和可轉讓性。但地理標誌權作為一項特殊的標誌權,其特殊性由地理標誌的特徵所決定。因此,地理標誌權與地理標誌一樣,具有保護時限的無期限性和不可轉讓性。

5.2.2 地理標誌保護模式

世界範圍內,地理標誌法律的保護模式主要有三種,分別是:專門法保護模式、商標法保護模式以及反不正當競爭法保護模式。

1. 專門法保護模式

專門法保護模式,又稱為特別法保護模式,是指通過專門立法來保護地理標誌。比如法國,它的專門法保護模式歷史悠久,早在1919年就頒布了《原產地名稱法》(1990年和1996年兩次作了修改),這與法國擁有豐富的地理標誌資源有關。法國的地理標誌保護制度有以下三個特點:第一,地理標誌是一項被視為國家遺產的集體性權利,它屬於該地理區域內的全體生產者,永久存在;第二,原產地名稱不僅標示產品來源,而且代表了產品質量、聲譽以及其他特性與該來源的自然因素和人文因素之間的關係;第三,專門法保護地理標誌的顯著標誌就是,設立了專門機構來監督和保護原產地名稱。

2. 商標法保護模式

商標法保護模式將地理標誌作為證明商標或者集體商標,通過商標法來進行保護。一般來講,一國的商標法對於地理標誌的保護從兩個方面加以規定:一方面禁止將地理標誌註冊成為一般商標;另一方面則遵循註冊集體商標或證明商標。如果某標誌中含有地理標誌,但由於無法確認該地理標誌中的經濟個體的關係,與商標保護的顯著性要求明顯衝突,所以普遍情況下,這種地理標誌是不能註冊為商標的。對於集體商標和證明商標來說,恰好滿足了多個權利主體的要求,也符合地理標誌對商品品質的證明條件,是保護地理標誌較好的模式。

美國是商標法保護模式的典範,其《商標法》第四條規定,集體商標和證明商標,包括原產地標記,可按一般商標註冊規定,與普通商標一樣依本法註冊並具有同樣效力。

3. 反不正當競爭法保護模式

《巴黎公約》《與貿易有關的知識產權協定》都明確規定了從反不正當競爭的角度對原產地標誌的保護。反不正當競爭法在知識產權制度中有著重要的保底作用,對地理標誌的保護也相應起到重要作用。

第一,反不正當競爭法應當向地理標誌權主體人提供法律手段以防止在商品的標誌或證明中,以任何方式明示或默示該商品來源於非其真實來源地的地理區域,而在商品的地理來源上誤導公眾。

第二,反不正當競爭法保護公眾利益。商標法保護的側重點在於保護權利人的權

益；而反不正當競爭法側重於國家權力的介入，維護其他社會公眾的利益，因此其保護的利益範圍遠遠廣於商標法。反不正當競爭法是從禁止虛假表示或虛假宣傳的角度保護地理標示的，即從提供真實信息的角度對來源地標示的保護，禁止虛假的或引人誤解或致人混淆的行為，以保證地理標示的合法使用，最終建立公平的競爭秩序，從而保護競爭者、消費者的利益乃至社會的公共利益。

第三，反不正當競爭法保護維權主體。反不正當競爭法的特點決定了國家力量直接介入爭議的處理是其主要特徵。為防止將識別的地理標示用於並非來源於該地理標示所表明的地方的產品，如果商標包含識別產品的地理標示或由此類地理標示所構成，而該產品並非有如此來源，則有關機關依職權或應利害關係的請求，將拒絕該商品的註冊或宣告其無效。對於利用地理標誌進行不正當競爭的行為，有關機關有權予以行政處罰。不論直接或者間接使用都屬於不正當競爭行為。反不正當競爭法保護還可以對未註冊地理標誌進行保護。

1994 年，德國的《反不正當競爭法》第三條明確規定，該法的立法目的就是保護城市經營以及消費者對真實產地標記的信賴。日本採用防禦性的保護模式來對地理標誌進行法律保護，主題就是禁止欺騙性和虛假的原產地來源標示，它規定地理標誌的法律主要是《商標法》和《不正當競爭防止法》。

地理標誌的三種保護模式，並不是完全對立衝突的，各個不同的國家選擇了不同的一種或多種保護混合的模式，與其本國所擁有的資源、政治、經濟以及文化上有直接密切的關聯。

5.3 中國地理標誌保護制度

中國對地理標誌權的法律保護採取多種保護混合的模式，在中國的《商標法》《地理標誌產品保護規定》《中華人民共和國反不正當競爭法》（簡稱《反不正當競爭法》）和《中華人民共和國消費者權益保護法》（簡稱《消費者權益保護法》）等現行法規中，都以商標法、專門法和反不正當競爭法三種模式對中國的地理標誌權進行了法律保護。

5.3.1 中國《商標法》對地理標誌的保護制度

1. 歷史沿革

中國在《商標法》第二次修改之前，在實踐中早就對地理標誌權給予了一定的保護：如 1987 年國家工商行政管理局公布停止使用「丹麥牛油曲奇」商品名稱的通知；1989 年國家工商行政管理局又就法國著名原產地名稱發布《關於停止在酒類商品上使用香檳或 Champagne 字樣的通知》，並指出，香檳是法文「Champagne」的譯音，指產於法國香檳省的一種起泡白葡萄酒，它不是酒的通用名稱，是原產地名稱。因此要求中國企業、事業單位和個體工商戶以及在中國的外國（法國除外）企業不得在酒類商

品上使用「香檳」（包括大香檳、小香檳、女士香檳）或「Champagne」字樣。而國家工商行政管理局於1994年公布的《集體商標、證明商標註冊和管理辦法》，則為地理標誌權的保護提供了通過註冊為證明商標的途徑。

2001年，中國《商標法》第二次修改后，將保護地理標誌權納入到了法律體系內。《商標法》第十六條第一款規定，地理標誌是指標示商品來源於某地區，該商品的特定質量、信譽或者其他特徵主要由該地區的自然因素或者人文因素所決定的標誌。這一規定表明，只有來源於該地區的、具備一定「品質特徵」的商品才能使用地理標誌。2013年，中國《商標法》進行了第三次修改，依然在第十六條規定了商品的地理標誌。

2. 地理標誌權的取得

1994年，國家工商行政管理局公布《集體商標、證明商標註冊和管理辦法》之后，就將「原產地標誌」納入證明商標的保護範圍，因此，有關證明商標的規定應適用地理標誌的規定。根據2003年國家工商行政管理局新公布的《集體商標、證明商標註冊和管理辦法》規定，以地理標誌作為集體商標申請註冊的，應當附送主體資格證明文件並應該詳細說明其所具有的或者其委託的機構所具有的專業技術人員、專業檢測設備等情況，以表明其具有監督使用該地理標誌商品的特定品質的能力。申請以地理標誌作為集體商標註冊的團體、協會或者其他組織，應該由來自該地理標誌標示的地區範圍內的成員組成。商標局依照《商標法》和《商標法實施條例》的有關規定進行審查，對真實表示證明商標特定品質的文字、圖形及組合，應當予以核准。

3. 地理標誌權的保護

地理標誌權也是一種商標權，因此，中國《商標法》關於對「註冊商標專用權的保護」規定應適用於對地理標誌權的保護。當地理標誌權被他人侵犯，地理標誌權人（註冊權人和使用權人）有權根據《商標法》的有關規定，請求工商行政管理機關處理，或者直接向人民法院起訴。《中華人民共和國產品質量法》（簡稱《產品質量法》）規定的「禁止偽造產品的產地」、《反不正當競爭法》規定的經營者不得「偽造產地」和《消費者權益保護法》中規定的「偽造商品的產地」，上述「產地」均應包括「地理標誌和貨源標記」。如果經營者偽造產地的行為侵犯了他人的地理標誌權，則應依照《商標法》的有關規定制裁侵權人，以保護地理商標權人的權益；如果經營者偽造產地的行為只是假冒貨源標記，則應依照《產品質量法》《反不正當競爭法》或《消費者權益保護法》的有關規定予以制裁。

5.3.2 《地理標誌產品保護規定》對地理標誌的保護

1999年，國家質量監督檢驗檢疫總局發布了《原產地域產品保護規定》。2005年，又通過國家質量監督檢驗檢疫總局第78號令，發布了《地理標誌產品保護規定》，該規定自2005年7月15日起施行。

1. 目的和範圍

《地理標誌產品保護規定》的總章程第一條明確其目的是：為了有效保護中國的地理標誌產品，規範地理標誌產品名稱和專用標誌的使用，保證地理標誌產品的質量和

特色。這裡所說的「地理標誌產品」，是指產自特定地域，所具有的質量、聲譽或其他特性本質上取決於該產地的自然因素和人文因素，經審核批准以地理名稱進行命名的產品，包括：①來自本地區的種植、養殖產品。②原材料全部來自本地區或部分來自其他地區，並在本地區按照特定工藝生產和加工的產品。

2. 申請和管理

《地理標誌產品保護規定》適用於對地理標誌產品的申請受理、審核批准、地理標誌專用標誌註冊登記和監督管理工作。國家質量監督檢驗檢疫總局（以下簡稱「國家質檢總局」）統一管理全國的地理標誌產品保護工作。各地出入境檢驗檢疫局和質量技術監督局（以下簡稱各地質檢機構）依照職能開展地理標誌產品保護工作。申請地理標誌產品保護，應依照本規定經審核批准。使用地理標誌產品專用標誌，必須依照本規定經註冊登記，並接受監督管理。

3. 保護和監督

各地質檢機構依法對地理標誌保護產品實施保護。對於擅自使用或偽造地理標誌名稱及專用標誌的，不符合地理標誌產品標準和管理規範要求而使用該地理標誌產品的名稱的，或者使用與專用標誌相近、易產生誤解的名稱或標示及可能誤導消費者的文字或圖案標誌，使消費者將該產品誤認為地理標誌保護產品的行為，質量技術監督部門和出入境檢驗檢疫部門將依法進行查處。社會團體、企業和個人可監督、舉報。

各地質檢機構對地理標誌產品的產地範圍、產品名稱、原材料、生產技術工藝、質量特色、質量等級、數量、包裝、標示、產品專用標誌的印刷、發放、數量、使用情況、產品生產環境、生產設備、產品的標準符合性等方面進行日常監督管理。

獲準使用地理標誌產品專用標誌資格的生產者，未按相應標準和管理規範組織生產的，或者在 2 年內未在受保護的地理標誌產品上使用專用標誌的，國家質檢總局將註銷其地理標誌產品專用標誌使用註冊登記，停止其使用地理標誌產品專用標誌並對外公告。

違反本規定的，由質量技術監督行政部門和出入境檢驗檢疫部門依據《中華人民共和國產品質量法》《中華人民共和國標準化法》《中華人民共和國進出口商品檢驗法》等有關法律予以行政處罰。

5.3.3 國家行政機關對地理標誌的保護

國家行政機關通過法律法規對原產地域產品保護。國家工商行政管理總局商標局根據中國《商標法》規定，負責對原產地證明商標的註冊和管理工作。國家質量監督檢驗檢疫總局負責對原產地域產品的申請進行審核，確認保護地域範圍、產品註冊登記的管理工作，成為原產地域產品保護工作的主管部門。也就是說，中國在地理標誌保護上存在兩種途徑：一是國家工商行政管理總局商標局進行的原產地證明商標保護，二是國家質量監督檢驗檢疫總局進行的原產地域產品保護。但在這種管理模式下，有可能造成原產地名稱被註冊為普通商標或證明商標后，根據《原產地域產品保護規定》申請了原產地域產品保護，形成普通商標權或證明商標權與原產地名稱權並存的局面。

5.4 地理標誌的國際保護制度

5.4.1 歐盟對地理標誌的保護

眾所周知,歐盟歷來重視農業,具有濃厚的農業保護傳統,因而歐盟以特別立法的形式制定了與農產品和食品密切相關的地理標誌保護規則。其保護的對象主要是產地標誌和地理標誌兩類。二者主要區別在於,產地標誌要求該農產品或食品從制備、生產到加工等全部需要在註冊商標所標示的區域範圍內完成;地理標誌則要求該農產品或食品其制備、生產及加工是發生在指定的地理區域內即可,而不要求全過程均在指定區域內。

但自世界貿易組織成立以來,歐盟地理標誌規則不斷受到其他世界貿易組織成員的指責,指控其違反世界貿易組織規則。為此,歐盟地理標誌規則自實施以來歷經多次修訂。早在《與貿易有關的知識產權協定》(簡稱 TRIPS)協議談判中,美國、澳大利亞和加拿大等世界貿易組織成員就與歐盟對地理標誌保護問題存在較大分歧。其主要原因是,美國、澳大利亞和加拿大的居民大多來自歐洲移民,這些移民將歐洲的傳統工藝帶到當地,加之思鄉之情,因而將許多歐洲地名移至當地,進而產生了多年的地理標誌爭奪戰。1999 年和 2003 年,美國和澳大利亞分別指控歐盟地理標誌規則違反 TRIPS 協議,影響其輸歐產品的利益,並向世界貿易組織多次提起爭端解決申請。

5.4.2 美國對地理標誌的商標法保護

美國沒有專門的地理標誌保護法,其關於地理標誌的法律保護主要是通過商標法來實現的,即在商標法中規定地理標誌可以作為集體商標或證明商標獲準註冊,並取得保護。註冊人可依據商標法的有關規定,對假冒產地等行為追究其侵權責任。

《美國商標法》第四節、《美國註釋法典》第十五編第一千零五十四條允許證明商標,包括地域來源標誌的註冊。《美國商標法》第四十五節、《美國註釋法典》第十五編第一千一百二十七條將證明商標定義為:證明商標是指所有人以外的其他人使用,或者所有人具有善意的允許他人進行商業使用的意圖,並申請註冊於主註冊簿上的字詞、名稱、符號、設計或者其組合,以證明某人商品或者服務的地域或者其他來源、原材料、生產工藝、質量、精確度或者其他特徵,或者商品或服務上的工作或者勞務由聯合會或其他組織的成員完成。

美國對地理標誌提供了強有力的保護,通常作為證明商標進行登記(商標的一種)。地理標誌作為證明商標被保護的例子有:印度大吉嶺茶、義大利帕爾馬火腿、瑞士巧克力等。有關這些信息和所有其他美國商標登記可以從美國專利商標局的網站上通過商標申請信息搜尋體系找到。可以看出,無論是國內的還是國外的地理標誌,美國均給予保護。

5.4.3 TRIPS 協議

　　世界貿易組織的 TRIPS 協議將地理標誌納入知識產權的保護範圍，使得地理標誌保護問題在上百個世界貿易組織成員之間得到較為系統、明確的規範。但其與歐盟地理標誌規則有所不同。TRIPS 協議對地理標誌採取兩種不同的保護標準：一是基本保護標準，即 TRIPS 協議規定，為避免對公眾誤導和制止不公平競爭，世界貿易組織成員應對地理標誌加以保護；二是對葡萄酒和烈性酒地理標誌的特殊保護標準，即 TRIPS 協議規定，除少數例外以外，即使不當使用酒類產品地理標誌也不會導致公眾的混淆，或不會構成不公平競爭時，這樣的地理標誌仍然應加以禁止。與地理標誌基本保護標準相比，對酒類產品地理標誌的保護是一個高標準的保護。換言之，TRIPS 協議對酒類產品地理標誌的保護，首先是增加了禁止使用酒類產品地理標誌的限制條件，其次是延伸了酒類產品地理標誌的保護範圍。

6 工商企業名稱與商號權法律制度

6.1 企業的名稱——商號

自然人因出生而獲得其民事權利能力，商事主體因登記而產生。自然人有取名的權利，商事主體亦有起名的權利，這毫無疑問。只不過自然人可用其「昵稱」、綽號等代替他的名字，即使他不取名字也不能否認他作為人所應享有的權益，而商事主體的名稱則非起不可且非經登記不生效力。

6.1.1 商號的概念與功能

商號是社會經濟發展的產物。在中國古代，商號是對一個人或者組織的尊稱。春秋戰國時期就已出現了商品生產者為區分同類產品的不同產地和生產者，在產品上刻上自己的姓名和記號。在 13 世紀的歐洲，也出現了作為商業標記使用的特殊標記，加入行會的人必須在其產品上刻有一定標記。到了現代社會，商號的形式更加豐富，如「百事可樂」「阿里巴巴」等都是商號。

對於商號的含義，有不同觀點：一是認為所謂商號，亦稱商業名稱，簡單地說，是商事主體在從事以營利為目的的營業時所使用的表示自己的名稱，是商事主體在營業活動中表彰自己的名稱，因現代經濟社會中的商事主體是企業，所以商號即通常意義上的企業名稱。二是將其與字號作同一解釋，商業名稱，俗稱「商號」「字號」，它不僅用來表明商人的營業主體名稱，而且用以區別各個商事營業主體。中國企業名稱登記管理規定採納的是這種觀點。三是漢語中固有的概念：即「商店」。臺灣法學界認為商號是商事主體用以經營商業的名稱，臺灣「商業登記法」中使用了「商號名稱」一語，從而商號遂可指商業組織體本身。四是廣義的商號，即有關商業的名稱。它不限於指商業主體的名稱，還指產品的名稱等具有商業價值的名稱。以上四種觀點具有代表性，當然觀點不限於此。

商號作為公司特定化的標誌，是公司的重要標誌，是公司具有法律經營權的表現。一旦商號經工商局登記、註冊后，就具有商號權，便可以用在商品包裝、合同和掛在牌區等商業上，其專有使用權不具有時間限制性。在有些廠商中，某些圖形、文字既用來當作商號又用來當作商標。但大多數的廠商的商號和商標還是有所區別的。一般來說，商標和商事主體的產品是相關聯的，而商號則是與生產該產品的廠商或與經營該產品的特定廠商相關聯的。

目前，對商號權沒有明確的規定，但是《民法通則》裡對企業名稱有明確的保護

規定。中國《企業名稱登記管理規定》（1991年9月1日起施行，2012年11月9日修訂）第七條規定，企業名稱應當由以下部分依次組織：字號（或者商號，下同）、行業或者經營特點、組織形式。企業名稱應當冠以企業所在地省（包括自治區、直轄市，下同）或者市（包括州，下同）或者縣（包括市轄區，下同）行政區劃名稱。據此，商號是企業名稱的組成部分，是商事主體在商事活動中用於將自己與其他商事主體相區分的識別性標誌。

商號的主要功能包括：第一，幫助消費者和經營者識別自己的企業。商號是企業對外交流的名片，特別是同一行業，更便於消費者識別。第二，商號可以累積一定的信譽，有財產價值，如知名商號在企業做資產評估時，會作為一項重要的無形資產計入企業的資產總額。

6.1.2 商號與相關概念的區別

1. 商號與姓名

姓名是指人的姓氏與名。姓名由監護人命名，需要到公安機關登記備案，每個公民都可以使用自己的名字。商號是識別自然人或法人的企業名稱或牌號，雖由經營者自行設定，但是必須到工商行政管理機關進行登記後才能使用並受到法律保護。

2. 商號與商標

商標是表彰商品的標誌。商標的功能除了表示商品來源和出處以外，亦有表彰自己的商品與他人商品之區別，並作為廣告促銷手段的功能。商號與商標的差異在於：第一，功能和作用不同。商號是用來區分不同的企業，而商標是用來區分不同的商品；第二，註冊登記原則及登記機關不同。商標的註冊實行的是「自願註冊與強制註冊相結合」的原則。商號登記是採用「強制登記」的原則。商標可以在國家工商行政管理總局商標局登記註冊，商號的登記機關是全國各地的工商行政管理機關。第三，註冊登記的法律效力不同。商號進行登記後，企業所享有的名稱專用權僅限於登記主管機關所轄範圍；而商標註冊後在全國範圍內享有註冊商標專用權。第四，保護期限不同。註冊商標的保護期限一般為10年，期滿後可續展；商號一經登記，只要企業存在就能一直使用。

3. 商號與地理標誌

世界貿易組織在TRIPS協議中，對地理標誌的定義為：地理標誌是鑑別原產於一成員國領土或該領土的一個地區或一地點的產品的標誌，但標誌產品的質量、聲譽或其他確定的特性應主要決定於其原產地。因此，地理標誌主要用於鑑別某一產品的產地，即是該產品的產地標誌。地理標誌也是知識產權的一種。地理標誌與商號的區別在於地理標誌不是登記形成的。

4. 商號與域名

域名（Domain Name），是由一串用點分隔的名字組成的Internet上某一臺計算機或計算機組的名稱，用於在數據傳輸時標示計算機的電子方位（有時也指地理位置，地理上的域名，指代有行政自主權的一個地方區域）。域名是一個IP地址上的「面具」。域名是便於記憶和溝通的一組服務器的地址（網站、電子郵件，FTP等）。世界上第一

個註冊的域名是在 1985 年 1 月註冊的。域名的取得是向域名管理機構申請，國外的域名管理機構多是民間組織，個別國家規定由政府機關管理域名。商號與域名的區別在於：第一，兩者的設計目的不同，域名的設計是為了便於記憶和溝通，商號的設計是為了識別自然人或法人的名稱或牌號；第二，兩者的取得方式不同，域名通過註冊獲得，商號是企業或個人向工商行政管理機關申請獲得。

6.2 商號權的概念、性質與權利的取得

6.2.1 商號權的概念和性質

商號是商事主體進行商事活動中用於將自己與其他商事主體相區分的識別性標記，商事主體對商號所享有的專有權利就是商號權。

1. 商號權是知識產權

中國的法律沒有對商號權在事實上認定，這就使得商號權性質的爭論一直在進行。理論界的觀點可以歸納為以下幾種：

（1）知識產權說。對商號權權利屬性，中國有人認為「商號權就是商品產生經營者依法對其註冊的商號所享有的專用權，其內容具有人身權和財產權雙重屬性，在權利類型上屬於知識產權」。商號權應作為知識產權規定於有關知識產權法中而不是作為人身權規定於民法人身權部分。而且《保護工業產權巴黎公約》也將商號權納入知識產權之列加以保護。

（2）財產權說。該學說認為商號權是一種主要以財產權為內容的民事權利。商業名稱權取得後，權利人既取得商號的專用權，這種商號權不但可以給其使用人直接帶來經濟上的利益，而且該權利可以轉讓和繼承，成為轉讓和繼承的客體，權利人也可以享有轉讓利益。因此，商號權應屬於無形財產權的一種，而不能被認為是人格權。因為屬於人格權的公民姓名是不能被作為轉讓或繼承的標的的。

（3）商事人格權說。該學說認為商事主體應該具有自己的獨立法律人格，其人格權內容的具體表現是商號權、姓名權、榮譽權、商業形象權等。商號是準確反映商事主體的特殊屬性的指稱，並憑藉其名義參與社會活動，只是因為商事主體的營利性，該名稱之上附加了財產的屬性。由於商事主體的經營所形成的信用與名譽附加於商號上，使其成為信用與名譽的載體，但這沒有改變商號最主要的功能，即商事主體的名義標示。[①]

2. 商號權是一種特殊的知識產權

商號權與其他知識產權相比，具有一定的特殊性，體現為：

（1）商號權的客體具有無形性。商號凝結了商事主體經營管理水平、資信狀況以及市場競爭力等多種經營要素，這具有無形性特徵。在市場經濟中，商號是企業市場

---

① 範健，王建文. 商法基礎理論專題研究 [M]. 北京：高等教育出版社，2005：229-252.

形象的代表，同時也是企業對外交往以及表示其自身財產價值的標誌。公眾選擇商號所標示的商品或服務，就是選擇商事主體的商業信譽。

（2）商號權具有一定的專有性。商號與其他知識產權一樣具有排他性。商號必須在主管機關登記註冊以後才能使用，且在商號登記的轄區內，具有排他效力，享有一定的專有性。一些知名商號的影響力和消費群體都超出了其登記管轄區的範圍。

（3）商號權沒有時間性。商號權與企業共存亡，商號權依附於企業無限期地受法律保護。商號的主體具有單一性。商號是商事主體資格的表徵，由其主體識別功能所決定，同一商號在核准註冊範圍內只能為一個商品生產經營者所擁有，而不存在幾個商事主體共有一個商號權的情況。

（4）商號權轉讓的特殊性。商號權轉讓的特殊性表現為：第一，商號權的轉讓不可以重複進行，只能轉給一家企業。第二，商號權不得單獨轉讓。商號權的轉讓須與企業全部資產的轉讓一併進行，否則將出現受讓人與出讓人之間的競業局面，對受讓人不公平，也不利於保護消費者的權益。第三，商號權的轉讓只能在同一註冊地域內的同行企業之間進行，這是由商號權的行使範圍決定的。

6.2.2　商號權的取得

對於商號權的取得，中國採取登記生效原則。商號的取得與商標權類似，即必須經過登記才能享有商號權，具有排他性。為保障商號權的取得，需要遵循的基本原則有：

1. 真實性原則

真實性原則是指法律對商事主體的商號選定加以嚴格限制，要求商號須與商事主體的姓名、營業種類、經營範圍以及資金狀況等相符合，商號的使用不得給公眾造成誤解或迷惑，否則，法律禁止使用。採取這種原則的國家主要有德國、法國、瑞士等。中國《企業名稱登記管理規定》也採用了這一原則。《企業名稱登記管理規定》第十一條規定，企業應當根據其主營業務，依照國家行業分類標準劃分的類別，在企業名稱中標明所屬行業或者經營特點。

2. 單一性原則

單一性原則是指商事主體原則上只允許使用一個商號，在同一工商行政管理機關轄區內，新登記的商號不得與已經登記註冊的同行業的商號相同或近似，如有特殊需要，經省級以上行政管理機關批准，商事主體可以在規定的範圍內使用一個從屬商號。

3. 一企業一商號原則

一企業一商號原則是指一個企業只能使用一個商號，不得同時使用多個商號。一方面，商號由文字組成，文字作為一種資源，如果一個企業申請多個商號，則會壟斷社會信息資源，妨礙公共利益；另一方面，企業擁有多個商號，易造成市場混亂，有損社會利益。

中國《企業名稱登記管理規定》第九條明確規定，商號的內容和文字涉及法律所列舉的不得使用的事項，這類商號將被禁止使用：①有損於國家和社會公共利益的商號；②可能對公眾和社會造成欺騙或誤解的商號；③以外國國家（地區）名稱、國際

組織名稱作為內容的商號；④以黨政名稱、黨政機關名稱、群眾組織名稱、社會團體名稱及部隊番號作為內容的商號；⑤以漢語拼音字母（外文名稱中使用的除外）、數字作為文字的商號；⑥其他法律、行政法規禁止使用的商號。

4. 公開性原則

公開性原則是指商號必須經過登記而公布，讓社會公眾知曉。商號公開原則，有利於社會公眾對企業商號的使用進行監督，有利於保護先取得商號權人的利益。中國《企業名稱登記管理規定》規定了企業在設立時要進行名稱登記，企業名稱變更或者終止時也應進行商號登記。

5. 先申請原則

先申請原則是指兩個以上企業向同一登記主管機關申請相同的符合規定的企業名稱，登記主管機關依照申請在先原則核定。先申請原則，有利於督促企業早日申請商號，也便於國家主管機關依據登記情況解決糾紛。根據中國《企業名稱登記管理規定》，屬於同一天申請的，應當由企業協商解決；協商不成的，由登記主管機關做出裁決。兩個以上企業向不同登記主管機關申請相同的企業名稱，登記主管機關依照受理在先原則核定。屬於同一天受理的，應當由企業協商解決；協商不成的，由各該登記主管機關報共同的上級登記主管機關做出裁決。

6.3 商號權的內容

商號權的內容，即商號權人對商號所享有的專有權利的內容。國內的相關立法並未規定商號權的內容，但國內學者對商號權利的內容意見比較一致，大都認為商號權應當包括商號專用權、商號許可使用權、商號轉讓權、商號變更權等內容。

6.3.1 商號專用權

商號專用權是指商號權人對其商號享有的獨占使用的權利，他人不得干涉和非法使用。專用權體現的是一種使用上的排他性、獨占性。商號專用權包括積極權利和消極權利。

積極權利，即商號使用權，商號權人有權合法使用其已經登記的商號，其他人不得妨害權利人行使權利。從國外立法上看，各國的商法在商號使用方面的通常規定是，商事主體在其經營活動中的法律行為應以其商號來標示；而對於經營活動以外的行為，不得使用商號。日常生活中對商號的使用也存在著不同的方式，例如：在其生產的產品上標示商號、在商品外包裝上使用商號、在辦公機構懸掛商號的牌匾等。

消極權利是在核准登記的地域範圍內，若商號已登記，沒有經過商號權利人的允許，則其他人就不可以對該商號做出類似或者相同的使用。擅自相同或類似地使用其他商事主體已經登記的商號構成不正當競爭。若商號權利人發現有人盜用其商號或使用易混淆的商號時，商號權人可以請求侵權人停止使用並要求賠償損失。

6.3.2　商號許可使用權

商號許可使用權是指商號權人不僅自己可以使用商號，亦可以授權給他人全部或部分地使用其所擁有的商號之權利。許可使用在一些商法教材中被稱為「商號的出借」。不過，即使在將商號使用權全部讓與他人時，出借人仍然可以根據協議而享有對其商號的「所有權」。日常生活中商號的許可使用方式多種多樣，較常見的例如：「連鎖經營」「特許經營」等。

6.3.3　商號轉讓權

各國法律一般都規定了企業有權依法轉讓其商號。當商號權人欲停止經營或者以轉讓獲得經濟利益時，可以將商號權利全部轉讓給他人，轉讓的最終結果就是商號權主體的變更，原商號權人喪失商號權，商號權主體變更為受讓人。轉讓權亦展示出商號的商業價值以及經濟利益內涵。各國對商號轉讓的規則有不同的規定，主要有不得單獨轉讓和可單獨轉讓兩種規則：不得單獨轉讓原則，即商號只能與其營業一起轉讓，不得與營業分離，或在其營業廢止時轉讓；可單獨轉讓原則，即商號可以與營業相分離轉讓。企業可以單獨轉讓商號，多處營業可以使用同一商號，轉讓人仍享有商號的使用權和其他權利。[①]

6.3.4　商號變更權

通常情況下，商號一經登記即具有穩定性，商號權人不得擅自對商號進行改變。因而，如果商號所有人欲變更商號的名稱，則其必須向商號管理部門提出變更登記申請。未經商號登記機關批准的任何變更均得不到法律的認可及保護。商號的變更權有利於商事主體在市場經濟條件下根據自身的經營特色積極調整商號，以更好地適應激烈的市場競爭，獲取更多的經濟利益。根據中國《企業法人登記管理條例及其實施細則》的規定，企業法人變更名稱，應經所屬主管部門或審批單位同意，並應在取得同意后的 30 天內向登記主管機關提出申請。經登記主管機關審核，符合條件的予以核准。

6.4　中國商號權的法律保護

6.4.1　中國商號權法律保護的現狀

中國還沒有建立起相關的商號權保護法。涉及商號保護的法律規範主要有《民法通則》《企業名稱登記管理規定》《企業名稱登記管理實施辦法》《企業法人登記管理條例》《反不正當競爭法》等，沒有形成完整的法律保護系統。

---

① 範健，王建文. 商法論 [M]. 北京：高等教育出版社，2003：484.

1. 民法

中國《民法通則》第二十六條、第三十三條涉及商號權的保護，其中採用的是「字號」一詞。《民法通則》規定了個體工商戶和個人合夥可以起字號，依法經核准登記后，在其核准登記的經營範圍內從事經營。由此可見，民法意義上的商號權是指商事主體對商號設定、變更和專用的人格權，僅系就其人格權的意義而言的。[①]《民法通則》對商號權保護的確定忽略了商號權的財產權權能。我們認為應當立足於知識產權法加強對商號權的保護。

2. 行政法律法規

《企業名稱登記管理規定》《企業名稱登記管理實施辦法》《企業法人登記管理條例》均是以行政法的形式對涉及企業名稱的問題予以規定。其存在的問題主要有：一方面，立法層次較低，且使用的是「企業名稱」「字號」，缺乏對商號具體、詳細、系統的規定；另一方面，有關商號權的保護僅僅局限於商號權人選擇商號時的使用限制，應該從保護商號權人的角度出發，對商號權的定義權能做出界定，以法律對抗侵害商號權的第三人，從而實現對商號權人利益的保護。

3. 反不正當競爭法

《反不正當競爭法》第五條將「擅自使用他人的企業名稱或姓名，引人誤認為是他人的商品」的行為認定為不正當競爭行為。當前，將他人註冊商標申請為企業字號等造成市場混淆的不正當競爭行為較為普遍，不僅損害了經營者的合法權益，而且對消費者造成誤導和損害。這類案件只能在訴訟中適用基本原則予以處理，行政執法機關無法具體實施。針對實踐中存在的「傍名牌」現象，《反不正當競爭法修訂草案》2017年2月22日首次提交全國人民代表大會常務委員會審議，這是現行法自1993年實施以來的首次修訂。與商標法相銜接，《反不正當競爭法修訂草案》增加了屬於不正當競爭行為的規定。將他人註冊商標、未註冊馳名商標作為企業名稱中的字號使用，涉及筆名、藝名、社會組織名稱及其簡稱、域名主體部分、網站名稱、網頁以及頻道、欄目、節目等的名稱標示，不管這些誤導公眾的行為如何改頭換面，今後都有望被認定為不正當競爭。

6.4.2 商號權法律保護的完善

1. 立法上，增加商號權的法律保護內容

（1）結合目前中國法律法規對商號權的保護現狀，在民商法中，將商號權作為與著作權、專利權、商標權平行的知識產權，明確商號權的法律地位。

（2）調整商號的權利取得、行使過程中產生的各種社會關係，明確知名企業商號專用權的法律保護範圍、商號的商號權和概念，適時制定單行的商號法。制定單行商號法要注意與現行有關法律的關係協調，妥善處理與這些法律的關係，維護法律體系的統一。從正面確定商號權，擯除商事主體行政干預商號權過程，應付予不同商事主體平等的競爭地位，遵循市場經濟基本法則制定單行商號法。

---

① 張俊浩. 民法學原理[M]. 北京：中國政法大學出版社，1998：143.

2. 在商號的管理體制上，我們可以借鑑全國統一審查制

在商標申請方面，中國《商標法》統一審查、統一管理商標的申請註冊，即由國家商標局對全國範圍內的商標註冊申請負責受理，同時統一審查申請註冊的商標，商標局有權不批准和之前註冊商標類似的商標註冊申請。這樣使得國家對商標的統一管理更加方便，預防出現侵犯他人在先權利現象，同時，避免不同行政區域的企業在全國範圍內擁有相同商標的現象。因此，在商號的註冊登記管理方面，我們可考慮採取相似的措施，如：在各級工商行政管理機關都對商號進行登記註冊的同時，對這些商號考慮借鑑在法律程序上商標法規定的異議撤銷程序，實行全國聯網、統一審查、統一檢索，這樣才可以避免很多企業在不同行政區域內擁有相同商號的現象。

6.5 商號權與相關權利衝突

從實踐中看，由於中國商號法律體系的不完善，通過保護企業名稱權來保護商號權，而使商號權只在「同區域、同行業、同名」受到一定範圍的保護，導致了商號、企業名稱爭議問題日益突出，主要有以下三類。

6.5.1 商號權與商標權的衝突

對於企業來說，企業名稱權和商標權都是十分重要的權利，與企業的信譽息息相關。但在中國法律制度下，對兩者的保護卻是相互分離的。根據中國法律規定，國家商標局是授予商標權的唯一機構，而企業名稱登記卻是由各地區的工商行政管理局來承擔，各個不同級別的工商行政管理局與國家商標局沒有實現信息共享，也無法進行交叉檢索，這兩種不同的註冊管理體制形成了法律真空，在商標領域對企業名稱不予保護，在企業名稱領域則只對馳名商標予以保護，商標權和企業名稱權的衝突成為必然。

這種衝突主要表現為兩種形式：一是登記在先的企業字號被作為商標註冊；二是註冊在先的商標被作為企業名稱的一部分進行登記。這種衝突的主要原因是商標註冊與企業名稱的主管部門不同。這種衝突的結果使企業面臨這樣的風險：一種風險是在申請商標時並不考慮已登記在先的企業名稱，企業名稱的一部分一旦被他人註冊為商標，企業只能在商標公告發出後提出異議或是商標核准註冊后申請裁定撤銷該商標，從而給企業帶來不必要的麻煩。另一種風險則是根據 1996 年 8 月 14 日國家工商行政管理局發布實施的《馳名商標認定和管理暫行規定》，自馳名商標認定之日起，他人將與該馳名商標相同或相似的文字作為企業名稱一部分使用，且可能引起公眾誤認的，工商局不予核准登記；已經登記的，馳名商標註冊人可以自知道或者應當知道之日起兩年內，請求工商行政管理機關予以撤銷。根據上述規定，只有當該商標是馳名商標時，才能制止其他企業將其作為企業名稱的一部分進行登記。這樣就要首先證明其商標的知名程度並得到商標註冊管理機關的認定，這又是一個複雜而繁瑣的過程。兩種風險所帶來的后果就是企業經營的成果可能被他人分享。

6.5.2　國內企業商號之間的衝突

　　由於中國企業名稱登記註冊是採用分級註冊、區域管理的原則，各地的工商登記管理機關不可能掌握其他地區企業名稱登記的情況，對於在本地區申請註冊登記字號與其他地區企業名稱中的企業字號相同的企業名稱，也有可能給予批准。這種情況被一些不正當競爭者所利用，借他人之名氣推廣自己的產品，並常常在受到調查時把已獲工商登記作為抗辯理由。這類企業名稱之間的衝突主要有四種情況：①註冊在不同行政區域，同商號、同行業；②從事不同行業，獲得了同一商號；③商號混同或近似；④由於變更而引起商號衝突。

6.5.3　國內企業與國外企業商號之間的衝突

　　隨著中國對外開放的進一步深化，眾多國外知名企業進入中國市場。由於國外企業來華投資時都很重視保護自己的知識產權，其商標專利大多已經在中國註冊並得到相應的法律保護，國內一些企業在經營同類商品時，便利用中國企業名稱保護制度的不足之處，將國外企業的字號（商號）註冊為自己企業的名稱，或是直接使用在自己的產品上。同樣，改革開放初期，不少中國企業走出國門，把產品銷往海外，由於保護知識產權的意識不足，出口時才發現一些在國內享有盛名的老字號已經被國外的企業作為企業名稱或商標註冊了，直接影響了國內產品走向國際市場。這樣的例子不勝枚舉，「同仁堂」「王致和」等老字號都遇到過在國外被搶註的情況。

7 植物新品種權法律制度

7.1 植物新品種的概念和特徵

7.1.1 植物新品種的概念

植物新品種是指經過人工培育的或者對發現的野生植物加以開發，具備新穎性、特異性、一致性、穩定性，並有適當命名的植物新品種。

7.1.2 植物新品種的特徵

1. 新穎性

新穎性是指申請品種權的植物新品種在申請日前該品種的繁殖材料未被銷售，或者經育種者許可，在中國境內銷售該品種繁殖材料未超過 1 年，在中國境外銷售藤本植物、林木、果樹和觀賞樹木品種繁殖材料未超過 6 年，銷售其他品種繁殖材料未超過 4 年。

2. 特異性

特異性是指一個植物品種有一個以上性狀明顯區別於已知品種。

3. 一致性

一致性是指一個植物品種的特性除可預期的自然變異外，群體內個體間相關的特徵或者特性表現一致。

4. 穩定性

穩定性是指一個植物品種經過反覆繁殖后或者在特定繁殖週期結束時，其主要性狀保持不變。

7.2 植物新品種權的取得程序

植物新品種權，是工業產權的一種類型，是指完成育種的單位或個人對其授權的品種依法享有的排他使用權。

完成育種的單位和個人對其授權的品種，享有排他的獨占權，即擁有植物新品種權。

取得植物新品種權必須經過申請、受理、審批程序，經主管部門批准后，才能取得。

7.2.1 申請

中國的單位和個人申請品種權的，可以直接或者委託代理機構向審批機關提出申請。中國的單位和個人申請品種權的植物新品種涉及國家安全或者重大利益需要保密的，應當按照國家有關規定辦理。外國人、外國企業或者外國其他組織在中國申請品種權的，應當按其所屬國和中華人民共和國簽訂的協議或者共同參加的國際條約辦理，或者根據互惠原則，依照中國《植物新品種保護條例》辦理。申請品種權的，應當向審批機關提交符合規定格式要求的請求書、說明書和該品種的照片。申請文件應當使用中文書寫。

7.2.2 受理

對符合要求的品種權申請，審批機關應當予以受理，明確申請日，給予申請號，並自收到申請之日起1個月內通知申請人繳納申請費。對不符合或者經修改仍不符合的品種權申請，審批機關不予受理，並通知申請人。

7.2.3 審查

（1）初步審查。申請人繳納申請費后，進入初步審查階段。審批機關在初步審查階段，對植物新品種權申請的下列內容進行審查：第一，客體審查。審查申請的植物品種是否屬於植物品種保護名錄列舉的植物屬或者種的範圍；審查申請的植物品種是否符合新穎性的規定；第二，申請主體審查。對外國申請主體資格進行審查，審查向中國申請植物新品種權的外國人、外國企業或者其他組織是否屬有資格在中國提出申請；第三，命名審查。審查植物新品種的命名是否適當。

初步審查應自受理植物新品種權申請之日起6個月內完成。對於通過初步審查的申請，審批機關應予以公告，並通知申請人在3個月內繳納審查費；對未通過的申請，審批機關應當通知申請人在3個月內陳述意見或者予以修改；逾期未答覆或者修正后仍然不合要求的，駁回申請。

（2）實質審查。申請人按照規定繳納審查費后，進入實質審查階段。審批機關在實質審查階段，對植物新品種權申請的特異性、一致性和穩定性進行審查。實質審查主要依據申請文件和其他有關書面材料進行。審查機關認為必要時，可以委託指定的測試機構進行測試或考察業已完成的種植或者其他實驗的結果。因審查需要，申請人應當根據審批機關的要求提供必要的資料和該植物新品種的繁殖材料。

對符合實質審查條件的申請，審查機關應當做出授予植物新品種權的決定，頒發植物新品種權證書，並予以登記和公告。對不符合實質審查條件的申請，審批機關應予以駁回，並通知申請人。

7.2.4 授權和公告

對經實質審查符合本條例規定的品種權申請，審批機關應當做出授予品種權的決定，頒發品種權證書，並予以登記和公告。對經實質審查不符合本條例規定的品種權

申請，審批機關予以駁回，並通知申請人。對審批機關駁回品種權申請的決定不服的，申請人可以自收到通知之日起 3 個月內，向植物新品種復審委員會請求復審。植物新品種復審委員會應當自收到復審請求書之日起 6 個月內做出決定，並通知申請人。申請人對植物新品種復審委員會的決定不服的，可以自接到通知之日起 15 日內向人民法院提起訴訟。

7.3 植物新品種權的內容

根據《植物新品種保護條例》，植物新品種權有以下權利內容：

(1) 控製權。控製權指植物新品種權人對植物新品種的繁殖材料享有排他性的控製權，未經植物新品種權人的同意，任何人都不得以商業目的生產或者銷售該新品種的繁殖材料，不得為商業目的將該植物新品種的繁殖材料重複使用於生產另一品種的繁殖材料。

(2) 使用權。使用權指植物新品種權人有權對該植物新品種的繁殖材料進行生產或銷售，以獲得商業利潤。有權將該植物新品種的繁殖材料重複使用於生產另一品種的繁殖材料。

(3) 轉讓權。植物新品種的育種人有權將植物新品種權依法轉讓。繼受取得的植物新品種權的權利人，也可將植物新品種權再次轉讓。

(4) 許可他人使用權。植物新品種權人可以許可他人在一定的範圍內使用。權利人和受許可人通過訂立許可使用協議，明確雙方的權利和義務。

(5) 授權品種名稱的永久使用權。不論該植物新品種的保護期是否屆滿，植物新品種權人都有權要求銷售該授權品種的單位或個人使用註冊登記的名稱。

(6) 追償權。植物新品種權被授予后，在自初步審查合格公告之日起至被授予植物新品種權之日止的期間，對未經申請人許可，為商業目的生產或者銷售該授權品種的繁殖材料的單位和個人，植物新品種權人享有追償的權利。

7.4 植物新品種權的限制

7.4.1 合理使用

法律允許他人在有些情況下，可以不經植物新品種權人的同意，不向植物新品種權人支付使用費，就可利用該植物新品種。中國《植物新品種保護條例》規定了兩種情形：一是利用授權品種進行育種及其他科研活動的；二是農民自繁自用授權品種的繁殖材料的。但中國法律同時規定，合理使用人在合理使用期間不得侵犯植物新品種權人的其他權利。

7.4.2 強制許可使用

審批機關為了國家利益或者公共利益，可以做出實施植物新品種強制許可的決定，並予以登記和公告。取得實施強制許可的單位或個人，應當付給植物新品種權人合理的使用費。使用費的數額，由雙方協商；不能達成協議的，由審批機關裁決。植物新品種權人對強制許可決定或強制許可使用費的裁決不服的，可以自收到通知之日起3個月內向人民法院提起訴訟。

7.5 植物新品種權的期限、終止和無效

植物新品種權的保護期限是自授權之日起，藤本植物、林木、果樹和觀賞樹木為20年，其他植物為15年。

有下列情形之一的，品種權在其保護期限屆滿前終止：

(1) 品種權人以書面聲明放棄品種權的；
(2) 品種權人未按照規定繳納年費的；
(3) 品種權人未按照審批機關的要求提供檢測所需的該授權品種的繁殖材料的；
(4) 經檢測該授權品種不再符合被授予品種權時的特徵和特性的。

品種權的終止，由審批機關登記和公告。自審批機關公告授予品種權之日起，植物新品種復審委員會可以依據職權或者依據任何單位或者個人的書面請求，對不符合規定的植物新品種權宣告品種權無效。宣告品種權無效的決定，由審批機關登記和公告，並通知當事人。對植物新品種復審委員會的決定不服的，可以自收到通知之日起3個月內向人民法院提起訴訟。被宣告無效的品種權視為自始不存在。

7.6 植物新品種權的保護

7.6.1 臨時保護

品種權被授予后，在自初步審查合格公告之日起至被授予品種權之日止的期間，對未經申請人許可，為商業目的生產或者銷售該授權品種的繁殖材料的單位和個人，品種權人享有追償的權利。

7.6.2 商業利用的禁止

未經品種權人許可，以商業目的生產或者銷售授權品種的繁殖材料的，品種權人或者利害關係人可以請求省級以上人民政府農業、林業行政部門依據各自的職權進行處理，也可以直接向人民法院提起訴訟。

省級以上人民政府農業、林業行政部門依據各自的職權，根據當事人自願的原則，

對侵權所造成的損害賠償可以進行調解。調解達成協議的，當事人應當履行；調解未達成協議的，品種權人或者利害關係人可以依照民事訴訟程序向人民法院提起訴訟。

省級以上人民政府農業、林業行政部門依據各自的職權處理品種權侵權案件時，為維護社會公共利益，可以責令侵權人停止侵權行為，沒收違法所得和植物品種繁殖材料；貨值金額 5 萬元以上的，可處貨值金額 1 倍以上 5 倍以下的罰款；沒有貨值金額或者貨值金額 5 萬元以下的，根據情節輕重，可處 25 萬元以下的罰款。

7.6.3 假冒授權品種的禁止

假冒授權品種的，由縣級以上人民政府農業、林業行政部門依據各自的職權責令停止假冒行為，沒收違法所得和植物品種繁殖材料；貨值金額 5 萬元以上的，處貨值金額 1 倍以上 5 倍以下的罰款；沒有貨值金額或者貨值金額 5 萬元以下的，根據情節輕重，處 25 萬元以下的罰款；情節嚴重、構成犯罪的，依法追究刑事責任。省級以上人民政府農業、林業行政部門依據各自的職權在查處品種權侵權案件和縣級以上人民政府農業、林業行政部門依據各自的職權在查處假冒授權品種案件時，根據需要，可以封存或者扣押與案件有關的植物品種的繁殖材料，查閱、複製或者封存與案件有關的合同、帳冊及有關文件。

8 集成電路布圖設計權法律制度

8.1 集成電路布圖設計權的概念和特徵

8.1.1 集成電路布圖設計權的概念

中國《集成電路布圖設計保護條例》第二條規定，集成電路，是指半導體集成電路，即以半導體材料為基片，將至少有一個是有源元件的兩個以上元件和部分或者全部互連線路集成在基片之中或者基片之上，以執行某種電子功能的中間產品或者最終產品。集成電路布圖設計，是指集成電路中至少有一個是有源元件的兩個以上元件和部分或者全部互連線路的三維配置，或者為製造集成電路而準備的上述三維配置。

布圖設計需要投入相當的資金和人力，而仿造卻比較容易、成本低、耗時短。因此，為了保護開發者的積極性，保護微電子技術及行業的發展，有必要以法律形式對集成電路布圖設計予以保護。

8.1.2 集成電路布圖設計權的特徵

集成電路布圖設計具有工業版權的性質，基本特徵表現為：

1. 獨創性

中國《集成電路布圖設計保護條例》第四條第一款規定，受保護的布圖設計應當具有獨創性，即該布圖設計是創作者自己的智力勞動成果，並且在其創作時該布圖設計在布圖設計創作者和集成電路製造者中不是公認的常規設計。

2. 無形性

布圖設計是確定用以製造集成電路的電子元件在一個傳導材料中的排列和連接的佈局設計。布圖設計可以固定在磁盤或掩膜上，也可以固定在集成電路產品中，但這些磁盤或集成電路只是它的物質載體，布圖設計本身是無形的。這就如同作品可以固定在書本或磁盤上，而作品本身是無形的。布圖設計的無形性特點是它成為知識產權客體的主要原因。

3. 可複製性

布圖設計雖然是無形的，但它也同其他無形財產一樣，具有客觀表現形式和可複製性。布圖設計若要得到法律的保護，也必須具有一定的表現形式，必須固定於某種物質載體上，為人們感知，並可以複製。在集成電路產品的生產中，布圖設計被固定於磁盤或掩膜中，並被大量複製於集成電路產品內。

8.1.3 集成電路布圖設計權與著作權、工業產權的區別

集成電路布圖設計權具有其獨特性，與著作權和工業產權相對照，有其自身的特點。

1. 集成電路布圖設計權的產生方式與著作權不同，只有在履行一定的法律程序后才能產生

集成電路作為一種工業產品，一旦投放市場將被應用於各個領域，性能優良的集成電路可能會因其商業價值引來一些不法廠商的仿冒。另一方面，由於集成電路布圖設計受到諸多因素的限制，其表現形式是有限的，這就可能存在不同人完全獨立地設計出具有相同實質性特點的布圖設計的情況。這就是說，集成電路布圖設計具有一定的客觀自然屬性，其人身性遠不及普通著作權客體那樣強。所以法律在規定集成電路布圖設計權的產生時，必須對權利產生方式做出專門規定，否則便無法確認集成電路布圖設計在原創人和仿冒人之間，以及不同的獨立原創人之間的權利歸屬。

2. 集成電路布圖設計權中的複製權，與著作權中的複製權相比，受到更多的限制

翻開各國集成電路技術的發展史，反向工程在技術的發展中有著不可取代的作用。如果照搬著作權法中關於複製權的規定，實施反向工程將被認為是侵權行為。為了電子工業和集成電路技術的發展，應當對複製權加以一定的限制，允許在一定條件下或合理範圍內實施反向工程。

3. 與工業產權相比，集成電路布圖設計權產生的實質性條件也有所不同

專利法中「創造性」條件要求申請專利的技術方案具備「實質性特點」，而大多數集成電路達不到這一要求。比如，在設計專用集成電路時，常將一些已為人所熟知的單元電路加以組合，這種拼湊而成的集成電路大多難以滿足專利法的創造性要求，這使得大量集成電路得不到專利法的保護，這正是傳統專利制度與集成電路這一新型客體之間不協調的一面。所以集成電路保護法在創造性方面的要求不應像專利法要求那麼嚴，但也不能像著作權法完全不要求任何創造高度要求，因為布圖設計的價值畢竟體現在工業應用上。

8.2　集成電路布圖設計權的內容

依據中國《集成電路布圖設計保護條例》的規定，集成電路布圖設計權包含三個方面的內容。

8.2.1 複製權

複製權是指對受保護的集成電路布圖設計的全部或者其中任何具有獨創性的部分進行複製的專有權。複製是指重複製作布圖設計或者含有該布圖設計的集成電路的行為。

8.2.2 商業利用權

商業利用權是指將受保護的集成電路布圖設計、含有該設計的集成電路或者含有該集成電路的物品投入商業利用的專有權。商業利用是指為商業目的進口、銷售或者以其他方式（如出租、展覽、陳列等）提供受保護的集成電路布圖設計、含有該設計的集成電路或者含有該集團電路的物品的行為。

8.2.3 處分權

處分權是指將集成電路布圖設計權出讓給他人或許可他人使用的權利。中國《集成電路布圖設計保護條例》第二十二條的規定，布圖設計權利人可以將其專有權轉讓或者許可他人使用其布圖設計。轉讓布圖設計專有權的，當事人應當訂立書面合同，並向國務院知識產權行政部門登記，由國務院知識產權行政部門予以公告。布圖設計專有權的轉讓自登記之日起生效。許可他人使用其布圖設計的，當事人應當訂立書面合同。

8.3 集成電路布圖設計權的取得、限制和保護

8.3.1 集成電路布圖設計權的取得

1. 主體資格

中國《集成電路布圖設計保護條例》第三條規定，中國自然人、法人或者其他組織創作的布圖設計，依照本條例享有布圖設計專有權；外國人創作的布圖設計首先在中國境內投入商業利用的，依照本條例享有布圖設計專有權；外國人創作的布圖設計，其創作者所屬國同中國簽訂有關布圖設計保護協議或共同參加國際條約的，依照本條例享有布圖設計專有權。

2. 客體資格

集成電路布圖設計必須具備獨創性。布圖設計應當是作者依靠自己的腦力勞動完成的，設計必須是突破常規的設計或者即使設計者使用常規設計但通過不同的組合方式體現出獨創性時，都可以獲得法律保護。

3. 方式和程序

目前，世界各國主要採取三種取得方式：自然取得、登記取得、使用與登記取得。大多數國家採取登記取得制，中國也採取登記取得制度。《集成電路布圖設計保護條例》第八條規定，布圖設計專有權經國務院知識產權行政部門登記產生。

國務院知識產權行政部門負責布圖設計登記工作，受理布圖設計登記申請。申請登記的布圖設計涉及國家安全或者重大利益，需要保密的，按照國家有關規定辦理。申請布圖設計登記，應當提交布圖設計登記申請表，布圖設計的複製件或者圖樣，布圖設計已投入商業利用的，提交含有該布圖設計的集成電路樣品，國務院知識產權行

政部門規定的其他材料。布圖設計自其在世界任何地方首次商業利用之日起2年內，未向國務院知識產權行政部門提出登記申請的，國務院知識產權行政部門不再予以登記。布圖設計登記申請經初步審查，未發現駁回理由的，由國務院知識產權行政部門予以登記，發給登記證明文件，並予以公告。布圖設計登記申請人對國務院知識產權行政部門駁回其登記申請的決定不服的，可以自收到通知之日起3個月內，向國務院知識產權行政部門請求復審。國務院知識產權行政部門復審後，做出決定，並通知布圖設計登記申請人。布圖設計登記申請人對國務院知識產權行政部門的復審決定仍不服的，可以自收到通知之日起3個月內向人民法院起訴。布圖設計獲準登記後，國務院知識產權行政部門發現該登記不符合本條例規定的，應當予以撤銷，通知布圖設計權利人，並予以公告。布圖設計權利人對國務院知識產權行政部門撤銷布圖設計登記的決定不服的，可以自收到通知之日起3個月內向人民法院起訴。在布圖設計登記公告前，國務院知識產權行政部門的工作人員對其內容負有保密義務。

8.3.2 集成電路布圖設計權的限制

為平衡權利人與社會公眾之間的利益，集成電路布圖設計權受到一定的限制。

1. 合理使用

中國《集成電路布圖設計保護條例》第二十三條規定，下列行為可以不經布圖設計權利人許可，不向其支付報酬：①為個人目的或者單純為評價、分析、研究、教學等目的而複製受保護的布圖設計的；②在依據前項評價、分析受保護的布圖設計的基礎上，創作出具有獨創性的布圖設計的；③對自己獨立創作的與他人相同的布圖設計進行複製或者將其投入商業利用的。

2. 權利用盡

權利用盡又稱為權利窮竭，是指布圖設計權利人或經其授權的人將布圖設計或含有該布圖設計的集成電路產品投放市場後，對與該布圖設計有關的商業利用行為，不再享有控製權。從此，任何人無須徵求布圖設計權利人或其授權人的許可，即進口、銷售或以其他方式來使用該布圖設計。就此而言，該原則限制了布圖設計人在產品銷售后的控製權，便利產品的購買者自由處理手中的產品，從而有利於市場中商品的正常流通。

3. 強制許可

強制許可，是指國家主管機關根據法律規定的情形，不經布圖設計權人的許可，授權他人布圖設計的一種法律制度。規定強制許可的目的一般是為了維護社會公共利益，使公眾有機會利用先進的集成電路產品。中國《集成電路布圖設計保護條例》第二十五條至第二十九條規定，在國家出現緊急狀態或者非常情況時，或者為了公共利益的目的，或者經人民法院、不正當競爭行為監督檢查部門依法認定布圖設計權利人有不正當競爭行為而需要給予補救時，國務院知識產權行政部門可以給予使用其布圖設計的非自願許可。國務院知識產權行政部門做出給予使用布圖設計非自願許可的決定，應當及時通知布圖設計權利人。給予使用布圖設計非自願許可的決定，應當根據非自願許可的理由，規定使用的範圍和時間，其範圍應當限於為公共目的非商業性使

用，或者限於經人民法院、不正當競爭行為監督檢查部門依法認定布圖設計權利人有不正當競爭行為而需要給予的補救。非自願許可的理由消除並不再發生時，國務院知識產權行政部門應當根據布圖設計權利人的請求，經審查后做出終止使用布圖設計非自願許可的決定。取得使用布圖設計非自願許可的自然人、法人或者其他組織不享有獨占的使用權，並且無權允許他人使用。取得使用布圖設計非自願許可的自然人、法人或者其他組織應當向布圖設計權利人支付合理的報酬，其數額由雙方協商；雙方不能達成協議的，由國務院知識產權行政部門裁決。布圖設計權利人對國務院知識產權行政部門關於使用布圖設計非自願許可的決定不服的，布圖設計權利人和取得非自願許可的自然人、法人或者其他組織對國務院知識產權行政部門關於使用布圖設計非自願許可的報酬的裁決不服的，可以自收到通知之日起3個月內向人民法院起訴。

4. 善意購買

如果一個人不知情購買了含有非法複製的受保護的布圖設計的集成電路產品，而將該產品進口、銷售或從事其他商業利用，不追究其法律責任。這是因為布圖設計具有高度的集成化特點，非常複雜和微小，普通買主很難辨認出自己購買的集成電路產品中是否含有非法複製的受保護的布圖設計。為了保護集成電路經銷者的積極性，維護貿易的正常進行，各國集成電路產品的保護法一般都對不知情侵權者的責任不予追究。儘管法律對善意買主不追究法律責任，但是，當善意買主在知道購買了含有非法複製的受保護的布圖設計的集成電路產品后，應當向布圖設計權人支付其原本應該支付的費用，才能繼續將該產品進口、銷售或從事其他商業利用，否則該原則不再適用。中國《集成電路布圖設計保護條例》第三十三條規定，在獲得含有受保護的布圖設計的集成電路或者含有該集成電路的物品時，不知道也沒有合理理由應當知道其中含有非法複製的布圖設計，而將其投入商業利用的，不視為侵權。前款行為人得到其中含有非法複製的布圖設計的明確通知后，可以繼續將現有的存貨或者此前的訂貨投入商業利用，但應當向布圖設計權利人支付合理的報酬。

8.3.3 集成電路布圖設計權的保護

1. 集成電路布圖設計權的保護期限

中國《集成電路布圖設計保護條例》第十二條規定，布圖設計專有權的保護期為10年，自布圖設計登記申請之日或者在世界任何地方首次投入商業利用之日起計算，以較前日期為準。但是，無論是否登記或者投入商業利用，布圖設計自創作完成之日起15年后，不再受本條例保護。

中國《集成電路布圖設計保護條例》第十三條規定，布圖設計專有權屬於自然人的，該自然人死亡后，其專有權在本條例規定的保護期內依照繼承法的規定轉移。布圖設計專有權屬於法人或者其他組織的，法人或者其他組織變更、終止后，其專有權在本條例規定的保護期內由承繼其權利、義務的法人或者其他組織享有；沒有承繼其權利、義務的法人或者其他組織的，該布圖設計進入公有領域。

2. 集成電路布圖設計權的侵權責任

中國《集成電路布圖設計保護條例》規定，未經布圖設計權利人許可，複製受保

護的布圖設計的全部或者其中任何具有獨創性的部分的，或為商業目的進口、銷售或者以其他方式提供受保護的布圖設計、含有該布圖設計的集成電路或者含有該集成電路的物品的，屬於侵犯布圖設計專有權的行為，行為人必須立即停止侵權行為，並承擔賠償責任。

根據侵權類型和損害后果，布圖設計侵權人應當承擔民事責任和行政責任。

民事責任包括停止侵害和賠償損失兩種方式。侵犯布圖設計專有權的賠償數額為侵權人所獲得的利益或者被侵權人所受到的損失，包括被侵權人為制止侵權行為所支付的合理開支。布圖設計權利人或者利害關係人有證據證明他人正在實施或者即將實施侵犯其專有權的行為，如不及時制止將會使其合法權益受到難以彌補的損害的，可以在起訴前依法向人民法院申請採取責令停止有關行為和財產保全的措施。

中國《集成電路布圖設計保護條例》第三十一條對行政責任做出了規定，國務院知識產權行政部門處理因侵權而引起的糾紛時，認定侵權行為成立的，可以責令侵權人立即停止侵權行為，沒收、銷毀侵權產品或者物品。當事人不服的，可以自收到處理通知之日起 15 日內依照《中華人民共和國行政訴訟法》向人民法院起訴；侵權人期滿不起訴又不停止侵權行為的，國務院知識產權行政部門可以請求人民法院強制執行。

9 商業秘密權法律制度

9.1 商業秘密概述

知識經濟時代，商業秘密已經成為人類智力勞動最重要的成果之一，它關乎企業的競爭力，是企業取得競爭優勢的重要手段，對企業的發展至關重要，甚至可以直接影響到企業的生存，加強對商業秘密的法律保護和對商業秘密保護法的理論研究已經成為社會的共識。

9.1.1 商業秘密的概念

國際公約及各國的法律從不同視角對「商業秘密」進行了表述，雖然表面上不一致，但實質是一樣的。世界貿易組織《與貿易有關的知識產權協議》對商業秘密的規定是：「其在某種意義上屬於秘密，即其整體或者要素的確切體現或組合，未被通常涉及該信息有關範圍的人普遍所知或者容易獲得；由於是秘密而具有商業價值；並且，是在特定情勢下合法控製該信息之人的合理保密措施的對象。」

美國法律協會於1939年制定《侵權法重述》中，採取了非窮盡的列舉方式來表述商業秘密：「商業秘密可以包括任何配方、式樣、設置和信息之匯集，並且被用於某人的商業，給他以機會，獲得高於不知或不使用它的競爭者的優勢。它可以是某種化學合成物的配方，一種加工或處理材料的製造方法，一種機器或其他設置的式樣，或者一份客戶名單。」1979年，美國統一州法委員會發布了《統一商業秘密法》，對商業秘密所下的定義是：「商業秘密意指信息，包括配方、式樣、匯編、程序、設置、方法、技術和工藝。」美國法學會在1995年公布的《反不正當競爭法重述》（也稱《不公平競爭法第三次重述》）對商業秘密的表述是：「商業秘密是可用於商業或其他產業活動的信息，而且具有足夠的價值性和秘密性，產生實際的或潛在的高於其他人的經濟優勢。」其中關於「保護客體」認為，商業秘密可以包括配方、式樣、數據匯編、計算機程序、設置、方法、技術、工藝或其他形式或載體的有經濟價值的信息，一項商業秘密可以與技術主題有關，也可以與商業活動的其他方面有關。美國《1996年經濟間諜法》將商業秘密廣泛地界定為下列信息：①所有人採取了「合理的措施」保護其秘密性；②因「不為普遍知悉」以及公眾不易「通過正當手段獲取」，而具有「獨立的經濟價值」。商業秘密包括符合這兩項要件的任何金融的、商業的、科學的、技術的、經濟的或者工程的信息。加拿大《統一商業秘密法》第一條規定：「商業秘密意指特定信息，該信息：①已經或將要用於行業和業務之中；②在該行業或業務中尚未公知；

③因為尚未公知，因而具有經濟價值，並且是在特定情勢下為防止其被公知已盡合理保密努力的對象。」日本《不正當競爭防止法》第二條規定：「本法所稱的商業秘密是指作為秘密進行管理，尚未眾所周知的生產方法、銷售方法及其他經營活動中實用的技術上和經營上的情報。」

1991年4月9日頒布的《中華人民共和國民事訴訟法》規定，涉及商業秘密的證據，需要在法庭出示的，不得在公開開庭時出示；涉及商業秘密的案件，當事人申請不公開審理的，可以不公開審理。在這裡，首次使用了「商業秘密」這一法律術語，1993年9月2日通過的《反不正當競爭法》第十條第三款明確了商業秘密的概念，即「商業秘密，是指不為公眾所知悉、能為權利人帶來經濟利益、具有實用性並經權利人採取保密措施的技術信息和經營信息」。國家工商行政管理局於1995年公布、1998年修訂的《關於禁止侵犯商業秘密行為的若干規定》對商業秘密概念中的相關術語進行瞭解釋，即「不為公眾所知悉」，是指該信息是不能從公開渠道直接獲取的；「能為權利人帶來經濟利益、具有實用性」，是指該信息具有確定的可應用性，能為權利人帶來現實的或者潛在的經濟利益或者競爭優勢；「權利人採取保密措施」，包括訂立保密協議，建立保密制度及採取其他合理的保密措施；「技術信息和經營信息」，包括設計、程序、產品配方、製作工藝、製作方法、管理訣竅、客戶名單、貨源情報、產銷策略、招投標中的標底及標書內容等信息；「權利人」，是指依法對商業秘密享有所有權或者使用權的公民、法人或者其他組織。2015年2月4日通過的《最高人民法院關於適用〈中華人民共和國民事訴訟法〉的解釋》對「商業秘密」進行瞭解釋：「民事訴訟法第六十八條、第一百三十四條、第一百五十六條規定的商業秘密，是指生產工藝、配方、貿易聯繫、購銷渠道等當事人不願公開的技術秘密、商業情報及信息。」

9.1.2 商業秘密的範圍

商業秘密的涵蓋範圍相當廣闊，任何與生產活動、經營活動有關的商業信息，都可能構成商業秘密。有學者主張用否定式的定義方式，即除了與國計民生有重要關係的國家秘密和涉及個人生活及隱私的私人秘密之外，其他所有秘密都屬於商業秘密的保護範圍。還有學者認為，除了當事人願意以申請專利形式公開換取專利保護的信息，和以作品形式公開換取著作權保護的信息之外，任何其他信息都可以商業秘密形式加以保護。

按照中國《反不正當競爭法》和國家工商行政管理總局的《關於禁止侵犯商業秘密行為的若干規定》的有關規定，商業秘密包括技術信息和經營信息兩個方面。

技術信息是指在生產經營過程中所總結或發現的某種技術性成果，如圖紙、計算機軟件、質量控製、應用試驗、製作工藝、技術樣品、工業配方、化學配方、技術設計等。技術信息類的商業秘密，有時也被稱作技術秘密、非專利技術、專有技術，在國際貿易領域被稱作 Know-How。

經營信息是指具有競爭優勢的用於經營的信息。如客戶名單、原材料供應商名單、價格表、成本核算表、折扣或回扣計算表、各種明細表、特殊的簿記方法、會計方法、市場銷售方面的調查材料和技術竅門，甚至包括辦公室的管理辦法，等等。總之，能

夠帶來競爭優勢的任何具體商業信息，都可構成商業秘密。

9.1.3 商業秘密的構成要件

從商業秘密的範圍看，商業秘密包括技術信息和經營信息，但市場競爭中涉及的技術信息和經營信息形形色色，所有這些信息是否都可以得到法律保護，並不盡然。這就要求這些信息需具備一定的條件，也就是說，要符合法律規定的商業秘密構成要件。從國際公約及各國立法來看，商業秘密的構成要件一般包括以下幾個方面：

1. 秘密性

秘密性是商業秘密最基本的、核心的構成要件。從有關條文的表述中可以看出，商業秘密的秘密性體現在作為商業秘密的信息沒有被公眾瞭解或不能從公開渠道直接獲得。如果能夠從公共渠道自由獲得，或者可以為任何人自由使用，那麼，這樣的信息就不屬於商業秘密範疇。《與貿易有關的知識產權協議》規定中指出，未披露的信息，在一定意義上「屬於秘密」，即該信息「並非通常從事有關該信息工作之領域的人們所普遍瞭解或容易獲得的」；《反不正當競爭示範條款》規定「秘密信息」應「不為那些通常涉及此類信息的同業者所共知或易於獲得」；中國《反不正當競爭法》規定商業秘密應符合「不為公眾所知悉」這一要件，即該信息是不能從公開渠道直接獲取的。秘密性是商業秘密與專利技術、公知技術相區別的最顯著特徵，也是商業秘密維繫其經濟價值和法律保護的前提條件。

同時，要注意到，商業秘密的秘密性是相對的，並不是除了權利人之外絕對沒有其他人知曉，只要不為眾所周知即可。常見知悉商業秘密的特定人群一般包括：①負責實施權利人商業秘密的雇員或員工，包括過去和現在與權利人產生過雇傭關係或勞動關係的人；②合同約定下負有保密義務的人，如技術合同的受讓方；③法律規定或者行為的性質決定了其負有保密義務的人，如參加學術研討會、成果鑒定會、法庭庭審等活動而知悉商業秘密的人。另一方面，「公眾」在地域範圍上具有相對性。不同地區經濟發展、科學技術的發展很不平衡，有的技術在經濟發達地區已成為公知技術在應用，而在偏遠地區和經濟落後地區可能還不為人知，屬於先進技術。和國外相比，中國與世界先進國家在科技方面存在著差距。某些在國外廣為應用的技術，被中國企業當作先進技術引進之後，具有秘密性。由此可見，秘密性的地域範圍有一確定的空間標準，隨著個案中涉及的有利益衝突的主體的性質的不同而不同。例如當所涉及的是兩個跨國公司的競爭關係時則應考慮世界範圍內的相關公眾，如果涉及的是一個國家的兩大企業之間的競爭關係，則應考慮這個國家的公眾。

2. 價值性

商業秘密的價值性是指該項技術信息或經營信息能夠為權利人帶來現實的或者潛在的經濟利益或競爭優勢，具有確定的應用性。具有實用性且能夠為權利人帶來經濟利益，這是實現商業秘密價值性的必然要求。如《與貿易有關的知識產權協議》中提出的「未披露的信息」必須符合的條件之一即「因其屬於秘密而具有商業價值」。《反不正當競爭示範條款》對「秘密信息」做出了同樣的規定。美國《侵權法重述》在為商業秘密所下定義中的「獲得高於不知或不使用它的競爭者的優勢」，即指商業秘密的

價值性。《統一商業秘密法》則將這種商業價值明確為「經濟價值」，即「由於不為他人廣泛所知，他人用正當手段不能輕易獲得，因而具有實際的或潛在的獨立經濟價值，並且他人因其披露或使用也能獲得經濟價值。」中國《反不正當競爭法》規定商業秘密的構成應當包括「能為權利人帶來經濟利益」這一要件，根據《關於禁止侵犯商業秘密行為的若干規定》，「能為權利人帶來經濟利益」是指該信息「能為權利人帶來現實的或者潛在的經濟利益或者競爭優勢」。

商業秘密的價值性從一定程度上說明了對商業秘密給予法律保護的內在原因。維持商業秘密的秘密狀態，追求經濟利益，是權利人取得商業秘密並努力維護所享有商業秘密權的內在動力，這樣，可以獲得並維持高於競爭對手的競爭優勢；同樣，從維持良好的市場競爭秩序來看，勢必促使國際條約及各國立法保護商業秘密，維護權利人的經濟利益和市場有序競爭。商業秘密的價值性既包括現實的經濟利益或競爭優勢，也應包括潛在的價值。同時，商業秘密的價值性需要通過其實用性體現出來，即一項商業秘密必須能夠在生產經營中實際應用，其價值性才能得以體現。如中國《反不正當競爭法》規定，商業秘密應當具有實用性，即作為商業秘密的信息必須具有確定的可用性。實用性條件要求技術信息、經營信息具有確定性，對於確定性的理解，它應該是個相對獨立完整的、具體的、可操作性的方案或階段性技術成果。零星的、散逸的知識、經驗或者處於純理論階段的原理、概念或範疇，不具有實用價值，因而不構成商業秘密。另外，商業秘密必須有一定的表現形式，如一個化學配方、一項工藝流程說明書和圖紙、製造產品的技術方案、管理檔案等等。但實用性要求並非要求某項商業秘密已在實際中應用，而只要求其滿足應用的現實可能性即可。

3. 保密性

商業秘密的保密性，又稱作秘密管理性或採取保密措施，是指權利人為保持商業秘密的秘密性採取合理的保密措施。具體來講，權利人主觀上要有對相關商業信息進行保護的意識，客觀上又採取了具體的保密措施，使信息處於獨占狀態，這樣的商業秘密信息才能獲得法律認可。《與貿易有關的知識產權協議》及《反不正當競爭示範條款》對商業秘密要件的規定中均提出了保密措施的要求。中國《反不正當競爭法》也規定，商業秘密必須經權利人採取保密措施，包括訂立保密協議，建立保密制度及採取其他合理的保密措施。《最高人民法院關於審理不正當競爭民事案件應用法律若干問題的解釋》第十一條第一款規定，權利人為防止信息洩露所採取的與其商業價值等具體情況相適應的合理保護措施，應當認定為反不正當競爭法第十條第三款規定的「保密措施」。第二款規定，人民法院應當根據所涉信息載體的特性、權利人保密的意願、保密措施的可識別程度、他人通過正當方式獲得的難易程度等因素，認定權利人是否採取了保密措施。第三款規定，具有下列情形之一，在正常情況下足以防止涉密信息洩漏的，應當認定權利人採取了保密措施：①限定涉密信息的知悉範圍，只對必須知悉的相關人員告知其內容；②對於涉密信息載體採取加鎖等防範措施；③在涉密信息的載體上標有保密標誌；④對於涉密信息採用密碼或者代碼等；⑤簽訂保密協議；⑥對於涉密的機器、廠房、車間等場所限制來訪者或者提出保密要求；⑦確保信息秘密的其他合理措施。這些規定強調了保密措施與「被保密」信息之間的「適應性」，

或者說是「合理性」，並說明了考慮保密措施合理性的有關因素。實踐中，中國的行政執法機關和司法機關判定保密措施所採取的都是合理性標準，從各國的立法和實踐來看，權利人只要採取了合理的保密措施即認為是合適的，要求萬無一失的保密措施不切合實際，權利人也難以做到。

9.2　商業秘密保護的法律規定

市場經濟中，商業秘密是參與市場競爭的秘密武器，是在同行業中取得優勢的一大法寶。隨著世界經濟一體化發展，商業秘密的地位和作用將會顯得愈來愈重要。市場競爭在一定意義上說，是商業秘密的爭奪戰。誰能及時掌握各種商業秘密，並能通過對其分析形成正確的決策和競爭策略，誰就能在市場競爭中處於有利地位，獲取更大的利益。在市場經濟運行過程中，正當競爭與不正當競爭始終並存。商業秘密被洩露或被他人盜用，就會給權利人造成無法估量的損失。因此，在法律上給予商業秘密充分有效的保護，維持市場經濟秩序，是每一個商業秘密權利人都十分關心的問題。可是，在絕大多數國家中，商業秘密的實體法保護顯得相對較弱。從各國的司法實踐看，部分國家與地區制定了專門的商業秘密保護法之外，多數國家尚未制定保護商業秘密的專門性法律，對商業秘密的保護還處於不斷完善的進程中。

目前，中國主要通過反不正當競爭法、合同法、勞動法及刑法中的有關規定對商業秘密實施保護，並以民事保護為主，刑事只是作為一種補充性保護手段。

9.2.1　商業秘密的反不正當競爭法保護

《反不正當競爭法》第十條規定，經營者不得採用下列手段侵犯商業秘密：①以盜竊、利誘、脅迫或者其他不正當手段獲取權利人的商業秘密；②披露、使用或者允許他人使用以前項手段獲取的權利人的商業秘密；③違反約定或者違反權利人有關保守商業秘密的要求，披露、使用或者允許他人使用其所掌握的商業秘密。第三人明知或者應知前款所列違法行為，獲取、使用或者披露他人的商業秘密，視為侵犯商業秘密。《最高人民法院關於審理不正當競爭民事案件應用法律若干問題的解釋》第九條規定，有關信息不為其所屬領域的相關人員普遍知悉和容易獲得，應當認定為《反不正當競爭法》第十條第三款規定的「不為公眾所知悉」。具有下列情形之一的，可以認定有關信息不構成不為公眾所知悉：①該信息為其所屬技術或者經濟領域的人的一般常識或者行業慣例；②該信息僅涉及產品的尺寸、結構、材料、部件的簡單組合等內容，進入市場后相關公眾通過觀察產品即可直接獲得；③該信息已經在公開出版物或者其他媒體上公開披露；④該信息已通過公開的報告會、展覽等方式公開；⑤該信息從其他公開渠道可以獲得；⑥該信息無需付出一定的代價而容易獲得。

9.2.2　商業秘密的合同法以及勞動法保護

合同在現代社會具有重要的意義，能給權利人帶來財富的商業秘密同樣需要以合

同的形式加以保護。合同是商業秘密權利人加強管理，發揮商業秘密競爭優勢，實現其經濟效益的重要手段。通過簽訂合同，在合同中加入保護商業秘密的條款，用於約束合同當事人，從而起到保護商業秘密的作用。合同法主要是通過規定合同當事人的保守商業秘密義務來保障商業秘密權利人的合法權益。《合同法》第四十三條規定，當事人在訂立合同過程中知悉的商業秘密，無論合同是否成立，不得洩露或者不正當地使用。洩露或者不正當地使用該商業秘密給對方造成損失的，應當承擔損害賠償責任。《中華人民共和國勞動法》（簡稱《勞動法》）第二十二條規定，勞動合同當事人可以在勞動合同中約定保守用人單位商業秘密的有關事項。《中華人民共和國勞動合同法》（簡稱《勞動合同法》）第二十三條規定，用人單位與勞動者可以在勞動合同中約定保守用人單位的商業秘密和與知識產權相關的保密事項。對負有保密義務的勞動者，用人單位可以在勞動合同或者保密協議中與勞動者約定競業限制條款，並約定在解除或者終止勞動合同後，在競業限制期限內按月給予勞動者經濟補償。勞動者違反競業限制約定的，應當按照約定向用人單位支付違約金。《勞動合同法》第二十四條規定，競業限制的人員限於用人單位的高級管理人員、高級技術人員和其他負有保密義務的人員。競業限制的範圍、地域、期限由用人單位與勞動者約定，競業限制的約定不得違反法律、法規的規定。在解除或者終止勞動合同後，前款規定的人員到與本單位生產或者經營同類產品、從事同類業務的有競爭關係的其他用人單位，或者自己開業生產或者經營同類產品、從事同類業務的競業限制期限，不得超過二年。

9.2.3 商業秘密的刑法保護

《刑法》第二百一十九條規定，有下列侵犯商業秘密行為之一，給商業秘密的權利人造成重大損失的，處三年以下有期徒刑或者拘役，並處或者單處罰金；造成特別嚴重後果的，處三年以上七年以下有期徒刑，並處罰金：①以盜竊、利誘、脅迫或者其他不正當手段獲取權利人的商業秘密的；②披露、使用或者允許他人使用以前項手段獲取的權利人的商業秘密的；③違反約定或者違反權利人有關保守商業秘密的要求，披露、使用或者允許他人使用其所掌握的商業秘密的。明知或者應知前款所列行為，獲取、使用或者披露他人的商業秘密的，以侵犯商業秘密論。本條所稱商業秘密，是指不為公眾所知悉，能為權利人帶來經濟利益，具有實用性並經權利人採取保密措施的技術信息和經營信息。本條所稱權利人，是指商業秘密的所有人和經商業秘密所有人許可的商業秘密使用人。《刑法》第二百二十條規定，單位犯本節第二百一十三條至第二百一十九條規定之罪的，對單位判處罰金，並對其直接負責的主管人員和其他直接責任人員，依照本節各該條的規定處罰。

《關於辦理侵犯知識產權刑事案件具體應用法律若干問題的解釋》第七條規定，實施《刑法》第二百一十九條規定的行為之一，給商業秘密的權利人造成損失數額在五十萬元以上的，屬於「給商業秘密的權利人造成重大損失」，應當以侵犯商業秘密罪判處三年以下有期徒刑或者拘役，並處或者單處罰金。給商業秘密的權利人造成損失數額在二百五十萬元以上的，屬於《刑法》第二百一十九條規定的「造成特別嚴重後果」，應當以侵犯商業秘密罪判處三年以上七年以下有期徒刑，並處罰金。第十五條規

定，單位實施《刑法》第二百一十三條至第二百一十九條規定的行為，按照本解釋規定的相應個人犯罪的定罪量刑標準的三倍定罪量刑。

9.2.4 商業秘密的其他法律的保護

《中華人民共和國促進科技成果轉化法》第十一條規定，國家建立、完善科技報告制度和科技成果信息系統，向社會公布科技項目實施情況以及科技成果和相關知識產權信息，提供科技成果信息查詢、篩選等公益服務。公布有關信息不得洩露國家秘密和商業秘密。對不予公布的信息，有關部門應當及時告知相關科技項目承擔者。第三十條規定，科技仲介服務機構提供服務，應當遵循公正、客觀的原則，不得提供虛假的信息和證明，對其在服務過程中知悉的國家秘密和當事人的商業秘密負有保密義務。第四十一條規定，科技成果完成單位與其他單位合作進行科技成果轉化的，合作各方應當就保守技術秘密達成協議；當事人不得違反協議或者違反權利人有關保守技術秘密的要求，披露、允許他人使用該技術。第四十二條規定，企業、事業單位應當建立健全技術秘密保護制度，保護本單位的技術秘密。職工應當遵守本單位的技術秘密保護制度。企業、事業單位可以與參加科技成果轉化的有關人員簽訂在職期間或者離職、離休、退休后一定期限內保守本單位技術秘密的協議；有關人員不得違反協議約定，洩露本單位的技術秘密和從事與原單位相同的科技成果轉化活動。

9.3 侵犯商業秘密權的行為及法律救濟

9.3.1 商業秘密權的性質

在英美法系國家，特別是美國，將商業秘密視為權利人的私有財產，認為商業秘密權是財產權。大陸法系國家對於商業秘密的保護一般依據的是合同法或侵權行為法，不認為商業秘密是財產權。但在日本，對商業秘密的保護，給予了商業秘密的權利人以排除妨害的請求權。這種類似物權的保護方法的出現，意味著日本承認商業秘密包含有財產利益。其實，20世紀60年代，國際商會已經率先將商業秘密視為知識產權。其后，在一些正式文件中也出現了認同商業秘密具有知識產權屬性的趨向。如1992年中美知識產權諒解備忘錄就是將商業秘密歸入知識產權範圍的。在《與貿易有關的知識產權協定》中，商業秘密被明確作為一種財產權利，作為知識產權的客體加以規定。中國長期以來深受大陸法的影響，對商業秘密的保護一般是作為契約關係、競爭手段加以規定的。作為一種社會關係，商業秘密可以被不同的法律從不同的角度加以規範和保護，商業秘密也可以作為一種財產權納入知識產權保護體系。

商業秘密權具有知識產權的本質特徵，又不同於知識產權而具有自己的特徵：①商業秘密權的權利主體不是單一的，同樣的商業秘密可以為不同主體所控製，並且二者都採取了保密措施，這樣，多個權利主體可以對同一個商業秘密進行佔有、使用、處分和收益。只要相互獨立的主體之間通過其獨立研發、創造或其他的合法手段，取

得相同或類似的技術，只要不向外界公布，均可以成為商業秘密權的權利人。②作為商業秘密權客體的技術信息和經營信息自身具有個性特徵。技術信息具有創造性，並且不同的技術信息的水平不同，而經營信息無明顯的創造性，具有秘密性特點，因而，在確定一項信息是否屬於商業秘密時，必須從其商業秘密構成要件去看。③商業秘密的保護期是不確定的，如果能永久保密，則享有無限的保護期，如果在短時期內就泄了密，那麼保護期也隨之結束，這不同於知識產權中各種權利都是有保護期限的特點。④權利的產生方式不需審批。商業秘密的取得屬於原始取得，基於權利人自身的智力勞動成果，智力勞動成果一經產生即已獲得，無須經他人約束。商業秘密不需申請，更無須授權。權利人只要對其尚未公開的技術採取了保密措施，商業秘密便隨即產生。

9.3.2 侵犯商業秘密權的行為

綜合《反不正當競爭法》第十條以及國家工商行政管理局《關於禁止侵犯商業秘密行為的若干規定》第三條歸納侵犯商業秘密權包括以下幾種形式：①以盜竊、利誘、脅迫或者其他不正當手段獲取權利人的商業秘密；②披露、使用或者允許他人使用以前項手段獲取的權利人的商業秘密；③與權利人有業務關係的單位和個人違反合同約定或者違反權利人保守商業秘密的要求，披露、使用或者允許他人使用其所掌握的權利人的商業秘密；④權利人的職工違反合同約定或者違反權利人保守商業秘密的要求，披露、使用或者允許他人使用其所掌握的權利人的商業秘密；⑤第三人明知或者應知前款所列違法行為，獲取、使用或者披露他人的商業秘密，視為侵犯商業秘密。

從定義上看，商業秘密是指不為公眾所知悉，能為權利人帶來經濟利益，具有實用性並經權利人採取保密措施的技術信息和經營信息。它既包括那些憑技能或經驗產生的，在實際中尤其是工業中適用的技術信息（如化學配方、工藝流程、技術秘訣、設計圖紙等），也包括那些具有秘密性質的經營管理方法及與經營管理方法密切相關的經營信息（如管理方法、產銷策略、客戶名單、貨源情報等）。但並不是所有的技術信息和經營信息都是商業秘密。認定是否構成侵權，必須首先依法確認商業秘密確實存在，只有符合基本構成要件的技術信息和經營信息，才是商業秘密，即：這些信息必須是不為公眾所知悉的；這些信息必須具有實用性，能夠為權利人帶來實際的或潛在的經濟利益和競爭優勢；權利人必須為這些信息採取了適當的保密措施。上述三個條件，可以說是構成商業秘密的三個要件，缺一不可。

侵權行為主體可以是經營者，也可以是其他人。反不正當競爭法規範的各種不正當競爭行為的實施者，絕大多數要求其具有經營者的身分，而侵犯商業秘密的人則不受該限制。客觀上，行為主體實施了侵犯他人商業秘密的行為，實施的方式有盜竊、利誘、脅迫或不當披露、使用等。其中，盜竊商業秘密既包括內部知情人員盜竊權利人的商業秘密，也包括外部人員盜竊權利人的商業秘密。以利誘手段獲取權利人的商業秘密，是指行為人通過向掌握或瞭解商業秘密的有關人員直接提供財物或提供更優厚的工作條件或對此做出某些承諾，而從其處獲取權利人的商業秘密。以脅迫手段獲取權利人的商業秘密，是指行為人通過威脅、強迫掌握或瞭解權利人的商業秘密的有關人員，而從其處獲取權利人的商業秘密。以非法手段獲取、披露或者使用他人商業

秘密的行為已經或可能給權利人帶來損害后果，也是侵權行為要點之一。以其他不正當手段獲取權利人的商業秘密，是指行為人除了採取上述手段外，採用其他不正當手段獲取權利人的商業秘密。例如，通過虛假陳述而從權利人處騙取商業秘密，通過所謂「洽談業務」「合作開發」「學習取經」等活動套取權利人的商業秘密等。所有這些行為，都是以不正當手段獲取權利人商業秘密的不正當競爭行為。

根據有關法律規定，不構成對商業秘密的侵犯行為有：①使用或許可他人使用自己獨立開發所獲得的商業秘密。這是因為侵犯商業秘密的行為所涉及的商業秘密均源於不合法的渠道。②善意第三人的使用。比如，第三人不知道他所使用的信息是他人商業秘密的，就不是侵犯商業秘密的行為。③通過信息所有人自己洩密或者通過反向工程獲得有關信息。我們知道，信息要成為商業秘密的條件之一是採取了合理的保密措施。倘若因所有人自己的疏忽而導致信息的洩露，則該信息不復為商業秘密，即進入公有領域而可以為公眾自由使用。所謂反向工程，根據《最高人民法院關於審理不正當競爭民事案件應用法律若干問題的解釋》第十二條的規定，是指通過技術手段對公開渠道取得的產品進行拆卸、測繪、分析等而獲得該產品的有關技術信息。由此獲得的商業秘密不構成對權利人商業秘密的侵犯。但需要注意的是，如果當事人以不正當手段知悉了他人的商業秘密之后，又以反向工程為由主張獲取行為合法的，法院是不會支持的。

9.3.3 商業秘密權的法律救濟

1. 民事救濟

中國現行立法主要通過責令侵犯商業秘密的行為人承擔違約責任或侵權責任以實現對商業秘密權的民事法律救濟。《反不正當競爭法》第十條列舉了侵犯商業秘密行為，其中包括違反約定披露、使用或者允許他人使用其所掌握的商業秘密行為。同時，根據該法第二十條的規定，行為人違反保守商業秘密的約定給商業秘密權利人造成損害的，應當承擔損害賠償責任。《關於禁止侵犯商業秘密行為的若干規定》進一步明確了與權利人有業務關係的單位和個人以及權利人的職工違反合同約定，披露、使用或者允許他人使用其所掌握的權利人的商業秘密，給商業秘密權利人造成損害時，權利人可以直接向人民法院起訴，請求損害賠償。《勞動合同法》第二十三條規定，負有保密義務的勞動者，用人單位可以在勞動合同或者保密協議中與勞動者約定競業限制條款，並約定在解除或者終止勞動合同后，在競業限制期限內按月給予勞動者經濟補償。勞動者違反競業限制約定的，應當按照約定向用人單位支付違約金。

通過責令違約方承擔損害賠償等違約責任，對於與對方簽訂保守商業秘密約定的權利人來說不失為一種有效的民事救濟形式，原告（即商業秘密權利人）在訴訟過程中承擔較輕的舉證責任，一般情況下只需舉證證明對方違約即可。但違約責任的責任形式有限，且這種救濟形式須以雙方當事人之間有保守商業秘密的約定作為前提，不能及於合同之外的第三人。

《民法通則》第六章第三節「侵權的民事責任」中規定了侵犯知識產權的民事責任。《民法通則》第一百一十八條規定，公民、法人的著作權（版權）、專利權、商標

專用權、發現權、發明權和其他科技成果權受到剽竊、篡改、假冒等侵害的,有權要求停止侵害,消除影響,賠償損失。商業秘密是權利人的智力勞動成果,屬於商業秘密權這一知識產權的權利客體,因此應當認為商業秘密可歸屬於「其他科技成果」的範疇,對於侵犯商業秘密的侵權行為,可以根據《民法通則》的上述規定,追究侵權人的民事責任。同時,根據《反不正當競爭法》第二十條的規定,行為人侵犯商業秘密權利人的商業秘密,給其造成損害的,應當承擔損害賠償責任。這裡的「行為人」,不僅包括與商業秘密權利人有業務關係並簽訂有關保守商業秘密合同的單位、個人以及權利人的職工等合同一方當事人,還包括與權利人不存在合同關係的第三人,而從責任承擔方式來看,「損害賠償」既屬於違約責任形式,也屬於侵權責任形式。《關於禁止侵犯商業秘密行為的若干規定》進一步明確了侵犯商業秘密行為的「侵權行為」性質,規定權利人在遭受損害後,可以直接向人民法院起訴,請求損害賠償。因而,對於侵犯商業秘密的行為,也可根據《反不正當競爭法》以及《關於禁止侵犯商業秘密行為的若干規定》的相關規定追究行為人的侵權責任。

與違約責任不同的是,商業秘密侵權責任的責任主體不限於與商業秘密權利人簽訂合同的當事人,還可以及於合同之外侵犯權利人商業秘密的第三人,較之違約責任,其保護範圍更廣,責任形式更為多樣化。但在訴訟過程中,受害人(即商業秘密權利人)需要舉證證明行為人實施了侵犯商業秘密的違法行為,由於該違法行為使自己遭受了損害(即損害事實和因果關係兩個要件),還須證明行為人主觀上有過錯,其舉證責任的負擔重於違約之訴。

違約責任與侵權責任同屬於民事責任,兩者從不同角度對商業秘密權利人因商業秘密被侵犯而遭受的損失提供了法律救濟。如果行為人與商業秘密權利人事先簽訂了有關保守商業秘密的合同,行為人違反該約定披露、使用或者允許他人使用其所掌握的商業秘密時,行為人的行為可能同時構成了侵犯商業秘密的侵權行為,即構成侵權責任與違約責任的競合。《合同法》第一百二十條規定,因當事人一方的違約行為,侵害對方人身、財產權益的,受損害方有權依《合同法》要求其承擔違約責任或者依其他法律要求其承擔侵權責任。根據該規定,當行為人同一侵犯商業秘密的行為既符合違約責任構成要件又符合侵權責任構成要件時,應當允許商業秘密權利人選擇提起違約之訴或侵權之訴。在選擇請求權時,商業秘密權利人應考慮到提起兩種訴訟的訴訟管轄、賠償範圍、舉證責任、責任構成要件和免責條件等方面的區別,從有利於自己利益的角度進行選擇。

2. 行政救濟

《反不正當競爭法》第二十五條規定,對於違反該法第十條規定侵犯商業秘密的,監督檢查部門應當責令停止違法行為,可以根據情節處以一萬元以上二十萬元以下的罰款。根據《關於禁止侵犯商業秘密行為的若干規定》第四條的規定,監督檢查部門為縣級以上工商行政管理機關。應權利人的申請,工商行政管理機關可以根據申請人提供的有關證據,對被申請人是否有侵權行為做出認定。同時根據該規定,工商行政管理機關在依照《反不正當競爭法》第二十五條的規定予以處罰時,對侵權物品可以作如下處理:①責令並監督侵權人將載有商業秘密的圖紙、軟件及其他有關資料返還

權利人。②監督侵權人銷毀使用權利人商業秘密生產的、流入市場將會造成商業秘密公開的產品。但權利人同意收購、銷售等其他處理方式的除外。《關於禁止侵犯商業秘密行為的若干規定》第八條指出，對侵權人拒不執行處罰決定，繼續實施侵犯商業秘密行為的，視為新的違法行為，應從重予以處罰。

此外，根據《關於禁止侵犯商業秘密行為的若干規定》，對被申請人違法披露、使用、允許他人使用商業秘密將給權利人造成不可挽回的損失的，應權利人的請求，工商行政管理機關可以責令被申請人停止銷售使用權利人商業秘密生產的產品，前提是權利人必須出具自願對強制措施後果承擔責任的書面保證。

3. 刑事救濟

中國《反不正當競爭法》第四章「法律責任」中並未規定侵犯商業秘密的侵權人的刑事責任。《刑法》分則第三章「破壞社會主義市場經濟秩序罪」第七節專節規定了「侵犯知識產權罪」，其中第二百一十九條第一款規定，有下列侵犯商業秘密行為之一，給商業秘密的權利人造成重大損失的，處三年以下有期徒刑或者拘役，並處或者單處罰金；造成特別嚴重後果的，處三年以上七年以下有期徒刑，並處罰金：①以盜竊、利誘、脅迫或者其他不正當手段獲取權利人的商業秘密的；②披露、使用或者允許他人使用以前項手段獲取的權利人的商業秘密的；③違反約定或者違反權利人有關保守商業秘密的要求，披露、使用或者允許他人使用其所掌握的商業秘密的。第二款規定，明知或者應知前款所列行為，獲取、使用或者披露他人的商業秘密的，以侵犯商業秘密論。第三款、第四款分別規定了商業秘密的定義及權利人的範圍，即本條所稱商業秘密，是指不為公眾所知悉，能為權利人帶來經濟利益，具有實用性並經權利人採取保密措施的技術信息和經營信息。本條所稱權利人，是指商業秘密的所有人和經商業秘密所有人許可的商業秘密使用人。由於侵犯商業秘密罪的犯罪主體既可能是自然人，也可能是單位，因而上述規定只適用於自然人犯罪的情況。單位犯侵犯商業秘密的，依照《刑法》第二百二十條的規定，對單位判處罰金，並對其直接負責的主管人員和其他直接責任人員，依照自然人犯罪的規定處罰。

10　市場秩序規範與反不正當競爭法

10.1　市場秩序規範

10.1.1　市場經濟與秩序

建立規範的市場經濟秩序,是保證經濟正常運行的客觀需要。中國處於不斷完善的社會主義市場經濟體制和深度改革的重要時期,建立良好的市場經濟秩序,對於經濟建設和精神文明建設,鞏固中國改革開放成果,促進市場的健康發育,維護市場有序競爭,實現國家對經濟發展的宏觀調控和對企業實行微觀調控都具有十分重要的意義。

在一定的經濟環境下,經濟主體按照一定的經濟規則從事經濟活動,所呈現的經濟運行狀態,就是經濟秩序。一般認為,經濟秩序由經濟環境、經濟主體、經濟規則、經濟客體和經濟目標五要素構成。所謂市場經濟秩序是指在市場經濟環境下,有明確產權的經濟主體按照市場經濟規則從事經濟活動所呈現的經濟運行狀態,它包括市場經濟環境、市場經濟主體、市場經濟客體、市場經濟規則和市場經濟目標等要素。這裡,對「規制」的理解,從經濟學視角來看表現為交易規制,從法學視角來看就是市場主體必須遵循的行為規則,主要是市場競爭規則。市場競爭規則,是指國家依法確立的維護各市場主體之間的平等交換、公平競爭的規則,為相互競爭的各市場主體提供公平交易、機會均等、公平競爭的市場環境。

競爭是市場經濟的靈魂和源泉,追逐利潤是任何經營者的行為目標,為了獲取更高利潤,在合法的競爭範圍裡不能滿足其要求時,一些不誠實、不守法的經營者總會不惜踐踏法律,運用種種不正當競爭方法,排擠競爭對手、搶佔市場、爭奪交易機會,進行不正當的競爭。這是市場競爭關係必然存在的現象。市場競爭規則約束和規範市場經營主體競爭的行為,反映了市場競爭秩序的內在要求,對市場競爭秩序的形成起著至關重要的作用。

1. 市場經濟是法治經濟

中國自提出建立社會主義市場經濟體制以來,不斷建立和完善社會主義市場經濟體制,制定了一系列規範市場經濟行為、調整市場經濟關係的法律法規,使整個經濟運行逐漸步入制度化、規範化、法治化軌道,「市場經濟是法治經濟」的理念日益深入人心。市場經濟的自由性特點,要求實現市場交易有效有序進行的一個前提條件就是法治。法治是建立現代市場經濟的重要基石,完備的法律制度和法治建設是市場良好

運作的保障。社會主義市場經濟的發展離開法治，市場就會混亂，經濟就不可能持續健康穩定地發展，這是中國改革開放30多年來的重要經驗啟示。

從歷史發展過程來看，市場經濟與法治不是同步出現的。例如英國等西歐國家，由於歷史條件，其法治發展遠遠早於市場經濟制度的確立，並因此促進了市場經濟的形成。新加坡等國家及中國香港地區，通過首先引入先進的法治觀念和制度，為市場經濟體制的移植開闢了道路。蘇聯及東歐轉軌國家，採用了休克療法，全盤私有化並引入市場經濟制度，由於法治體系的缺乏，轉型過程困難重重，目前仍然在恢復和制度建設之中。拉美國家和其他一些欠發達國家也都比較普遍存在類似情況。儘管世界上採用市場經濟體制的國家很多，但失敗者也甚多，其失敗原因大都是制度不匹配，尤其是缺乏法治權威。從歷史發展中可以看出，法治先行往往是一條普遍的成功經驗，進而得出結論是，市場經濟必須是法治的市場經濟。世界上沒有任何一個國家可以在法治長期缺乏的情況下，實現經濟的可持續發展。

市場經濟的有效有序運行，法治是基本條件。市場主體地位的確立離不開法治。市場經濟要求明確產權、充分尊重和平等保護各類市場主體的財產權，沒有法治保障，產權就是不安全的，市場主體就不可能自主經營、自負盈虧，就不可能形成高效有序的市場競爭環境，就難以實現經濟健康發展。市場經濟公平競爭規則離不開法治。市場競爭是市場經濟的基本特徵。馬克思說「社會分工則使獨立的商品生產者互相獨立，他們不承認任何別的權威，只承認競爭的權威，只承認他們互相利益的壓力加在他們身上的強制」。在市場經濟條件下，企業從各自的利益出發，為取得較好的產銷條件、獲得更多的市場資源而競爭。通過競爭，實現企業的優勝劣汰，進而實現生產要素的優化配置，這是市場經濟的特點，也是其優越性之所在。但是，市場主體為了追求和實現自身的經濟利益，在競爭中會存在採取一些不規範的市場行為，如詐欺、違約、虛假廣告等，這不僅妨礙了市場競爭的正常運行，也會使市場活動陷入混亂無序的狀態。只有實行法治，才能形成公平競爭的規則和秩序，才能維護市場交換中的合同和信用關係，才能防止不正當市場行為，保障市場經濟活動正常進行。市場失靈的狀況需要政府進行適當的干預和糾偏，市場經濟進行宏觀調控離不開法治手段。市場活動需要遵循法治規範，比如實事求是、法治精神、市場規律以及符合社會公共利益和最廣大人民的長遠和根本利益，只有把宏觀調控納入法治軌道，才能提高宏觀調控的科學性和有效性，從而保證市場經濟正常運行和健康發展。

2. 市場經濟秩序的意義

市場經濟是法治經濟。市場秩序混亂，不僅嚴重影響市場經濟的健康運行，給國家和人民利益造成重大損失，而且敗壞國家信譽和形象。市場經濟秩序混亂的一個重要原因是法制不健全。任何經濟活動都需要有監控機制來制約和規範。除開國家管制、國家壟斷、行政干預和道德約束的情況，法治就成為維護經濟活動秩序的重要手段。環顧市場經濟發達的國家，一個共同特點就是法制都相當健全，只有在健全的法制的支撐和保障下，才能發揮市場經濟秩序的作用。

中國改革開放所面臨的法治環境不同於任何其他國家，中國採用的基本屬於市場經濟體制改革先行，法治建設跟隨發展的變革方式，與大多數轉軌國家的變革路徑有

很多相似的地方。從各個國家歷史發展經驗來看，這種模式比法治先行模式面臨更大的風險和挑戰。如果市場經濟秩序不規範，長期缺乏法治支撐，這種變革模式可能就會陷入停滯甚至倒退，國家經濟就難以實現整體躍升。法治的市場經濟，既是深化改革的目標，也是國家經濟進一步發展的基礎保障。如果不能順應形勢大力推進法治建設，構建法治的市場經濟，已經取得的改革成果就有可能會消失殆盡。整頓和規範市場經濟秩序的重要意義在於：其一，有利於完善社會主義市場經濟體制。社會主義市場經濟是公平競爭的法治經濟、信用經濟。整頓和規範市場經濟秩序，健全公平競爭規則，強化社會法治、社會信用建設，按社會主義市場經濟的「遊戲規則」辦事，才能真正建成社會主義市場經濟體制。其二，有利於提升國際競爭力。中國已經加入了世界貿易組織（WTO），要在世界貿易組織非歧視原則、市場開放原則、公平貿易原則下，實現貿易自由化。市場經濟秩序混亂有違世界貿易組織的規則，會嚴重損害中國改革開放形象和國際聲譽、惡化投資環境，導致中國商品在國際市場上遭受歧視性對待，軟化出口競爭力。只有大力整頓市場經濟秩序，對外開放才能取得令人滿意的效果。其三，有利於促進國民經濟的良好發展。擴大內需是促進中國經濟發展的重要舉措。而擴大內需的一個重要前提，就是要使人民群眾對市場商品質量信得過，促進消費意願提升。假冒偽劣商品充斥市場，惡意競爭大行其道，擴大內需就沒有基礎，消費者的消費意願就會降低，進而轉向國際市場，這樣，勢必嚴重影響守法經營企業的生產和導致「劣幣驅逐良幣」的現象。只有大力整頓市場經濟秩序，才能實現國民經濟長期穩定和健康發展。其四，有利於推進社會文明進步。市場經濟秩序混亂，不僅破壞生產力發展，而且毒化社會風氣，敗壞社會公德，滋生消極腐敗。市場經濟秩序混亂同時會導致資源浪費、環境污染等一系列問題產生，嚴重阻礙了產業結構調整和規模經營發展。現代化的大企業和企業集團難以成長起來，國民經濟整體水平就難以提高，中國經濟就會長期處於落後地位。

10.1.2 中國對市場經濟秩序的監管

市場經濟自身存在諸多缺陷，不能自動生成和諧、穩定、有序的經濟秩序，必須借助於政府的力量對經濟活動實施宏觀調控和微觀規制。而對市場經濟秩序的監管是政府通過具體的管理體制和管理方式貫徹實施的，因而必須選擇合適的管理體制和方式。政府監管市場經濟秩序的體制和方式是政府實施市場監管的載體和途徑，其體制設置是否科學合理、運用手段是否先進恰當，直接影響到市場監管效能的高低和優劣。

市場監管是政府通過制定和實施法律法規對市場經濟活動進行監督管理，使其規範運行的行政管理行為，是市場經濟條件下政府管理經濟的一項重要內容和調控經濟運行的重要方式。市場監管的目的主要是防止各種損害社會公共利益和市場主體合法權益的行為產生，保證和促進國民經濟的健康發展，維護市場經濟和諧、穩定、有序發展。在中國，市場監管是由政府職能部門依據法律、法規、規章及規範性文件對市場經營主體及其從事的市場經濟活動進行監督和管理，防止危害社會和他人利益、擾亂經濟秩序的行為產生，保障經濟和諧、有序、健康、平穩運行和發展的行政管理活動。市場監管的主要內容包括：制定市場監管規則；對市場經營主體的資格進行確認

和驗證；對市場經營主體的交易對象、交易行為進行監督和檢查；對違反市場監督管理規定的行為進行行政處罰等。

充分發揮行業協會等組織間接管理市場的作用。行業協會等組織作為政府、市場、企業聯繫的紐帶和橋樑，在維護市場秩序中具有政府行政管理不可取代的作用：一是維護公平競爭。行業協會充當市場經濟中的裁判員、調解員，發揮溝通、協調、公證和監督作用，維護各類市場主體在平等條件下的公平競爭。二是保護合法權益。在市場經濟條件下，各種經濟關係、法律關係紛繁複雜，而大量的尚不足以訴諸法院的經濟糾紛，則需要行業協會、商會、消費者協會進行調解，靠市場仲介組織為企業提供各種法律服務。三是改善市場管理。市場經濟的經濟成分複雜化，市場經營主體多元化，市場監管的任務異常繁重，政府部門不能事無鉅細、事必躬親，由仲介組織介入微觀管理，特別是行業協會、商會等機構依據市場交易規則制定行規公約，進行行業自律，反對不公平競爭，反壟斷，反傾銷，保障正常的生產和銷售秩序，改善市場管理。

10.2 不正當競爭與反不正當競爭法概述

10.2.1 不正當競爭的概念

從自然界到人類社會，競爭無處不在。市場經濟體制下，競爭在我們生活中出現的頻率越來越高。那麼，何謂競爭？競爭者，「競」為比賽，「爭」為奪取，是指兩個以上主體為各自利益而互相爭勝的活動。不正當競爭是正當競爭的反稱。早期的商人和商品生產者誠實、體面地從事經營活動，「正當」兩字也表明早期的不正當競爭帶有很強的倫理色彩，不正當競爭也往往不是法律評價的對象。直到19世紀，西方國家才開始對不正當競爭行為作法律界定。「反不正當競爭」的概念於1850年首先在法國出現。

競爭是激發市場經濟活力的內在動力，為滿足消費者多元化需求和對商品價廉物美的要求，競爭促進了企業生產經營行為的不斷改良和提高。但是，競爭又隨之而來地帶給競爭者間的優勝劣汰結果。在科學技術不斷進步、全球信息網路和全球化市場形成及技術變革加速的時代大背景下，圍繞新產品的市場競爭也日趨激烈。企業要對不斷變化的市場做出快速反應，縮短交貨期、提高產品質量、降低成本和改進服務，爭取占領更大的市場，不因競爭失利而被市場所淘汰。企業要想在市場中得以生存與發展，必然要努力改善經營管理，提高生產率，使自己的個別勞動時間低於同類商品的其他企業所耗費的勞動時間，並不斷提高產品和服務的質量。市場機制中，產品的價格和質量是決定競爭勝負的關鍵。在強大競爭壓力下，企業落後必然會被市場淘汰，有的企業為了規避市場劣汰的命運，採取種種手段來扭曲應由價格和質量決定競爭勝負的機制，以獲取不當的競爭優勢和利益。這種故意扭曲或妨礙市場中的競爭勝負決定機制，以規避市場優勝劣汰評判法則的行為，即為不正當競爭。不過，作為法律概

念的「不正當競爭」的含義卻要抽象得多。一般認為，「不正當競爭」一詞出自1883年的《保護工業產權巴黎公約》，該公約規定：任何在工商業事務中違反誠實慣例的競爭行為均構成不正當競爭，並在其後列舉了三種被禁止的不正當競爭行為。西方多數國家，採用了與《保護工業產權巴黎公約》相同或類似的定義。

中國《反不正當競爭法》對不正當競爭採用了定義式和列舉式的雙重規定，該法第二條規定，本法所稱的不正當競爭，是指經營者違反本法規定，損害其他經營者的合法權益，擾亂社會經濟秩序的行為。同時，該法第二章第五條至第十五條列舉了11種具體的不正當競爭行為。

10.2.2 不正當競爭行為的特徵

中國《反不正當競爭法》規定，不正當競爭行為是指違反法律的規定，損害其他經營者的合法權益，擾亂社會經濟秩序的行為。依據該規定以及其他相關條款蘊涵的精神，不正當競爭行為應當具有以下基本特徵：

（1）不正當競爭行為的主體是經營者。這是不正當競爭行為的主體特徵。《反不正當競爭法》第二條第三款規定，本法所稱的經營者，是指從事商品經營或者營利性服務的法人、其他經濟組織和個人。根據《反不正當競爭法》第七條的規定，政府及其所屬部門實施的限制競爭行為和地區封鎖行為也屬於不正當競爭行為之列。這樣，政府及其所屬部門會成為不正當競爭行為的特殊主體。但是，嚴格地講，政府及其所屬部門只是市場的管理者和監督者，不可能從事競爭行為，也不可能是經營者。《反不正當競爭法》第七條規定的行為實質上不是一種不正當競爭，而是一種行政性限制競爭行為，可理解為屬於最廣泛意義上的不正當競爭行為。

（2）不正當競爭行為是違法行為。不正當競爭行為的違法性，主要表現在違反了反不正當競爭法的規定。《反不正當競爭法》第一章第二條規定了不正當競爭行為的概念。經營者的某些行為雖然表面上難以確認為該法明確規定的不正當競爭行為，但是只要違反了《反不正當競爭法》第二條第一款的規定，即「經營者在市場交易中，應當遵循自願、平等、公平和誠實信用原則，遵守公認的商業道德」，損害了其他經營者的合法權益，擾亂了社會經濟秩序，就應認定為不正當競爭行為。

從實質意義上講，不正當競爭破壞了市場公平競爭的「遊戲規則」，使商品或服務本來在價格和質量上具有的優劣不能相應反映在競爭的優勝劣汰中。比如，《反不正當競爭法》第五條規定的主體混同行為和商品質量虛假表示行為都是行為人盜用了本屬於他人的勞動成果，搭乘人家的商業信譽便車，使自己獲得的競爭優勢高於自己在產品價格和質量上做出的努力和結果，同時該類行為也妨礙了購買者依據競爭的本來成果應做出的合理選擇。

（3）不正當競爭行為既損害了其他經營者的合法權益，又擾亂了社會經濟秩序。這是不正當競爭行為從危害后果上所表現出的一種特徵。任何通過不正當手段獲取競爭優勢，相對於市場中的其他誠實競爭者而言都是不公平的，他人應得的商業利益無不因此受到損害。反不正當競爭法屬行為規制法，一般不具體明示或設定經營者擁有什麼權益，而且受保護的私利益並未直接賦予私法上的「權利」，只是對侵害到他人合

法利益的各特定行為予以限制，對侵害者課以相應的不利益而已。不過，在理論研究上，也可把不正當競爭侵害的「其他經營者的合法權益」理解為兩類：一類是絕對權，如註冊商標權、知名商標的特有標誌權、企業名稱權、姓名權、商業信譽權、商業秘密權等；另一類是公平競爭權，這主要是在對虛假廣告、商業賄賂、違法有獎銷售、低價傾銷、搭售、串通投標等的理解中體現。當然，不正當競爭作為一類違法的競爭行為，對社會經濟秩序的破壞較大。反不正當競爭法是重要的競爭法之一，其最終目的就是通過制止各類不正當競爭行為，校正經營者之間的競爭關係，確保正當競爭的機制正常運行，營造並維護公平競爭的秩序。

10.2.3 反不正當競爭法的概述

反不正當競爭法是調整市場交易活動中經營者之間因不正當競爭行為而產生的社會關係的法律規範的總稱。一般而言，反不正當競爭法是指制止經營者採用欺騙、脅迫、利誘以及其他違背誠實信用原則的手段從事市場交易的各種不正當競爭行為，維護公平競爭的商業道德和交易秩序的法律制度。

「反不正當競爭法」這個概念與「不正當競爭行為」這個概念具有類似的廣義和狹義之分。不正當競爭行為，從廣義上講包括壟斷、限制競爭和其他違反商業道德的行為在內的所有破壞競爭的行為，具體指三類行為：一是壟斷行為，主要是指經營者本人或者通過企業兼併等方式，形成對一定市場的獨占或控製；二是限制競爭行為，主要是指經營者濫用經濟優勢或幾個經營者通過協議等聯合方式損害競爭對手的行為；三是不正當競爭行為，主要是指經營者用欺騙、脅迫、利誘以及其他違背誠實信用原則的手段從事市場交易的行為。狹義的不正當競爭行為，是指除壟斷和限制競爭行為之外的第三類行為。與上述理解相對應，狹義的反不正當競爭法，僅以狹義的不正當競爭行為作為規範對象，而廣義的反不正當競爭法，則以廣義的不正當競爭行為作為規範對象，即是指包括反壟斷法或反對限制競爭法和狹義的反不正當競爭法在內的所有規範市場主體的競爭行為、制止各類違法競爭行為的法律部門，簡言之，廣義的「反不正當競爭法」等同於競爭法。

從法所調整的這種社會關係看，反不正當競爭法主要包括兩個方面，一方面是經營者之間因不正當競爭行為而產生的不正常的競爭關係；另一方面是國家作為公權力的代表對此的干預關係。在傳統的公私法劃分中，前者因主體的平等性而屬於私法的範疇，后者因主體的非對等性而屬於公法的範疇。因此，反不正當競爭法將私法規範和公法規範融為一體，跨越了私法和公法兩大領域，具有明顯的諸法合體的綜合性，甚至有的學者認為反不正當競爭法屬於第三法域即社會法法域的領域。

10.2.4 中國《反不正當競爭法》的基本特徵和原則

1.《反不正當競爭法》的立法宗旨

《反不正當競爭法》第一條規定，立法的目的是為了保障社會主義市場經濟的健康發展，鼓勵和保護公平競爭，保護經營者和消費者的合法權益。

保護消費者的合法權益，是現代反不正當競爭法新增的內容之一。早期的反不正

當競爭法只調整經營者之間的競爭關係，著眼於公平競爭秩序。在處理不正當競爭案件時，也可能涉及消費者權益的問題，但只是作為附帶的問題加以處理。但隨著社會的發展，各國反不正當競爭法逐步增加了保護消費者的規定，特別是消費者運動在世界範圍內興起並迅速發展之后，更形成一個趨勢。從本質上來說，保護公平競爭秩序與保護消費者的利益根本上是一致的，即保護了公平競爭秩序也就保護了消費者自由選擇商品、接受服務並獲得合理價格的權利。

2.《反不正當競爭法》的基本原則

（1）自願原則。

自願原則，是指經營者能夠根據自己內心的真實意願來參與特定的市場交易活動，設立、變更和終止特定的法律關係。自願原則是包括市場交易在內的一切民事活動的主要前提。市場交易是在不同的經營者之間進行的，經營者為了達到最佳決策，必須選擇最有利的交易條件與他人進行商品交換以實現最大的經濟利益。只有在排除了對經營者的意志自由限制的情況下，這一選擇和交換才能合理達成。自願交易意味著市場競爭中的優勝劣汰，違背自願原則而限制經營者的交易自由，必然導致保護落后、限制公平競爭、扭曲交易關係等結果。

自願原則包括了三層含義：一是經營者可以自主決定是否參與某一市場交易活動，這是經營者的權利和自由，他人無權干預；二是經營者可以根據自己的意願自主地選擇交易對象、交易內容和交易條件以及終止或變更交易的條件；三是經營者之間的交易關係反映了雙方真實的意思表示。因此，以脅迫、強制手段進行交易，或者利用自己的優勢地位強迫對方接受不合理的條件，都違背了自願原則。中國《反不正當競爭法》在許多條款裡都做了具體規定。

（2）平等原則。

平等原則是指任何參與市場交易活動的經營者的法律地位平等，享有平等的權利能力，在平等的基礎上平等協商，任何一方都不得將自己的意志強加給對方。《反不正當競爭法》中對平等原則的規定，與中國《民法通則》相一致。

平等原則與自願原則一樣，都是經營者主體性之體現，只有平等才有真正的自願，而自願往往是主體平等的表現。經營者一旦進入市場，不論其規模大小、所有制形式如何，在法律上都應該是平等的。基於這一原則，那些在市場交易中濫用經濟優勢或依法具有的獨占經濟地位排擠其他競爭者的行為，某些地方政府或所屬部門運用行政權力進行市場分割和封鎖，限制商品流通的做法，都是與平等原則相背離的。

（3）公平原則。

公平原則一般是指在市場交易中應當公平合理、權利與義務相一致。一般來講，公平、公正等屬於社會道德觀念，在實踐中人們常用它來對某種法律沒有明確規定的行為進行評價和判斷。而且，對公平的內涵會隨著時間的推移而不斷地變化和充實。在市場競爭中，公平原則與平等原則常常聯繫在一起。只有在平等的基礎上開展的競爭才有可能談得上是平等的競爭。

《反不正當競爭法》的公平原則主要有兩個方面的含義：第一，交易條件的公平。交易條件應該是真實的並且交易機會是平等的，反對任何採取非法的或不道德的手段

獲取競爭優勢的行為。第二，交易結果的公平。交易雙方交易以後對權利和義務的設定大致相當，不能顯失公平，更不能一方只享有權利，另一方只承擔義務，形成這種不公平的結果，往往是由於無自願可談，至多也只是形式上的自願，所以就沒有公平。

(4) 誠實信用原則。

誠實信用原則可以簡稱為「誠信原則」。誠實信用原則既是現代市場經濟中公認的商業道德，同時也是道德規範在法律上的表現。中國《反不正當競爭法》把它確立為基本原則，還在具體的條款中作了規定。

在市場交易活動中，誠實信用原則要求經營者應以善意、誠實的態度與他人進行交易，並恪守信用，不踐踏諾言。反對任何詐欺性的交易行為，如假冒他人註冊商標，擅自使用知名企業的名稱、字號，秘密竊取或違反保密義務，故意洩露他人的商業秘密，以及對商品的各項要素作虛假宣傳或說明等。這些行為不僅違背了誠實信用的商業道德，也違反了中國《反不正當競爭法》的規定，採取詐欺或引人誤解的各種手段，不勞而獲，或者不正當地謀取競爭優勢。不論是哪種行為，都使公平公正的市場交易蒙上了陰影。

(5) 遵守公認的商業道德。

公認的商業道德是指在長期的市場交易活動中形成的，為社會所普遍承認和遵守的商業行為準則。公平和誠實信用是市場交易最基本的道德要求，「公認的商業道德」則是以公平和誠實信用等觀念為基礎而發展起來的具體商業慣例。立法吸收了一些重要的商業慣例，使之成為法律規範。但是，有限的法律條文不可能涵蓋商業道德的全部內容。社會生活隨著時間的變遷而變化無窮，公認的商業道德也在不斷被「公認」而確立。因此，確立「遵守公認的商業道德」這一原則，對於發揮市場自身的調節功能，彌補制定法的不足，具有重要意義。

10.3　與知識產權有關的不正當競爭行為

10.3.1　商品假冒行為

中國《反不正當競爭法》第五條規定，經營者不得採用下列不正當手段從事市場交易，損害競爭對手：

(1) 假冒他人的註冊商標；

(2) 擅自使用知名商品特有的名稱、包裝、裝潢，或者使用與知名商品近似的名稱、包裝、裝潢，造成和他人的知名商品相混淆，使購買者誤認為是該知名商品；

(3) 擅自使用他人的企業名稱或者姓名，引人誤認為是他人的商品；

(4) 在商品上偽造或者冒用認證標誌、名優標誌等質量標誌，偽造產地，對商品質量作引人誤解的虛假表示。

理論上，假冒他人商標構成不正當競爭行為的要件是：①他人特有的商標因使用而取得了市場信譽，已為一定範圍內的相關公眾所知悉。商標（並不一定限於註冊商

標）只有處於已被公眾知悉的狀態，才能具有競爭上的法益，才值得競爭法去保護，同時也才有實際告示他人不可假冒的警示作用。②被假冒。③造成購買者誤認或混淆。

對知名商品的特有標示的保護，其保護要件有四方面的內容：①商品的知名性，即商品在相關市場具有一定區域的知名度，為相關公眾所知悉。②特有的非普通的商品名稱、包裝、裝潢。商品名稱有通用名稱與特有名稱之分，只有後者才具有區別此商品與彼商品的作用。③被擅自使用，有兩種使用形式：一是相同使用；二是近似使用。近似使用與否的認定比較複雜，若整體形象和主要部分相近，且一般購買者施以普通注意力會發生誤認或混淆，即可認定為近似。④造成誤認或混淆。擅自相同使用或近似使用知名商品特有的名稱、包裝、裝潢必須造成和他人的知名商品相混淆，使購買者誤認為仿冒的商品就是該知名商品。

企業名稱或姓名可直接反映商品或服務的來源，它既是經營者之間不可缺少的區別標誌，又體現經營者付出勞動后形成的商業信譽和商品聲譽，故其不可侵犯性顯而易見。《反不正當競爭法》第五條第三項的適用要件是：①行為主體為經營者。②擅自使用對象為企業名稱或姓名。企業名稱是指從事經營性活動的企事業單位的名稱，包括法人單位的名稱和非法人單位的名稱；姓名是指自然人經營者的姓名，一般為個體工商戶、個人合夥或私營企業的字號。未從事經營活動的自然人的姓名即便被盜用也不會導致商品或業務上的誤認，因此擅自使用一般自然人的姓名不是該項所禁止的行為。③被擅自使用。即行為人擅自直接將他人的企業名稱或姓名直接使用在自己的商品上，或使用在自己的商品名稱或商標中。④造成購買者誤認或混淆，既造成購買者對商品的混淆，又造成購買者對商品來源同一的誤認。

10.3.2 虛假宣傳行為

虛假宣傳行為是指經營者利用廣告或其他方法對商品的質量、製作成分、性能、用途、生產者、有效期限、產地等做與實際情況不符的或引人誤解的虛假宣傳，導致用戶和消費者誤認的行為。廣告的經營者在明知或者應知的情況下，代理、設計、製作、發布虛假廣告，監督檢查部門應當責令停止違法行為，沒收違法所得，並依法處以罰款。虛假表示和虛假宣傳行為是目前市場上常見的一種不正當競爭行為，這種行為不但使消費者無法瞭解商品的真實情況，而且可能使消費者做出錯誤的購買決策，損害消費者的利益，同時也不正當地爭取了交易機會，排擠了其他誠實經營者，破壞了公平競爭秩序。因此，《反不正當競爭法》第五條和第九條分別對這兩種行為作了禁止性規定。

1. 商品的三種宣傳方式

《反不正當競爭法》第五條規定：「（四）在商品上偽造或者冒用認證標誌、名優標誌等質量標誌，偽造產地，對商品質量作引人誤解的虛假表示。」本項規定是禁止在商品上對商品作引人誤解的虛假表示。《反不正當競爭法》第九條規定：「經營者不得利用廣告或者其他方法，對商品的質量、製作成分、性能、用途、生產者、有效期限、產地等作引人誤解的虛假宣傳。廣告的經營者不得在明知或者應知的情況下，代理、設計、製作、發布虛假廣告。」本條顯然是禁止採取廣告或其他方式對商品作引人誤解

的虛假宣傳的。從《反不正當競爭法》第五條與第九條的邏輯關係看，該法規定了虛假宣傳商品的三種方式，即《反不正當競爭法》第五條的「在商品上」與第九條的「廣告」和「其他方法」。從實際情況看，「其他方法」只能是「在商品上」和「廣告」以外的其他方式，也即「在商品上」和「廣告」所涵蓋不了的方式。換一個角度說，中國《廣告法》對於廣告已有明確的界定，「在商品上」與「其他方法」只能是廣告以外的方式，而這些方式尚沒有法律上的嚴格界定。

2. 廣告的內涵與外延

《反不正當競爭法》第九條對於「廣告」的內涵和外延並沒有做出界定，但《中華人民共和國廣告法》（簡稱《廣告法》）以及《廣告管理條例》《廣告管理條例施行細則》等法律、行政法規和行政規章對於廣告進行了具體的界定，這些法律、法規和規章中的「廣告」與《反不正當競爭法》中的廣告是同義的。

（1）廣告的一般含義。廣告有狹義與廣義之分。廣義的廣告是指向社會公眾或有關的人員發布的告示，如在國外包括政令宣告廣告（宣揚政策、命令、法律等）、社會服務廣告（有關文化、道德、家庭服務等的宣傳）、競選廣告（宣傳競選人員及競選情況的廣告）、懸賞廣告及商業廣告等，其內容涉及政治、社會、商業等。狹義的廣告則是指為推銷商品而發布的廣告。

在中國，習慣上將廣告區分為政府公告、公益廣告和商業廣告，廣義的廣告包括三者，有人還將分類廣告（尋人、徵婚、掛失、婚慶、喪唁、招聘、求購、個人告示、權屬聲明等廣告）納入進去；狹義的廣告僅指商業廣告。

（2）廣告的法律含義。2015年施行的新《廣告法》雖然沒有像1994年的《廣告法》專門對「廣告」進行界定，但新《廣告法》第二條規定：「在中華人民共和國境內，商品經營者或者服務提供者通過一定媒介和形式直接或者間接地介紹自己所推銷的商品或者服務的商業廣告活動，適用本法。」可見，廣告即商業廣告，是指商品經營者或者服務提供者通過一定的媒介和形式直接或者間接地介紹自己所推銷的商品或者服務的信息。

3.「在商品上」的含義

《反不正當競爭法》第五條所規定的虛假表示，是一種「在商品上」所做的虛假表示。那麼，應當如何理解「在商品上」的含義呢？在商品及其包裝上對於商品進行表示，當然屬於「在商品上」的範圍，這是沒有任何爭議的。就是說，在商品上直接進行文字、圖形標註（包括將標籤直接粘貼於商品上），或者在商品的包裝上用文字、圖形對商品信息進行標註（包括將標籤直接粘貼於商品包裝上），都屬於《反不正當競爭法》第五條所規定的「在商品上」。有爭議的是，經營者有時未將標籤粘貼於商品或其包裝上，而隨商品附帶，或者隨商品附帶商品說明書等，此時是否將其認定為「在商品上」？標籤是商品附帶的特殊的標示，與商品本身不可分，即使未粘貼於商品或其包裝之上，也應視為商品的必要組成部分，應當認定為屬於「在商品上」的範圍。其他隨商品所附帶的不屬於廣告的說明書等商品的介紹宣傳品，並非商品的必要附帶品，以歸入《反不正當競爭法》第九條的「其他方法」為宜。

4. 對「其他方法」的理解

《反不正當競爭法》第九條規定的「其他方法」顯然是廣告以外的其他方法，而且，聯繫到第五條的規定，「其他方法」是「廣告」「在商品上」以外的其他方法。至於「其他方法」究竟包括哪些方法，該法未作進一步的界定。針對現實生活中常見的廣告以外的宣傳方法，我們可以歸納為如下幾種主要類型：①雇傭或者伙同他人進行銷售誘導。這就是俗話中所說的「托兒」，即銷售者雇傭他人，或者銷售者的合夥人扮成購買者，對商品進行宣傳。②在經營場所內對商品的演示、說明、解釋或者其他文字標註。這種說明、解釋或者文字標註是廣告以外的說明、解釋和標註，是宣傳商品的重要形式。在標籤上偽造產地就是一種以文字標註的方式進行虛假宣傳的典型事例。③利用大眾傳播媒介作引人誤解的宣傳報導。利用大眾傳播媒介是以非商業廣告的方式對商品進行宣傳報導，如通過播放新聞、採訪、發表文章等形式，尤其是，當前有些新聞往往如此。經營者通過支付錢物讓他人對商品進行虛假宣傳報導的，經營者與其買通的宣傳報導人都應當承擔虛假宣傳的責任。利用這種宣傳方式進行虛假宣傳時，其欺騙性甚於廣告宣傳，因為這種宣傳披上了客觀性的沒有商業氣息的外衣，更易於引人誤解，危害性更大。總之，「其他方法」的種類是多種多樣的，上面的列舉不可能窮盡所有其他方法。只要是符合「其他方法」的性質的其他方法，都可以納入「其他方法」中來。在實踐中，在商品上以及利用廣告或者其他方法對商品做引人誤解的虛假宣傳，往往是結合在一起的，在性質上也是相同的，法律有必要對其進行統一規定。另外，還包括商品虛假標示行為，也表現為三種情形：①在商品上偽造或者冒用認證標誌、名優標誌等質量標誌；②偽造產地，對商品原產地、商品來源或出處進行虛假表示；③對商品質量做引人誤解的虛假表示。

10.3.3　侵犯商業秘密

商業秘密是指不為公眾所知悉、能為權利人帶來經濟利益，具有實用性並經權利人採取保密措施的技術信息和經營信息。商業秘密權是權利人勞動成果的結晶，商業秘密權是權利人擁有的一種無形財產權，反不正當競爭法將侵犯商業秘密行為作為不正當競爭行為予以禁止是十分必要的。商業秘密不同於專利和註冊商標，它可以為多個權利主體同時擁有和使用，只要獲得及使用手段合法，如自主研究開發，或者通過反向工程破譯他人商業秘密等。侵犯商業秘密行為是指以不正當手段獲取、披露、使用他人商業秘密的行為。《反不正當競爭法》第十條以及國家工商行政管理局《關於禁止侵犯商業秘密行為的若干規定》（1995年11月23日發布）指出，經營者不得採用下列手段侵犯商業秘密：①以盜竊、利誘、脅迫或者其他不正當手段獲取權利人的商業秘密；②披露、使用或者允許他人使用以前項手段獲取的權利人的商業秘密；③根據法律和合同，有義務保守商業秘密的人（包括與權利人有業務關係的單位、個人、在權利人單位就職的職工）披露、使用或者允許他人使用其所掌握的商業秘密。第三人明知或應知前款所列違法行為，獲取、使用或者披露他人的商業秘密，視為侵犯商業秘密。在實踐中，第三人的行為可能與侵權人構成共同侵權。

侵犯商業秘密的行為要點包括：①認定是否構成侵權，必須首先依法確認商業秘

密確實存在。②行為主體可以是經營者，也可以是其他人。反不正當競爭法規範的各種不正當競爭行為的實施者，絕大多數要求其具有經營者的身分，而侵犯商業秘密的人則不受該限制。③客觀上，行為主體實施了侵犯他人商業秘密的行為。實施的方式有盜竊、利誘、脅迫或不當披露、使用等。④以非法手段獲取、披露或者使用他人商業秘密的行為已經或可能給權利人帶來損害後果。

侵犯商業秘密的法律責任，即《反不正當競爭法》對侵犯商業秘密行為規定的處罰方式：一是由監督檢查部門責令停止違法行為，二是可根據情節處以 1 萬元以上 20 萬元以下的罰款。實踐中，權利人還可依照《合同法》《勞動法》的有關規定，對違反約定、侵犯商業秘密的行為要求制裁。此外，《刑法》規定了侵犯商業秘密罪。

10.3.4 商業誹謗行為

商業誹謗行為是指經營者採取捏造、散布虛假事實等不正當競爭手段，對競爭對手的商業信譽、商品聲譽進行詆毀、貶低，以削弱其競爭實力的行為。其具體手段包括刊登對比性廣告或聲明性公告等，貶低競爭對手聲譽；唆使或收買某些人，以客戶或消費者名義進行投訴，敗壞競爭對手聲譽；通過商業會議或發布商業信息的方式，對競爭對手的質量進行詆毀等。

商業詆毀行為的構成要件包括：①其行為主體必須是經營者行為人具有經營者的身分，這是認定侵犯商譽權行為的重要條件之一。即只有從事商品經營或者營利性服務的法人、其他經濟組織和個人所實施的損害競爭對手商譽的行為才構成該類不正當競爭行為，而非經營者實施的侮辱、誹謗、詆毀的行為則以一般侵權論。②其行為的主觀方面為故意而不是過失，行為人實施商業詆毀行為，是以削弱競爭對手的市場競爭能力，並謀求自己的市場競爭優勢為目的，通過捏造、散布虛假事實等不正當手段，對競爭對手的商業信譽、商品信譽進行惡意的詆毀、貶低，因此，故意行為才構成這種不正當的競爭行為。從過錯心理方面來分析，行為人明知自己的行為會發生損害他人商譽的結果（認識因素），但希望或者放任這種商譽毀損的危害結果的發生（意志因素），行為人的這種主觀故意性是明顯而確定的。當然，經營者也可能因過失造成對競爭對手商業信譽或商品聲譽的損害，並要承擔相應的損害賠償責任，但這種行為並不構成商業詆毀，這是基於不構成競爭法體系中規定的侵犯商譽權之行為的條件所決定的。③其行為的客觀方面表現為捏造、散布虛偽事實或者對真實的事件採用不正當的說法，對競爭對手的商譽進行詆毀、貶低，給其造成或可能造成一定的損害後果。

商業詆毀行為的特點包括：①有著明確的意在貶低競爭對手的目的性，直接打擊、削弱競爭對手與其進行競爭的能力，謀求自己的市場競爭優勢。②行為本身表現為捏造、散布與真實情況不符的虛假、不實之情。這裡的捏造，既可以是無中生有，也可以是對真實情況的歪曲。經營者無論是捏造還是散布虛假事實，都可以構成商業詆毀行為。③有特定的詆毀對象，即行為所詆毀的對象必須是與行為人存在競爭關係的同業經營者，也即競爭對手，而非其他經營者。所謂有特定的詆毀對象，是指有關虛假言詞必須明確指向一個或幾個競爭對手，或者雖無明確所指，但他人可以從中推測其指向。詆毀對象既可以是單個，也可以是多個競爭對手。④行為後果損害的是競爭對

手的商業信譽或商品聲譽。商業信譽包括經營者的資產情況、經營能力、信用情況等；商品聲譽主要包括商品的性能、用途、質量、效果等，商品聲譽最終也反映了經營者的商業信譽。

現實生活中商業詆毀行為的表現形式是形形色色、多種多樣的，歸納起來，主要有以下幾種：①利用散發公開信、召開新聞發布會、刊登對比性廣告、聲明性廣告等形式，製造、散布貶損競爭對手商業信譽、商品聲譽的虛假事實。②在對外經營過程中，向業務客戶及消費者散布虛假事實，以貶低競爭對手的商業信譽，詆毀其商品或服務的質量聲譽。③利用商品的說明書，吹噓本產品質量上乘，貶低同業競爭對手生產銷售的同類產品。④唆使他人在公眾中造謠並傳播、散布競爭對手所售的商品質量有問題，使公眾對該商品失去信賴，以便自己的同類產品取而代之。⑤組織人員，以顧客或者消費者的名義，向有關經濟監督管理部門作關於競爭對手產品質量低劣、服務質量差、侵害消費者權益等情況的虛假投訴，從而達到貶損其商業信譽的目的。

商業詆毀行為的危害。商業詆毀行為是一種損害競爭對手的合法權益的行為。它不僅給競爭對手的名譽造成損害，而且會給競爭對手帶來經濟上的損失。具體而言，商譽是通過經營者參與市場競爭的連續性活動而逐漸形成的，經營者大都需要經過大量而艱苦的市場研究、技術開發、廣告宣傳和公關活動等，去建立自己良好的商業信譽。經營者守法經營、講究職業道德、嚴格履行合同、經濟實力雄厚、技術水平先進等方面的商業信譽，質量精良、風格獨特、熱情周到、價格合理等方面的商品或服務聲譽，會給他帶來交易夥伴和消費者的信任和歡迎，從而帶來巨大的經濟利益，帶來市場競爭中的優勢地位，並可能成為自己進行競爭的最大資本和立足市場的最重要支柱。而對經營者商業信譽、商品聲譽的任何詆毀或貶低，都可能給該經營者的正常經營活動造成消極的影響，甚至可能使其遭受嚴重的經濟損失，如失去交易夥伴和消費者，或造成資金和原材料供應的困難或產品的滯銷，損失大量的利潤和市場競爭的優勢地位，乃至破產或被迫轉產，等等。惡意詆毀、貶低他人商譽的誹謗行為，包括損人利己、爾虞我詐，不惜以誹謗他人商譽的非法手段擠垮競爭對手而牟取暴利，不但損害了競爭對手的合法權益，而且也欺騙了其他經營者與消費者，最終必然破壞市場公平競爭的正常秩序。

11 世界貿易體制與知識產權國際保護

11.1 世界貿易體制

11.1.1 世界貿易體制概述

　　世界貿易體制是指各國相互處理貿易關係時必須遵守的一系列國際規則的集合，也稱為世界多邊貿易體系。當今，世界貿易體制是指國家或政治經濟實體之間以貿易協定、協議的形式，達成共同遵守的規則，確定相互權利和義務，促進貨物貿易、服務貿易和資本流動的自由化，進行公開、公平和無扭曲的競爭，帶動成員方的貿易與經濟發展。世界貿易體制建立於20世紀40年代，美國、英國、中國等23個締約方經過一系列籌委會會議，於1947年10月簽署《臨時適用議定書》，並於1948年1月1日生效，這就是《關稅與貿易總協定》（簡稱《關貿總協定》，GATT），又稱《1947年GATT》。20世紀90年代，世界貿易體制進一步發展。1995年1月1日世界貿易組織（WTO）建立，取代1947年《關稅與貿易總協定》，成為世界貿易新體制的組織基礎和法律基礎。

11.1.2 世界貿易組織

　　WTO是多邊貿易體制的法律基礎和組織基礎。它通過規定各國政府所應承擔的主要契約義務，來規範各國國內貿易立法與規章的制定與實施。同時，它還向各國提供一個場所，使它們通過集體辯論、談判和裁決來發展貿易關係。

　　1. WTO管轄範圍

　　（1）有關貨物貿易的多邊協議，如GATT（1994）、《農產品協議》《關於衛生和植物檢疫措施的協議》《紡織品和服裝協議》《貿易技術壁壘協議》《與貿易有關的投資措施協議》《反傾銷協議》《海關估價協議》《裝船前檢驗協議》《原產地規則協議》《進口許可證程序協議》《補貼與反補貼措施協議》《保障措施協議》等。

　　（2）《服務貿易總協定》及附件。

　　（3）《與貿易有關的知識產權協定》。

　　（4）《關於爭端解決規則和程序諒解書》，即關於貿易爭端解決的有關協議及程序。

　　（5）貿易政策審議機制，即負責審議各成員貿易政策法規是否與世界貿易組織相關協議、條款規定的權利和義務一致。

　　（6）諸邊貿易協議，如《民用航空器貿易協議》《政府採購協議》等。

2. WTO 的主要職能

（1）管理諸項多邊協議。世界貿易組織內設有多個專門委員會，專門負責各項多邊協議的推進實施。

（2）組織多邊貿易談判。WTO 及其前身 GATT 曾組織了多輪多邊談判，使發達國家的關稅下降下來。

（3）處理貿易爭端。世界貿易組織下設爭端解決機構，通過專家小組磋商調解、諮詢評議、裁決或仲裁，以求公正、快速地解決成員方之間的貿易爭端。

（4）監督各成員方的貿易政策。世界貿易組織設立有貿易政策審查機構，根據成員方在世界貿易總額中所占的份額，實行每 2 年、4 年、6 年或更長期限一次的審查，促進各成員方的貿易政策向多邊體系靠攏。

（5）為發展中國家提供技術援助和培訓。

（6）與其他國際組織展開合作。

3. WTO 的基本原則

（1）以市場經濟為基礎，開展自由競爭的原則。此是世界貿易組織的最基本原則，是由世界貿易組織推動貿易自由化的職能所決定的。

（2）互惠原則，或稱對等原則。此使締約雙方的貿易建立在一方予以對方對等的補償，以換取其所實施的某項優惠待遇的互惠的基礎上。

（3）非歧視原則。一締約方在實施某種限制或禁止措施時，不得對其他締約方實施歧視待遇，主要是通過最惠國待遇和國民待遇條款來實現。

（4）關稅減讓原則。主要以互惠為基礎，通過多邊關稅減讓談判來降低進出口關稅總水平，尤其是降低阻礙商品進口的高關稅，以促進國際貿易發展。

（5）透明度原則。透明度原則要求締約方為使各國政府和貿易商熟悉其進出口貿易規定，應迅速公布一切涉及外貿的法令、條例和行政決定，未經正式公布，不得實施，以防止締約方間進行不公開的貿易，從而造成歧視性的存在。

（6）「國營貿易企業」原則。這一原則要求國營貿易企業在進行有關進出口的購買或銷售時，應只以商業考慮作為標準，並為其他成員企業提供參與這種購買或銷售的充分競爭機會。

（7）公平貿易原則。公平貿易原則主要針對傾銷和出口補貼。世界貿易組織強調，以傾銷或補貼方式出口本國產品，給進口方國內工業造成實質性損害或實質性損害威脅時，該進口方可根據受損的國內工業的指控，採取反傾銷和反補貼措施；但同時反對成員濫用反傾銷和反補貼措施達到其貿易保護的目的。

（8）一般禁止數量限制原則。只允許在某些例外情況下實行進出口產品數量限制，否則視為違規。

（9）發展中國家成員優惠安排原則。

11.1.3 知識產權保護與貿易和經濟的關係

知識產權保護從一開始就與國際貿易有著密切的聯繫。隨著各國經濟的不斷發展，國與國之間的商品、服務交流日益頻繁，使得各國對知識產權跨國保護的要求更加強

烈。但由於知識產權保護受到地域的限制，因而如何加強國際協調以便在國際貿易中更有效地保護知識產權成了知識產權保護中急需解決的重要問題。知識產權保護的國際協調儘管也依賴於各國知識產權制度的制定和修改，使原來的「各行其是」發展為「求同存異」，但由於各國國情不同，不可能做到完全統一，因此知識產權的國際協調更主要的是體現在國際性的協調規範和合作機制。早在知識產權制度問世後不久，一些國家就為協調解決工業產權保護問題做出了努力，簽訂了《保護工業產權巴黎公約》。《保護工業產權巴黎公約》掀起知識產權國際保護的序幕。知識產權保護有利於促進國際貿易的發展，知識產權不僅滲透到貨物貿易和服務貿易之中，直接影響著貨物貿易和服務貿易的質量，而且，正在發展成為一種獨立的貿易形式，這就是知識產權貿易。所謂知識產權貿易，狹義的理解就是指以知識產權為標的的貿易，它包括知識產權許可、知識產權轉讓等內容，如專利許可、商標許可、專利的轉讓、商標的轉讓、版權的許可、版權的轉讓、商業秘密的許可等等，這些都是知識產權貿易。廣義的知識產權貿易，還應該包括知識產權產品貿易。所謂知識產權產品，就是指那些知識產權的價值占產品價值相當比例的產品，如計算器軟件、集成電路、影視作品、音像製品、出版物等。在知識經濟時代，版權產品的生產、銷售更為活躍，形成新的經濟增長點。近年來，以知識產權轉讓、許可為主要形式的無形商品貿易有了很大的發展。

　　知識產權制度作為一種產權制度對經濟發展具有積極作用。技術創新是需要激勵和保護的。技術創新完成後如果創新者不能從技術的利用中獲得合理回報，他就會失去繼續創新的動力。西方學者曾從產權角度闡述了技術創新與產權制度的關係，認為合理的產權制度是社會技術進步的關鍵，人們是否願意技術創新與他們所獲得的技術創新收益有密切關係，而技術創新收益的大小又取決於技術創新者與技術創新成果間的產權關係。在市場經濟條件下，從事生產活動的每個人都期望在制度安排上，能夠保證其所創造的價值不會被他人剝奪。對生產者（包括技術成果的生產者）來說，如果生產活動的回報能充分地自然增長，繼續生產的刺激性一般來說也就不會消失。只要這一條件得到滿足，生產和發明的智力成果的消耗就不會降低個人利用資源（如勞力、資本）去進行生產或發明的積極性。

　　一個國家的專利保護水平越高，其經濟發展水平也就越高。一個國家的國內生產總值是衡量該國經濟實力的重要標準，而專利授予數則反映了國家對知識產權的重視程度。一個國家的專利授予數與國內生產總值總的來說呈正比關係。國家的經濟實力越強，授予專利的數量就越多。一個國家對知識產權越尊重，就越有利於這個國家的經濟發展。在知識經濟時代，知識產權的作用更顯重要。隨著科學技術的發展，技術在生產和經濟發展中的貢獻率不斷上升，在西方發達國家已超過了60%。世界經濟的競爭首先集中表現在技術和知識上的競爭。近20年來，一些經濟學家在分析戰後西方發達國家經濟發展的原因時，都發現知識產權是經濟增長的重要因素之一。美國自1992年以來連續8年的高增長、低通脹、低失業率，主要也是以信息產業為代表的知識產業推動的結果。美國1996年國內生產總值有33%來自於信息業（電信、信息、電子及媒介等）。然而在知識產業中，對知識的生產起著激勵和保障作用的則是知識產權

制度。隨著經濟發展中知識、技術要素的增長，各國政府不僅積極制定了相應的經濟發展戰略，如發展教育，增大對科技的投入等，而且同樣也十分重視知識產權的有效保護。

11.2 知識產權國際保護的產生與發展

知識產權法律制度在各國確定，並受到法律保護。各國對知識產權所提供的保護，具有明顯的地域性特徵：一方面，它使獲得授權的人可以在規定的時間與地域範圍內排斥其他人擁有相同的競爭手段；另一方面，它又允許本國公眾自由使用來自其他國家的技術手段，同時又為其他國家的國民在本國獲得相應授權設置了各種條件或限制。以國家為界的知識產權保護制度的存在，使得在一國完成的技術發明無法在其他國家獲得充分保護。當今世界，經濟貿易自由化、一體化趨勢與知識產權保護的國際化是密不可分、相輔相成的。知識產權保護的地域性特徵使得知識產權只能依靠各國國內法律的保護，這與國際技術的交流與發展是不相適應的。因此，產生了知識產權保護國際化的問題。19世紀末，《保護工業產權巴黎公約》等知識產權保護國際公約的建立，開始了知識產權保護國際化的進程。目前，知識產權國際保護已經形成了較為完整的體系。

11.2.1 知識產權國際保護制度的產生

知識產權的國際保護是指世界各國根據雙邊的、多邊的乃至世界性的國際條約確立一些基本原則、制度和最低要求，對一國授予的知識產權在國際貿易中所給予的域外法律保護。它是國際社會經濟貿易關係在特定歷史條件下的必然產物和要求。在各國沒有知識產權法或者只有少數國家建立知識產權法的情況下，實質上是不存在知識產權國際保護的問題。知識產權國際保護制度，從產生到發展完善，經歷了漫長的歷史時期，其產生的客觀前提是各國知識產權法律制度的普遍建立。

19世紀末期，世界上主要資本主義國家已建立起各自的知識產權法律，其重要標誌是專利法、商標法以及版權法在各主要資本主義國家普遍確立。15世紀的威尼斯，專利制度作為一種法律制度被首次採用。現代意義的專利法，是在17世紀首次出現的。1624年，英國頒布了《壟斷法令》，規定了發明專利權的主體、客體、可以取得專利的發明、取得專利的條件以及專利的有效期等問題，奠定了現代意義專利法律制度的基礎，對后世各國專利法有著重大影響。因此，《壟斷法令》被認為是現代意義上的專利法的鼻祖。此后，美國於1790年、法國於1791年、西班牙於1920年、俄國於1870年、德國於1877年、日本於1885年，都先后制定了各自的專利法。據統計，僅到1873年，就已經有22個國家和地區建立了專利制度。這就表明在19世紀末，專利法律制度已在資本主義國家普遍確立。專利法在各國確立的同時，商標法和版權法也在各主要資本主義國家確立。專利法、商標法和版權法在各國的確立，為知識產權國際保護問題的提出奠定了堅實的基礎。

知識產權的特殊特徵決定對知識產權的保護不能像對物權的保護那樣嚴格。例如，一國法律可以禁止在本國範圍內對受保護發明專利的非法實施，但無法禁止該專利在國外的實施。正因為知識產權的地域性特徵，使知識產權依靠一國法律保護力不從心，尤其在國際間經濟技術交流迅速擴大的情況下，更顯得保護不力。因而，需要由國際調節機制來加以控製，方能對知識產權提供充分的保護。知識產權的地域性限制與知識產權的國際性需求之問出現了巨大的矛盾。如何實現知識產權的國際保護，如何協調各國的知識產權保護標準，都擺在了世界各國面前。在此背景下，各國進行努力協調，力求建立一套國際調節機制，將知識產權的國內保護擴大為國際保護。1873 年，奧匈帝國在首都維也納舉行國際博覽會，邀請各國廠商參加。但各國廠商擔心他們的產品專利在國外被仿製，因而反應冷淡。美國駐維也納大使對奧匈帝國所提供的保護表示不滿，要求奧匈帝國對參加國際博覽會的產品採取特別保護措施。為此，奧匈帝國制定了法令，對參加博覽會的產品給予臨時保護，首開保護外國專利的先河。經歷了一百多年的衝突和調整的複雜過程，以多邊國際條約為核心的知識產權保護體制基本形成。這些條約主要有：《保護工業產權巴黎公約》《保護文學藝術伯爾尼公約》《世界版權公約》《保護表演者、音像製品製作者和廣播組織的國際公約》《與貿易有關的知識產權協議》《世界知識產權組織版權條約》（WCT）和《世界知識產權組織表演和錄音製品條約》（WPPT）等。

11.2.2 知識產權國際保護制度的建立

知識產權國際保護問題隨著國際貿易的發展得到各國的重視，各國最初希望建立統一的知識產權法來避免各國國內的知識產權法的差異問題。1873 年，維也納國際會議召開，會議上提出了制定統一的專利法典的設想，由於各國利益的衝突和立法上的差異，最終制定統一的專利法典的希望落空了，會議沒有取得任何實質成果。

1873 年維也納國際會議使各國認識到，制定統一的專利法典的努力是不現實的。自此，各國開始轉向在保護知識產權方面應當採取的一些基本原則和共同規則，力求在國際範圍對知識產權進行法律保護。1878 年，巴黎召開的第二次國際會議圍繞各國的專利制度應遵循的基本原則和共同規則問題進行了討論。會議決定起草一份國際公約，以協調各國在保護工業產權方面的做法，並成立了公約起草委員會，最終形成了一份保護工業產權的國際公約草案提交各國討論。1883 年 3 月，在巴黎通過了該公約草案，這就是《保護工業產權巴黎公約》（簡稱《巴黎公約》）。《巴黎公約》於 1884 年正式生效，參加的國家有法國、比利時、巴西、危地馬拉、義大利、荷蘭、葡萄牙、西班牙、薩爾瓦多、瑞士、塞爾維亞、英國、突尼斯、厄瓜多爾等。到 1900 年，有 15 個國家參加了《巴黎公約》。《巴黎公約》的簽訂及生效，標誌著工業產權國際保護制度開始確立。

關於版權保護方面的國際公約是在《巴黎公約》簽訂以後各國開始著手簽訂的。版權保護制度最初在 18 世紀初就已經存在，但在各國版權法僅限於保護本國作者的作品以及在本國出版的作品。各國版權法對外國人的版權保護比專利法對外國人專利權的保護規定了更為嚴格的限制條例。隨著科學技術和文學藝術的發展，版權國際保護

問題日漸引起重視。1852年，法國率先將版權保護單方面擴大到一切作品，無論作者是何國籍，以及作者國籍所屬國是否給法國作者以對等保護。法國積極以雙邊條約的方式來尋求法國作者的版權在他國受到保護。1858年，在布魯塞爾舉行了第一次「國際作者與藝術家大會」，會上對制定版權國際保護統一法提出了設想。1878年，「國際文學藝術聯合會」在巴黎成立。該聯合會成立以後，積極致力於促進版權的國際保護，並起草了一份關於版權國際保護的倡議文件。該文件成為后來《伯爾尼公約》的基礎。

1884—1886年，歐洲、亞洲、非洲以及美洲一些國家在瑞士首都伯爾尼舉行了三次外交會議，討論締結一個版權保護國際公約的問題。1886年9月，參加上述會議的10個國家（英國、法國、瑞士、比利時、義大利、德國、西班牙、利比里亞、海地、突尼斯）在伯爾尼締結了《保護文學藝術作品伯爾尼公約》（簡稱《伯爾尼公約》）。《伯爾尼公約》經除了利比里亞以外的上述國家批准之后，於1887年12月生效。這樣，在版權法領域中也建立了國際保護體制。

至此，在知識產權的核心——工業產權和版權兩大領域中，已分別產生了《巴黎公約》和《伯爾尼公約》。這兩個公約為知識產權國際保護制度的進一步發展奠定了基礎，並構成了現代知識產權國際保護體系的基本框架。《巴黎公約》和《伯爾尼公約》的締結及生效，標誌著知識產權國際保護制度的全面確立。

11.2.3 知識產權國際保護制度的發展變化

繼《巴黎公約》與《伯爾尼公約》以后，歷時百餘年，知識產權國際保護方面又簽訂了一系列國際文件。它們是《商標國際註冊馬德里協定》《制裁商品來源之虛假或欺騙性標誌協定》《工業品外觀設計國際備案海牙協定》《世界版權公約》《商標註冊用商品與服務國際分類尼斯協定》《保護產地名稱及其國際註冊協定》《保護表演者、錄音製品製作者與廣播組織羅馬公約》《保護植物新品種日內瓦公約》《建立工業品外觀設計國際分類洛迦諾協定》和《專利合作條約》等。至此，一個涵蓋知識產權各領域的知識產權國際保護法律體系已經形成。

越來越多的國家參加知識產權國際保護的同時，更多的國際組織也參與了知識產權的國際保護。目前，參與知識產權國際保護的國際組織不再局限於世界知識產權組織。眾多的國際組織，主要是聯合國的專門機構也參加了這一活動，如國際勞工組織、聯合國教科文組織、關稅與貿易總協定，甚至聯合國本身也參與了這一活動。在眾多的國際組織中，除了世界知識產權組織外，最引人注目的是《關稅與貿易總協定》。關稅與貿易總協定的「烏拉圭回合」對知識產權問題進行了討論，並達成了《與貿易有關的知識產權包括冒牌貨貿易的協定》草案。《關稅與貿易總協定》在今后知識產權國際保護中必將發揮重要的作用。

隨著經濟全球化和科學技術的迅猛發展，知識產權的商業重要性及其對全球經濟的作用日益彰顯，知識產權的保護標準也隨之不斷提升，知識產權的國際保護呈現出新的特點。知識產權國際保護的範圍正在不斷地從科學技術領域向國際貿易、投資、合作等領域拓展。這從世界貿易組織（WTO）協議中《與貿易有關的知識產權協議》的談判、簽訂以及各種有關知識產權的談判中均有充分的體現。這表明知識產權已經

成為國際貿易不可分割的一部分，同時也反映了在激烈的國際競爭中，知識產權的國際保護必將在國際政治、經濟、技術合作等方面起著更為重要的推動作用。知識產權保護的客體範圍不斷擴大，例如將版權適用於計算機程序，對商業方法軟件給予專利保護，將專利保護擴大適用於一切技術領域包括生命形式、細胞鏈和 DNA 序列，對藥品給予產品專利保護等；不斷創設新的權利，包括網路傳輸權、集成電路布圖設計權、植物新品種權、數據庫的特別保護等，並且進一步討論了對民間文學、傳統知識、地理標誌等的知識產權保護。區域性的知識產權國際保護日趨加強。隨著世界區域經濟一體化的加快，世界上不少地區簽訂了統一的知識產權國際保護的法律、條約、協定等。這反映了地區性的知識產權國際保護法律的逐步協調和統一。原有的一些保護知識產權的國際公約，正在做進一步的修改和補充，以強化知識產權的國際保護。

11.2.4　知識產權國際保護原則

以世界貿易組織的 TRIPS 協議為主的國際知識產權法律框架在知識產權保護上確立了下述原則，要求各個公約國必須遵守。

1. 國民待遇原則

國民待遇原則是在《保護工業產權巴黎公約》中首先提出的，在 TRIPS 協定中再次強調，各個知識產權國際公約和成員都必須共同遵守的基本原則。該原則是指在知識產權的保護上，成員法律必須給予其他成員的國民以本國或地區國民所享有的同樣待遇。如果是非成員的國民，在符合一定條件後也可享受國民待遇。如在著作權保護方面，某公民的作品只要在某成員國首先發表，就可在該成員國享受國民待遇。

2. 最惠國待遇原則

最惠國待遇原則最早僅適用於國際有形商品貿易，后被 TRIPS 協定延伸到知識產權保護領域。其含義是指締約方在知識產權保護方面給予某締約方或非締約方的利益、優待、特權或豁免，應立即無條件地給予其他締約方。國民待遇原則解決的是本國人和外國人之間的平等保護問題，而最惠國待遇原則則是解決外國人彼此之間的平等保護問題，其共同點是禁止在知識產權保護方面實行歧視或差別待遇。

3. 透明度原則

透明度原則是指各成員頒布實施的知識產權保護法律、法規以及普遍適用的終審司法判決和終局行政裁決，均應以該國文字頒布或以其他方式使各成員政府及權利持有人知悉。

4. 獨立保護原則

獨立保護原則是指某成員國民就同一智力成果在其他締約國（或地區）所獲得的法律保護是互相獨立的。知識產權在某成員國產生、被宣告無效或終止，並不必然導致該知識產權在其他成員國也產生、被宣告無效或終止。

5. 自動保護原則

自動保護原則僅適用於保護著作權的一項基本原則，其含義是作者在享有及行使該成員國民所享有的著作權時，不需要履行任何手續，註冊登記、交納樣本及作版權標記等手續均不能作為著作權產生的條件。

6. 優先權原則

優先權是保護工業產權巴黎公約授予締約國國民最重要的權利之一，TRIPS 協定予以了肯定，解決了外國人在申請專利權、商標權方面因各種原因產生的不公平競爭問題。其含義是指，在一個締約成員國提出發明專利、實用新型、外觀設計或商標註冊申請的申請人，又在規定期限內就同樣的註冊申請再向其他成員國提出同樣內容的申請的，可以享有申請日期優先的權利。即可以把向某成員國第一次申請的日期，視為向其他成員國實際申請的日期。享有優先權的期限限制視不同的工業產權而定，發明和實用新型為向某成員第一次申請之日起 12 個月，外觀設計和商標為 6 個月。

11.3　世界知識產權組織及其主要國際公約

11.3.1　世界知識產權組織

世界知識產權組織（WIPO）是一個致力於促進使用和保護人類智力作品的國際組織，是聯合國組織系統中的 15 個專門機構之一。它根據 1962 年 7 月 14 日由 51 個國家簽署的《建立世界知識產權組織公約》於 1970 年 4 月成立，現有 180 多個成員國，其前身是「保護工業產權巴黎聯盟」和「保護文學藝術作品伯爾尼聯盟」的「聯合國際局」。世界知識產權組織的總部設在日內瓦，在紐約有聯絡處。中國於 1980 年 3 月加入該組織。在歷史上，世界知識產權組織體系內簽訂的《保護工業產權巴黎公約》和《保護文學藝術作品伯爾尼公約》被公認為是世界上最有影響的知識產權保護公約。

在文學藝術領域中，與世界知識產權組織有關的公約還有世界知識產權組織與聯合國教育科學文化組織共同發起制定的《保護錄音製品製作者防止錄音製品被擅自複製的公約》（簡稱《錄音製品公約》或《日內瓦公約》）《關於播送由人造衛星傳播載有節目的信號的公約》（簡稱《衛星公約》）以及《伯爾尼公約》成員與國際勞工組織、聯合國教育科學文化組織共同發起制定的《保護表演者、錄音製品製作者和廣播組織的國際公約》（簡稱《羅馬公約》）。此外，還有世界知識產權組織主持締結的《集成電路知識產權條約》等。

11.3.2　知識產權保護標準的國際公約

1.《保護工業產權巴黎公約》

《保護工業產權巴黎公約》（下稱《巴黎公約》），於 1883 年 3 月 20 日由法國、比利時等 11 個國家在巴黎簽署，1884 年 7 月 7 日正式生效。該公約曾於 1900 年 12 月 4 日在布魯塞爾、1911 年 6 月 2 日在華盛頓、1925 年 11 月 6 日在海牙、1958 年 10 月 31 日在里斯本、1967 年 7 月 14 日在斯德哥爾摩進行過修訂，並於 1997 年 10 月 2 日進行過修改。中國於 1985 年 3 月 19 日正式加入，中國政府在加入書中聲明：中華人民共和國不受公約第二十八條第一款的約束。《巴黎公約》的調整對象即保護範圍是工業產權，包括發明專利權、實用新型、工業品外觀設計、商標權、服務標記、廠商名稱、

產地標記或原產地名稱以及制止不正當競爭等。《巴黎公約》的基本目的是保證一成員國的工業產權在所有其他成員國都得到保護。公約規定了在工業產權保護方面各締約國必須共同遵守的原則，包括國民待遇原則、優先權原則、獨立性原則。但各成員國在工業產權的具體保護上仍保留立法自由。根據《巴黎公約》的規定，為進一步加強保護工業產權的國際合作，各成員國可按其意願另行締結若干專門的協定或條約。這些以《巴黎公約》為基礎產生的協定或條約，均受《巴黎公約》原則的約束。

2.《保護表演者、錄音製品製作者和廣播組織的國際公約》

該公約由世界知識產權組織與聯合國教科文組織及國際勞工組織聯合發起，於1961年10月26日在羅馬締結，1964年5月18日生效，簡稱《羅馬公約》或《鄰接權公約》。該公約只允許《伯爾尼公約》和《世界版權公約》的成員國參加。公約的宗旨是在不影響文學藝術作品版權的前提下，對智力作品的傳播者（表演者、錄音製品製作者和廣播組織）的權利提供國際保護。公約共34條，主要內容包括：①表演者、錄音製品製作者和廣播組織有權允許或禁止他人錄製、複製或傳播其表演、錄音製品和廣播節目，並有權向作品使用者收取報酬；②保護期不得短於20年；③國民待遇原則；④對權利實行一定的限制；⑥錄音製品出版時應標註標記，即P加圈的符號、首版年份和錄制者、表演者的姓名。截至2016年2月，該公約有92個締約方。

3.《保護錄音製品製作者防止未經許可複製其錄音製品公約》

該公約由世界知識產權組織和聯合國教科文組織（UNESCO）聯合發起，於1971年10月29日在日內瓦簽訂，1973年4月生效，簡稱《錄音製品公約》或《唱片公約》。由於1961年簽訂的《保護表演者、錄音製品製作者和廣播組織的國際公約》（《羅馬公約》）對錄音製品製作者的權利規定較為簡單，且允許成員國保留不執行某些條款的權利，因此一些國家認為有必要再簽訂一個公約，於是便產生了本公約。該公約為開放性公約，凡聯合國或聯合國專門機構的成員均可參加。公約除序文外，共分13條，主要內容包括：①防止未經錄音製品製作者許可而複製其錄音製品、進口或銷售該錄音製品的複製品；②錄音製品的保護期不得短於20年；③錄音製品上必須標註標記，即P加圈的符號和首版年份及錄制者與表演者的姓名；④國民待遇原則。截至2004年1月，共有72個締約國。中國於1992年11月7日參加。

4.《關於播送由人造衛星傳播載有節目信號的公約》

該公約簡稱《衛星公約》或《布魯塞爾衛星公約》，由世界知識產權組織和聯合國教科文組織聯合發起，於1974年5月21日在布魯塞爾簽訂，1979年8月25日生效。締結該公約的目的是防止未經廣播組織許可而接收、轉播廣播組織播放的節目，保護節目製作者的利益。該公約是一個開放性公約，並不要求以加入《伯爾尼公約》和《世界版權公約》為參加的先決條件。公約除序文外，共分12條，主要內容包括：①在不妨礙已生效的國際公約（如《羅馬公約》《國際電信公約》）的前提下，成員國應採取適當措施防止任何人或廣播組織擅自轉播他人通過人造衛星傳播的載有節目的信號；②上述信號享有公約無限期的保護。

5.《集成電路知識產權條約》

該條約於 1989 年 5 月在華盛頓締結，至今尚未生效。條約的宗旨是促進半導體芯片電路設計的國際保護，主要內容包括：①對芯片掩膜實行註冊保護制度，但註冊不要求新穎性，只需芯片掩膜所有人在產品投入商業領域後 2 年內提出註冊申請即可；②保護期不得短於 10 年；③國民待遇原則。

6.《保護植物新品種日內瓦公約》

該公約於 1961 年締結，同時建立了「保護植物新品種聯盟」（UPOV）。1972 年、1978 年、1991 年曾作過修訂。公約規定：①國民待遇原則；②取得植物品種保護的經程序；③優先權原則，即申請人在其成員國內首次申請後 12 個月內，如向其他成員國申請時可享有優先權。中國於 1999 年 4 月 23 日參加該公約。

7.《保護奧林匹克會徽內羅畢條約》

該條約是世界知識產權組織於 1981 年 9 月 26 日在內羅畢主持召開的外交大會上締結的，於 1983 年生效。該條約同時涉及工業產權和版權兩個領域。條約規定，成員國有義務必須拒絕批准含有奧林匹克會徽圖形或相似圖形的標記註冊，並採取有效措施禁止任何人未經許可在商業活動中使用上述標記，但在參加本條約前已註冊或在商業活動中已使用的除外。為宣傳報導奧林匹克運動會與有關活動及得到奧林匹克國際委員會特別許可的使用也除外。獲許可而做商業性使用者必須向奧林匹克委員會支付使用費。

11.3.3 主要專利國際條約

1.《專利合作條約》

《專利合作條約》是於 1970 年 6 月 19 日在華盛頓召開的一次國際外交會議上，由參加會議的 35 個國家簽署的，同時還成立了專利合作條約聯盟。條約於 1978 年 1 月 24 日生效，1978 年 6 月 1 日起開始接受專利申請。該條約曾於 1979 年 9 月 28 日和 1984 年 2 月 3 日進行過兩次修訂。中國已於 1994 年 1 月 1 日參加。《專利合作條約》是專利領域的一項國際合作條約，主要涉及專利申請的提交、檢索、審查以及其中包括的技術信息的傳播的合作性和合理性的一個條約。專利合作條約不對「國際專利授權」，即授予專利的任務和責任仍然只能由尋求專利保護的各個國家的專利局或行使其職權的機構掌握（指定局）。《專利合作條約》並非與《巴黎公約》競爭，事實上是其補充，是在《巴黎公約》下只對《巴黎公約》成員國開放的一個特殊協議。

《專利合作條約》的優點：①統一專利申請，即國際專利申請可以在一個地方、採用一種語言、使用一種格式、支付一種貨幣的費用、提交一份申請，即可以在其成員國內或地區專利組織內取得相當於國家或地區專利申請的效力。②最快享有優先權，即提交國際申請可以就近進行，而且 PCT 申請可用本國文字提交，因此，申請人可在優先權期限的最後一刻提出申請，比較容易實現國際申請的提交而享有優先權。③申請人可自申請日起 9 個月左右或優先權日起 16 個月左右獲得一份國際檢索報告；申請人還可自申請日或優先權日起 28 個月內獲得一份初步審查報告（如果申請人在規定的期限內提出了國際初步審查請求的話），申請人可根據上述兩個報告所得到的現有技

術，再決定是否進入國家階段。專利合作條約申請可將進入國家階段的時間推遲 8 個月或 18 個月，這對於那些尚未做好準備的申請人來說無疑是有利的。

條約的缺點：①提交國際專利申請，分為國際階段和國家階段，在國際階段主要是解決國際專利申請的受理、公布、檢索和初步審查的問題，而且這些檢索和初步審查的效力僅是給國家階段的審查以及申請人提供參考，不具有當然的效力。②在國家階段主要是解決授予國家和地區專利的問題，因此，辦理國際申請的手續比較複雜。又分為兩個階段收費，這對那些經濟利益明確的申請人來講也會增加經濟負擔，而且國際申請不能選擇外觀設計專利的保護形式。

2.《海牙協定》

該協定於 1925 年 11 月 6 日在海牙簽訂。1928 年生效，並成立了「海牙聯盟」。該協定自簽訂后做過多次修訂，有 1925 年海牙文本、1934 年倫敦文本、1960 年海牙文本、1967 年斯德哥爾摩文本（1979 年經修訂補充）、1999 年日內瓦文本。1999 年《海牙協定》日內瓦文本的締結，目的是為了使這一制度更加符合用戶的需求，為那些由於其工業品外觀設計制度而不能加入 1960 年海牙文本的國家加入該協定提供便利。截至 2004 年 12 月 31 日，前 4 種文本的締約方總數為 31 個國家，日內瓦文本的締約方總數為 16 個國家。《海牙協定》的主要內容為：具有任何一個海牙聯盟成員國國籍或在該國有住所或經營場所的個人或單位都可以申請「國際保存」。申請人只要向世界知識產權組織國際局進行一次申請，就可以在要想得到保護的成員國內獲得工業品設計專利保護。申請國際保存時，不需要先在一個國家的專利局得到外觀設計的專利的批准，只通過一次保存，可以同時在幾個國家取得保護。國際保存的期限為 5 年，期滿后可以延長 5 年。

3.《國際承認用於專利程序的微生物保存布達佩斯條約》

《國際承認用於專利程序的微生物保存布達佩斯條約》（簡稱《布達佩斯條約》）是 1977 年 4 月 28 日在布達佩斯召開的由 31 個《巴黎公約》成員國和其他 12 個組織的代表參加的外交會議上簽訂的。1980 年 9 月 26 日進行過修訂。截至 2004 年 12 月 31 日，《布達佩斯條約》締約方總數為 60 個國家。1995 年 3 月 30 日，中國政府向世界知識產權組織遞交加入書。1995 年 7 月 1 日，中國成為該條約的成員國。《布達佩斯條約》的主要特徵是為專利程序的目的允許或要求微生物寄存的締約國必須承認向任何「國際保存單位」提交的微生物寄存。這種承認應包括承認由該國際保存單位說明的保存事實和交存日期，以及承認作為樣品提供的是所保存的微生物樣品。各締約國根據條約組成「布達佩斯聯盟」。聯盟的行政工作委託世界知識產權組織國際局辦理。聯盟的成員國必須是巴黎公約的成員國。

4.《國際專利分類斯特拉斯堡協定》

《國際專利分類斯特拉斯堡協定》（簡稱《斯特拉斯堡協定》）是巴黎公約成員國間締結的有關建立專利國際分類的專門協定之一。1971 年 3 月 24 日在法國斯特拉斯堡簽訂。《斯特拉斯堡協定》是根據 1954 年的發明專利國際分類歐洲公約創建的發明專利國際分類法制定的。這一分類法普遍的價值不但對《保護工業產權巴黎公約》的全體締約國重要，而且對發展中國家同樣重要。該協定由世界知識產權組織管理，並向

《保護工業產權巴黎公約》的所有成員國開放。協定規定締約國對一切專利文件都應標註適當的國際專利符號。任何國家，不論是否協定的締約國，均可使用該分類法。國際專利分類系統每 5 年修訂一次。只有參加《斯特拉斯堡協定》的巴黎聯盟成員國才有權參與國際專利分類系統的修訂工作。1996 年 6 月 17 日，中國政府向世界知識產權組織遞交加入書，1997 年 6 月 19 日中國成為該協定成員國。

11.3.4 主要商標國際條約

1. 《商標國際註冊馬德里協定》

《商標國際註冊馬德里協定》（簡稱《馬德里協定》），於 1967 年 7 月 14 日簽訂於斯德哥爾摩，於 1989 年 5 月 25 日生效。《馬德里協定》內容是關於簡化商標在其他國家內註冊手續的國際協定。1891 年 4 月 14 日在馬德里簽訂，1892 年 7 月生效。《馬德里協定》自生效以來共修改過多次，和 1989 年簽署的《商標國際註冊馬德里協定有關議定書》（簡稱《馬德里議定書》）稱為商標國際註冊馬德里體系。1989 年 10 月 4 日中國成為該協定成員國。《馬德里協定》保護的對象是商標和服務標誌，包括商標國際註冊的申請、效力、續展、收費等。該協定規定：商標的國際註冊程序是協定的成員國國民，或在成員國有住所或有真實、有效營業所的非成員國國民，首先在其所屬國或居住或沒有營業所的成員國取得商標註冊，然後通過該國商標主管機構，向設在日內瓦的世界知識產權組織國際局提出商標的國際註冊申請。如果申請得到核准，由國際局公布，並通知申請人要求給予保護的有關成員國。這些成員國可以在一年內聲明對該項商標不予保護，但需要說明理由；申請人可以向該國主管機關或法院提出申訴。凡在一年內未向國際局提出駁回註冊聲明的，可以視為已同意了商標註冊。經國際局註冊的商標享有 20 年有效期，並且可以不限次數地續展。協定便利了其成員國國民在協定的其他成員國取得商標註冊。如果取得了國際註冊的商標在其取得國際註冊之日起 5 年內被本國商標主管機關撤銷了其本國註冊或宣告本國註冊無效，則該商標在協定其他成員國的商標註冊也將隨之被撤銷。只有當取得國際商標註冊屆滿 5 年之後，該商標在協定各其他成員國的註冊才能獨立於其本國註冊。

2. 《商標註冊用商品及服務國際分類尼斯協定》

《商標註冊用商品及服務國際分類尼斯協定》（簡稱《尼斯協定》）於 1957 年 6 月 15 日在法國南部城市尼斯簽訂，1961 年 4 月 8 日生效，先後於 1967 年 7 月 14 日在斯德哥爾摩、1977 年 5 月 13 日在日內瓦作過修訂。《尼斯協定》建立了為商標註冊目的而使用的商品和服務國際分類，包括商品 34 個大類，服務 11 個大類，大類又分為 1 萬多個小項。申請人所需填報的商品及服務一般說來都在其中了。不僅所有尼斯聯盟成員國都使用此分類表，而且，非尼斯聯盟成員國也可以使用該分類表。不同的是，尼斯聯盟成員可以參與分類表的修訂，而非成員國則無權參與。目前世界上已有 130 多個國家和地區採用此分類表。中國自 1988 年 11 月 1 日起採用國際分類，規範了商標主管機關的管理，密切了國際商標事務的聯繫。中國於 1988 年 11 月 1 日起開始採用商標註冊用商品和服務國際分類，並於 1994 年加入該協定。

3.《商標圖形國際分類維也納協定》

在進行商標檢索時，除檢索按商品分類儲存的商標檔案外，往往還有必要檢索按商標本身的文字、圖形的類型儲存商標檔案，以避免相同或近似商標的申請註冊。為此，一些國家認為，應建立一個統一的商標圖形國際分類法。1973年6月12日由巴西、比利時、丹麥、法國、南斯拉夫等國發起，在維也納締結了《商標圖形國際分類協定》。協定規定只有《巴黎公約》的成員國可以參加該協定，該協定於1985年生效，同年修訂過一次。協定的成員國都應當在正式的商標註冊文件、商標公報文件上使用該國際分類。該協定將商標圖形要素分為29個大類、144個小類和約1887個類目。它要求每一締約國的商標主管機關必須在其有關商標註冊或續展的官方文件，或出版物裡，指明所使用的國際分類符號，以便於商標的內部審查和外部查詢。

11.3.5 主要著作權國際條約

1.《保護文學和藝術作品伯爾尼公約》

《保護文學和藝術作品伯爾尼公約》是關於著作權保護的國際條約，1886年9月9日制定於瑞士伯爾尼。截至2016年9月24日，該公約締約方總數達到172個國家，1992年10月15日中國成為該公約成員國。1878年，由雨果主持在巴黎召開了一次重要的文學大會，建立了一個國際文學藝術協會。1883年該協會將一份經過多次討論的國際公約草案交給瑞士政府。瑞士政府於1886年9月9日在伯爾尼舉行的第三次大會上予以通過，定名為《保護文學和藝術作品伯爾尼公約》，簡稱《伯爾尼公約》。原始簽字國有英國、法國、德國、義大利、瑞士、比利時、西班牙、利比里亞、海地和突尼斯10國，1887年9月5日簽字國互換批准書（只有利比里亞沒有批准），公約3個月后生效（1887年12月），所有參加這一公約的國家組成一個聯盟，稱伯爾尼聯盟。現行的《伯爾尼公約》的核心是規定了每個締約國都應自動保護在伯爾尼聯盟所屬的其他各國中首先出版的作品和保護其作者是上述其他各國的公民或居民的未出版的作品。公約從結構上分正文和附件兩部分，從內容上分實質性條款和組織管理性條款兩部分。正文共38條，其中前21條和附件為實質性條款，正文后17條為組織管理性條款。該公約的規定比較具體、詳細，規定作品享有版權不依賴於任何手續（如註冊登記、繳納樣本等），保護期也比較長。《伯爾尼公約》附件中關於發展中國家的特別條款，規定發展中國家出於教育和科學研究的需要，可以在《伯爾尼公約》規定的限制範圍內，按照《伯爾尼公約》規定的程序，發放翻譯或複製有版權作品的強制許可證。

2.《世界版權公約》

《世界版權公約》於1947年由聯合國教育、科學及文化組織主持準備，1952年在日內瓦締結，1955年生效。1971年在巴黎修訂過一次。中國於1992年7月30日遞交了加入《世界版權公約》的官方文件，同年10月30日對中國生效。公約所定的保護水平，反映在它對成員國國內法的最低要求上。公約由7條實體條文與14條行政條文組成。它的實體條文不像《伯爾尼公約》規定得那麼具體，而是比較籠統。但是，公約不允許參加它的國家作任何保留。該公約保護的作品版權主要包括文學、藝術和學術三個方面。並且根據修正文本第一條設立的政府間委員會，研究有關版權的國際保

護與合作。它是繼《伯爾尼公約》后又一個國際性的著作權公約。1952年9月締約國在日內瓦簽訂，1971年7月在巴黎修訂。全文共21條及兩個附件。該公約的主要內容包括：①提出對文學、科學和藝術作品給予充分有效的保護，各締約國自行決定保護範圍；對作品的保護期限定為作者有生之年加死后25年或作品首次發表之后25年；要求在出版的作品上有一定版權標記。該公約由聯合國教科文組織管理，成員國不必繳納會費。但是，該公約未明示保護作者的身分權，不具有追溯力，且不允許締約國對某些條款予以保留。②公約並不對作者的精神權利（或稱「人身權」）提供一般保護，只是在其中「對發展中國家的優惠條款」內，含有禁止篡改他人作品，以及作者有權收回已進入市場的作品等相當於保護精神權利的規定。③作品保護需要有一定手續，必須註冊登記並在作品的版權頁上刊載版權標記。

3.《與貿易有關的知識產權協定》

1883年之前，知識產權的國際保護主要是通過雙邊國際條約的締結來實現的。1883年《保護工業產權巴黎公約》問世后，《保護文學藝術作品伯爾尼公約》《商標國際註冊馬德里協定》等相繼締結，世界各國主要靠這些多邊國際條約來協調各國之間差距很大的知識產權制度，減少國際交往中的知識產權糾紛。隨著科技發展和經濟的進一步全球化，各國之間知識產權保護標準的巨大差異給國際貿易的發展帶來嚴重的不利影響。造成該問題的主要原因有：①科研與技術在工業生產中的地位日益突出。發達國家出口產品中高科技和創造性投入比重越來越大。發達國家主張將知識產權納入到關貿總協定的談判中，使其出口產品時，專利權受到束道國的保護，以便能補償研究和開發費用。②發達國家通過許可或合資方式在發展中國家生產專利產品的機會增多，而這種意願在很大程度上取決於束道國的知識產權機制。③伴隨國際貿易產品的技術改進而出現的技術進步已經使得複製和仿製簡單而經濟。因此，在知識產權保護制度不完善的國家裡，冒牌與盜版產品生產猖獗，這極大地損害了正當權利人的利益。所以，越來越多的國家認識到，加強知識產權的保護對促進經濟發展意義重大，《與貿易有關的知識產權協定》就是在這一背景下產生。

《與貿易有關的知識產權協定》是1994年與世界貿易組織所有其他協議一併締結的，它是迄今為止對各國知識產權法律和制度影響最大的國際條約，是世界貿易組織管轄的一項多邊貿易協定。《與貿易有關的知識產權協定》有7個部分，共73條。其中所說的「知識產權」包括：①著作權與鄰接權；②商標權；③地理標誌權；④工業品外觀設計權；⑤專利權；⑥集成電路布線圖設計權；⑦未披露的信息專有權。《與貿易有關的知識產權協定》保護的範圍包括上述7種知識產權，規定了最低保護要求，並涉及對限制競爭行為的控制問題，規定和強化了知識產權執法程序，有條件地將不同類型的成員加以區別對待。該協定宗旨是促進對知識產權在國際貿易範圍內更充分、有效地保護，以使權利人能夠從其創造發明中獲益，受到激勵，繼續在創造發明方面的努力；減少知識產權保護對國際貿易的扭曲與阻礙，確保知識產權協定的實施及程序不對合法貿易構成壁壘。

與過去的知識產權國際條約相比，該協議具有三個突出特點：第一，它是第一個涵蓋了絕大多數知識產權類型的多邊條約，既包括實體性規定，也包括程序性規定。

這些規定構成了世界貿易組織成員必須達到的最低標準，除了在個別問題上允許最不發達國家延緩施行之外，所有成員均不得有任何保留。這樣，該協議就全方位地提高了全世界知識產權保護的水準。第二，它是第一個對知識產權執法標準及執法程序作出規範的條約，對侵犯知識產權行為的民事責任、刑事責任以及保護知識產權的邊境措施、臨時措施等都做了明確規定。第三，它引入了世界貿易組織的爭端解決機制，用於解決各成員之間產生的知識產權糾紛。過去的知識產權國際條約對參加國在立法或執法上違反條約並無相應的制裁條款，《與貿易有關的知識產權協定》則將違反協議規定直接與單邊及多邊經濟制裁掛鈎。

12　知識產權管理和運用

12.1　知識產權管理

12.1.1　知識產權管理概述

1. 知識產權管理的概念

隨著經濟全球化的不斷加深和知識經濟的日益彰顯，知識產權競爭越來越激烈。知識產權管理，是隨著知識經濟的發展、對無形資產管理的需求等因素催生並發展出的一個新的管理理念。所謂管理，就是管理者對管理對象加以計劃、組織、協調和控製，以便達到既定的組織目標的活動和過程。因此，知識產權管理就是對知識產權工作加以計劃、組織、協調和控製的活動和過程[1]。知識產權管理貫穿了知識產權的創造、運用和保護的整個過程。從宏觀管理角度來看，知識產權管理應該包括國家知識產權戰略的實施及其績效評價、知識產權法律法規和規章制度的構建、知識產權行政執法和行政許可等涉及知識產權政治、經濟、法制和文化的管理活動，從微觀管理角度來看，知識產權管理應該包括創新主體的知識產權的取得、運用、保護等各項活動。[2]

2. 知識產權管理的分類

根據不同標準，知識產權管理可以被劃分為不同的種類。

（1）根據知識產權管理主體的不同，可以將知識產權管理劃分為行政主管部門的知識產權管理、行業的知識產權管理、企業的知識產權管理、事業單位的知識產權管理等。

行政主管部門的知識產權管理，主要包括知識產權的授權、知識產權行政執法、糾紛的調處、市場秩序的維護等內容。中國現行的知識產權行政管理體制，主要由中央和地方兩個層面組成。但在同一層面，不同類別的知識產權又歸屬於不同的部門管理。中央到地方各級行政管理部門呈現「多層級」的特點，不同地方層級和編制設置也不同。

在中央層面，國家知識產權局及其下設的專利局是管理專利和集成電路布圖設計，以及統籌協調知識產權事宜的機構；商標和著作權的管理分屬國家工商行政管理總局

---

[1] 吳漢東. 知識產權法通識教材 [M]. 北京：知識產權出版社，2007：319.
[2] 朱雪忠. 知識產權管理 [M]. 北京：高等教育出版社，2010：18.

和國家版權局負責。除此之外,其他知識產權則由相關的國家部門負責:不正當競爭行為由國家工商行政管理總局公平交易局的反不正當競爭處管理;地理標誌歸國家質量監督檢驗檢疫總局和農業部管理;植物新品種權由農業部和林業局的檢物新品種辦公室負責;國際貿易中的知識產權由商務部負責;與科技有關的知識產權由科學技術部管理;與進出境貨物有關的知識產權由國家海關總署負責;互聯網域名則由工業信息化部管理。[①] 同時,地方層面也是採取分別管理的方式,將專利、商標、版權等客體歸屬不同的與中央管理部門對應的機構負責,涉及地方知識產權局、工商行政管理局、版權局(新聞出版局)、科技局(科技廳)、技術監督局、海關等多個部門。

縱向來看,現行知識產權行政管理體制從中央到地方分為多個管理層次。著作權由國家版權局實行垂直領導,商標由國家工商行政管理總局商標局統一註冊、分級管理,形成較統一的自上而下的管理體系。

行業的知識產權管理,是指各行業協會、行業管理者或者組織根據各自的情況,依據法律規定所進行的知識產權管理。從某種意義上說,行業知識產權管理比單個企業所進行的知識產權管理具有更加重要的作用,是產業和企業后續發展的基礎。根據世界貿易組織規則,政府對企業的經濟活動只能起到引導的作用,而行業協會則可以充分發揮其整合力量,促進相關行業的技術創新,實現行業整體的對外抗衡能力。例如,在技術標準的制定和研發過程中,需要凝聚整個行業的力量,行業中技術標準的形成,就是行業知識產權管理的重要內容和成果。以家電行業為例,在經歷了 DVD 大戰之後,由多家企業共同出資,在行業協會的統一規劃下通過研發確立了新的 DVD 標準。該標準確立之後,再以通過收取少量專利費的方式,使所有的企業都能夠參與到新 DVD 標準的影碟機市場推廣中去。

企業的知識產權管理是企業為規範企業知識產權工作,充分發揮知識產權制度在企業發展中的重要作用,運用知識產權制度的特性和功能,從法律、經濟和科技的角度,對企業知識產權的開發、保護和營運而進行的有計劃地組織、協調、謀劃和利用的活動。企業知識產權管理是企業管理的重要組成部分。企業知識產權管理的根本目的,主要在於將企業的人力資源、技術信息、管理方式、市場分析等知識資源與企業的資源以及企業經營戰略資源等予以有效整合,面向市場促進企業的知識產權創新,以此來實現企業知識產權的有效應用。

與企業不同,事業單位是指國家以社會公益為目的的,由國家機關舉辦或者其他組織利用國有資產舉辦的,從事教育、科技、文化、衛生等活動的社會服務組織。作為知識產權的擁有者和使用者,企業和事業單位的知識產權管理由於其性質不同而具有不同的特徵。尤其是高等學校、科研院所,作為擁有大量知識產權的事業單位,更需要建立一整套知識產權管理體系。

(2)根據知識產權管理客體的不同,可以將知識產權管理劃分為專利管理、商標管理、版權管理以及其他知識產權管理;根據知識產權管理模式的不同,可以將知識

---

① 叢雪蓮. 中國知識產權行政管理機構之設置與職能重構 [J]. 首都師範大學學報:社會科學版,2011(5):137.

產權管理劃分為集中統一管理、相對集中統一管理和分散管理等。

3. 知識產權管理的特徵

知識產權管理屬於管理範疇，但是與一般意義上的行政管理、企業管理等存在比較明顯的區別。一般而言，知識產權管理具有以下幾個特徵：

(1) 合法性。知識產權是權利人對其智力成果和經營標記依法享有的排他性專有權，是以法律形式賦予知識產權所有人的一種專有權，國家制定了一系列有關知識產權管理和保護的制度。其合法性具體包括兩個方面：一是管理活動必須符合國家法律法規、地方法規和部門規章，特別是其中的強制性規定；二是管理活動必須符合組織內部規章制度。

(2) 市場性。知識產權是市場經濟的產物，是市場競爭中的重要武器，也是國家競爭力的重要體現。為了充分發揮知識產權在市場競爭中的重要作用，知識產權管理應當遵循市場經濟規律，以市場為導向，以市場效益為目標。

(3) 動態性。知識產權管理的動態性是指知識產權管理活動隨著市場環境、知識產權法律狀態、知識產權制度、組織內部環境及具體管理制度的變化而變化的性質。知識產權管理的市場性決定了知識產權管理需要根據市場環境的變動做出相應的調整，以適應這種變化。同時，由於知識產權具有時間性的特點，知識產權法律狀態會隨時間變化，知識產權相關人必須採取不同的策略，對知識產權實施動態管理。另外，國家知識產權制度和政策的調整，也會對知識產權管理造成影響。

(4) 從屬性。知識產權管理只是國家宏觀管理及企業經營管理的一部分，既要與其他領域的管理結合起來，還要符合全局性管理的整體戰略思路。需要注意的是，知識產權管理的從屬性特徵並不否定知識產權管理的專業性和特殊性。

4. 知識產權管理的意義

知識產權作為自主創新能力和水平的集中體現，是國家和企業發展和博弈的重要手段，是國家和企業提高競爭力的核心要素。提升知識產權創造、運用、保護和管理能力，是《國家知識產權戰略綱要》（2008）的明確要求。具體來講，知識產權管理的重要意義主要表現在以下幾個方面：

(1) 有利於促進創新。加強知識產權管理有利於提高知識產權創造的數量和質量。從政府部門層面看，大部分知識產權，例如專利權、商標權、集成電路布圖設計權、植物新品種權等都需要行政機關依法授予相關的權利。政府部門知識產權管理水平，涉及知識產權審查的效率和質量等，直接影響一國知識產權創造的數量和質量。從企業層面上看，加強企業的知識產權管理，有助於企業產出更多的、價值更高的知識產權，從而提升企業競爭力，節約研發成本。強化高等院校、科研機構等事業單位的知識產權管理，有助於增強它們產出的知識產權的實用性，促進產、學、研的有機結合。

(2) 有利於提高知識產權保護水平。相對而言，知識產權保護側重於事後救濟，而知識產權管理則側重於事前預防。對於企業來說，通過知識產權管理，能夠及時把握其擁有的知識產權的數量、內容、法律狀態等方面的信息，建立預防機制，為知識產權保護奠定堅實的基礎。從政府部門層面看，加大知識產權執法的協調管理，以及逐步完善知識產權管理部門的內部管理，可以為知識產權提供更為有效的保護。

（3）有利於營運知識產權，實現價值和效益。知識產權只有通過實際的營運和利用才能帶來經濟價值，才有存在的意義。從政府部門層面看，強化知識產權運用，是提高本國行政管理競爭力的主要任務之一。而企業才是知識產權運用的主體，因此應提高企業的知識產權運用能力，促使企業有效利用知識產權，實現知識產權的價值。知識產權管理水平的高低制約著知識產權運用能力的充分發揮。知識產權營運和利用的主要方式是知識產權的實施、轉讓和許可，這些過程均需要增強管理以更高效的方式實現經濟效益。[1]

12.1.2　企業知識產權管理

企業是中國市場經濟的主體，也是利用知識產權資源的主體。隨著21世紀知識經濟的來臨，知識產權已經成為企業經濟資源優化配置、爭奪市場、謀求經濟利益最大化的主要工具。對企業而言，知識產權可以說是一把雙刃劍，善用則能產生巨大的效益，並能有效的抵禦外界競爭；忽視或者利用不當，則有可能反使其成為競爭對手用來攻擊自己、失去競爭力的武器，進而對企業的經營管理產生強大的衝擊，嚴重者甚至造成致命的打擊。中國制定了《企業知識產權管理規範》（2013），提供了基於過程方法的企業知識產權管理模型，用以指導企業策劃、實施、檢查、改進知識產權管理體系。

1. 企業知識產權管理的基本目標

企業的知識產權管理屬於企業經營管理的一部分，其目標在於協調相關資源，實現知識產權資源的優化配置，為企業的市場競爭服務。具體來講，企業知識產權管理的基本目標有：

（1）增強企業的知識產權意識。企業在知識產權管理的過程中，通過宣傳、培訓、教育等方式來增強企業管理層和員工的知識產權意識，從而為企業知識產權工作的順利開展奠定基礎。

（2）大力發展自主知識產權。企業知識產權管理的重要組成部分就是技術開發的管理、專利的申請、商標品牌的宣傳和推廣。通過企業的自主研發以及品牌的推廣，可以促進企業自主知識產權的發展，從而增強企業的市場競爭力。

（3）加強企業知識產權保護，防止企業無形資產的流失。企業可以通過知識產權管理，建立防禦機制，盡可能地避免侵權行為的發生，防止企業無形資產的流失。比如：對其創新技術及時申請專利；對其商標及時予以註冊；對其商業秘密採取有效的保密制度和措施；在侵權發生以後，採取相應的措施，將侵權的損害結果降到最低；同時，專門的知識產權管理機構及人員，可以使知識產權的維持變得相對容易。

（4）加強企業的知識產權營運能力，提高企業知識產權的收益。知識產權是企業的重要無形資產，但知識產權本身只有通過實際利用才能為企業帶來實際的收益。企業通過知識產權的營運，如用企業的知識產權進行融資、投資，或者許可他人使用，或者進行轉讓等，都可以為企業帶來巨大的收益。

---

[1] 羅國軒. 知識產權管理概論［M］. 北京：知識產權出版社，2007：100-101.

2. 企業知識產權管理的手段

知識產權管理的手段主要包括：行政手段、法律手段和市場手段。

（1）知識產權管理的行政手段。知識產權管理的行政手段主要是指企業依託自身內部的知識產權管理部門制定有關人員聘用、獎勵或懲罰，以及知識產權的利用、保護等方面的管理制度，構建企業的知識產權管理體系，以保證其有效運作。比如企業知識產權管理崗位及職責的分配。

（2）知識產權管理的法律手段。知識產權管理的法律手段主要是指企業運用知識產權的相關制度、政策來處理本企業的知識產權事務。

（3）知識產權管理的市場手段。知識產權管理的市場手段主要是指企業以市場為導向，以市場競爭為內容，以市場效益為目標，運用市場手段對其知識產權工作進行管理。

實際上，企業在進行知識產權管理時行政手段、法律手段和市場手段往往是相輔相成、共同作用的。

12.2　企業知識產權管理體系

12.2.1　企業知識產權管理體系概述

企業的知識產權管理是一個系統工程，其有效運轉有賴於高效的知識產權管理體系。知識產權管理體系的設計包括知識產權管理目標、知識產權戰略、知識產權管理體制、知識產權制度體系、知識產權的產生、保護和經營模式等。以上部分在企業知識產權管理體系中功能如下[1]：

知識產權管理目標：主要根據企業的發展戰略及盈利模式來確定，主要解決知識產權管理的定位問題，確保企業的知識產權能成為企業經營的「引擎」。

知識產權戰略：主要根據知識產權管理的目標定位，策劃確定一個合適的週期內企業技術創新的策略及計劃；品牌策略及計劃；技術引進策略及計劃；知識產權保護策略及計劃；知識產權經營策略及計劃；知識產權管理模式定位及機構設置、發展計劃；其他支撐措施及計劃等。通過制定發展戰略明確企業技術創新活動的使命，整合知識產權工作資源，大幅提升知識產權在生產經營活動中的功用以及知識產權工作持續發展的政策取向等，以知識產權戰略目標的實現帶動企業經營目標的具體落實。

知識產權管理體制：主要根據企業的管控模式、產品特性及知識產權戰略等來確定知識產權的機構設置模式及管理方式等。主要解決知識產權管理的生產關係問題。

知識產權制度體系：主要根據知識產權的目標定位及戰略、管理體制等，明確知識產權管理內容、責任以及相對應的管理制度及實施流程等。主要解決知識產權管理實施的規則及原則問題。

知識產權的產生、保護和經營模式：主要根據企業的管控模式、知識產權的目標

---

[1] 馬忠法，胡傳實，尚靜. 知識經濟與企業知識產權管理 [M]. 上海：上海人民出版社，2011：287.

定位及戰略等明確技術創新的實施方式、知識產權保護方式及實施途徑、知識產權的經營方式和實施途徑等。重點解決知識產權管理的生產力機制問題。

12.2.2　企業知識產權戰略

企業的知識產權戰略主要是根據企業的總體發展戰略及盈利模式來確定知識產權管理目標，有效運用知識產權的法律特性和功能，從技術、經濟、法律的角度，對有關技術創新的知識產權獲得、保護、防禦、經營及相應的管理等所做的一段時間內的總體部署和安排；是企業從目標定位、內部環境、外部環境、競爭態勢出發做出的包括技術創新工作在內的知識產權工作的總體部署，以及為實現知識產權管理目標而採取的相應對策。簡而言之，所謂企業知識產權戰略就是企業在確定的目標定位下所制定的知識產權中長期發展規劃。

企業知識產權戰略是企業整體經營管理戰略的重要組成部分，其內容主要包括：

（1）企業知識產權定位，即根據企業的性質、技術水平、所處環境和市場競爭程度，明確知識產權對本企業發展的重要性；

（2）企業知識產權規劃，即企業在知識產權方面通過何種途徑發展、解決哪些問題、最終達到什麼樣的目標的整體規劃；

（3）企業知識產權策略，即企業提高知識產權取得、保護和運用的管理能力，特別是企業通過知識產權獲得市場競爭力或競爭優勢的具體策略；

（4）企業知識產權模式，即企業知識產權相關事務的決策模式和經營方式，如有些企業以自主研發知識產權為主，有些企業主要是向外部尋求知識產權的使用權，如通過被許可或者受讓等方式獲得知識產權；

（5）企業知識產權預測，即通過對技術市場發展趨勢和本企業發展前景的評估，預測企業知識產權戰略的發展趨勢。

從動態過程來看，企業知識產權戰略管理包括戰略制定、戰略實施和控製、戰略評估和調整等。在制定知識產權戰略之前，企業應當對其經濟實力、技術創新能力、經營規模與狀況、資源的配置、相關的產業政策與經貿政策、市場狀況、技術發展方向和市場前景等方面的情況進行調查研究和綜合分析，為制定適合本企業發展的知識產權戰略奠定基礎。接著就進入企業知識產權戰略管理的關鍵環節——戰略實施。在知識產權戰略實施過程中，企業還應當注意知識產權戰略的控製。企業在知識產權戰略實施以後的一段時間內，應當對該知識產權戰略方案進行評估，評估的內容包括知識產權戰略的實施效果，合理與否以及方案中存在的問題等等。在發現知識產權戰略實施偏離企業知識產權戰略目標時，應及時糾正，確保知識產權戰略有效實施，還應該根據技術發展和市場環境以及企業自身實力的變化，及時調整戰略內容，確保戰略目標實現。

從企業知識產權戰略的內容來看，它包括專利戰略、商標戰略、商業秘密戰略、著作權戰略以及知識產權人才戰略和知識產權信息戰略等。

12.2.3 企業知識產權管理機構及職能

知識產權管理部門是指企業中專門履行知識產權管理職能的部門。目前,幾乎所有的跨國企業,例如摩托羅拉、IBM、松下、東芝等都設有專門的知識產權管理部門,海爾、華為等國內企業也建立了知識產權部。對於中小企業而言,也可以確定知識產權管理的工作人員,專門負責知識產權管理工作。

1. 企業知識產權管理部門的類型

隨著知識產權管理的作用和地位日益突出,很多企業都設立了專門的知識產權管理部門。依據知識產權部門在整個企業管理事務中的地位,可以將知識產權管理部門簡單地分為以下類型:

(1) 直屬企業總部型。這種類型的知識產權管理部門屬於公司總部直接管轄,是企業中技術部門與經營部門的支撐單位,並與企業的研發部門(技術部門)、法務部門、營銷部門等組建成企業高層組織管理機構。在這種模式中,知識產權管理部門是一個獨立的管理部門,它與企業的技術部門和法務部門等相互發生作用。技術研發過程中,知識產權管理部門對研發人員需要進行必要的專利知識指導。

該模式的優點是:①直屬於企業總部或企業總裁(總經理)領導的知識產權管理部門,可以參與企業決策;②知識產權管理部門的特殊地位,決定了其可以與公司高層就知識產權信息或事務進展及時溝通;③便於知識產權管理部門與其他部門協調和溝通,有利於企業知識產權管理工作;④有利於提高企業管理人和普通員工的知識產權意識。該模式的缺點是成本較高,對知識產權管理部門及其工作人員的要求較高。

(2) 隸屬於企業法務部門型。該類型將知識產權管理部門設置為法務部門下屬的一個相對獨立的機構,負責企業知識產權管理及其相關事務,並與公司的其他相關部門進行溝通和協調。該模式的優點是:能夠充分發揮企業法律工作人員在知識產權事務中的作用,對企業知識產權的法律事務(權利狀態的確認、侵權的處理等)比較方便。該模式的缺點是知識產權管理部門無法參與企業決策,影響力有限,也不利於知識產權管理部門與研發部門的溝通。

(3) 隸屬於企業研發部門型。該類型是將知識產權管理部門隸屬於企業研發部門,以便最大限度地發揮知識產權管理在企業技術研發中的作用。同時,知識產權管理部門在必要時可與企業相關部門進行溝通,以解決企業的知識產權問題。該模式的優點是:有利於知識產權管理部門從技術研發項目的確定到技術研發的過程以及技術評估等環節對企業研發活動進行全方位的指導,充分發揮知識產權管理(特別是專利管理)在企業技術創新中的作用;同時,由於知識產權管理人員,特別是專利管理人員直接參與到企業的技術研發過程中,對企業所開發技術的特點以及其他信息都較為了解,因此,在專利申請時能更好地撰寫申請文件,有利於申請取得成功。該模式的缺點是知識產權管理部門的地位較低,在知識產權事務上對企業的影響力較小,也不利於與其他部門的溝通和配合。

2. 企業知識產權管理部門的內部結構

(1) 集中管理模式。全公司的知識產權管理部門按照統一的知識產權政策進行運

作，最大限度地保護總公司的整體利益。這種管理體制下，知識產權的申請、實施、轉讓、許可、出資、質押等所有與知識產權相關的事務全部由公司知識產權管理總部統籌負責。如 IBM 公司。

（2）分散管理模式。其核心是充分授權。充分授權的含義是在知識產權本部統一管理下的充分授權。分散管理是針對各分部而言，其優點是各分部根據產品特性限制專利申請件數，決定知識產權的預算。但取得專利後，如何運用知識產權、處理糾紛、對外談判、提出異議等業務是由知識產權本部統一管理。如東芝公司的知識產權管理就採用這一模式。

（3）行列管理模式。按照技術類別、產品類別等管理知識產權。實行按技術類別管理專利、技術秘密等，這樣可以避免重複開發技術；配合各事業部的產品策略對專利、技術秘密進行管理。知識產權管理部門集中管理授權后的所有事宜，包括權利的運用、談判、訴訟等。知識產權管理部門通過派員參加公司內各事業部組成的產品開發知識產權保護會議，或根據各項問題組成的技術業務會議，瞭解技術、產品的相關情況，使知識產權保護體制貫穿於產品開發至產品銷售的各個階段，利用知識產權的法規，提高解決問題的效力。如佳能公司。

3. 企業知識產權管理部門的職能

一般說來，企業知識產權管理部門具有以下職能：

（1）制定企業的知識產權戰略和知識產權管理制度；

（2）協調企業內各職能部門在知識產權工作中的關係，以保證知識產權工作的順利開展；

（3）實施企業高層對於知識產權重大問題的決定；

（4）收集、整理和分析與本企業經營相關的知識產權信息，為本企業知識產權的研發、知識產權工作的計劃與調整提供參考；

（5）管理本企業的知識產權，包括知識產權的取得（如專利的申請、商標的註冊等）、知識產權的維持（如專利年費的繳納、註冊商標的續展）以及知識產權的保護；

（6）參與企業的知識產權貿易，為企業的知識產權貿易提供諮詢意見；

（7）處理與企業有關的知識產權糾紛；

（8）負責企業員工知識產權意識和知識的培訓；

（9）就知識產權工作代表企業進行對外交流。

12.2.4　企業知識產權管理制度

企業知識產權管理制度是指企業依據相關法律法規或規則制定的，在從事知識產權事務過程中應當遵循的行為規範。其內容主要包括企業知識產權的規劃、歸屬、創造、營運、糾紛、合同、信息等方面的管理制度，是實現企業知識產權管理的保障。

1. 知識產權規劃管理制度

企業應該建立專門的知識產權規劃管理制度，有針對性地規範其專利戰略、商標戰略、版權戰略、商業秘密戰略及其他知識產權戰略的決策和發展規劃。該制度應體現企業的組織章程、發展戰略和政策綱要。

2. 知識產權歸屬管理制度

企業應依法制定並不斷完善規範其員工在技術創新過程中完成的知識產權歸屬的相關制度。企業要通過簽訂協議、制定章程，明晰職務發明創造和非職務發明創造、職務作品和非職務作品的產權歸屬。對合作項目、委託項目中產生的知識產權要根據《專利法》及《專利法實施細則》等法律法規制定企業的知識產權歸屬制度。對國家資助科技項目完成的知識產權，應該根據《中華人民共和國科技進步法》以及科技部等部門頒布的規章制度等，制定本企業的知識產權歸屬制度。

3. 與知識產權有關的激勵制度

企業要提高技術、產品、品牌、軟件或者作品的數量和質量，並以此在市場競爭中贏得先機、獲取利潤，必須建立合理的激勵機制，能夠有效激勵研發人員或創作人員有足夠的動力進行創作或研究開發。因此，企業應當制定與知識產權有關的獎勵制度，激勵企業員工對知識產權創造的熱情，提高他們知識產權的創造能力。這種激勵制度合理與否，執行是否符合要求，直接影響著企業知識產權的產出效率和質量。

4. 知識產權營運管理制度

知識產權的價值只有經過有效的營運才能得到體現，知識產權營運成為商務新策略的核心部分。所以，制定並完善知識產權營運制度也是企業知識產權管理制度中不可缺少的內容。

5. 企業知識產權糾紛管理制度

企業知識產權糾紛管理一般包括兩種情況：

（1）企業知識產權訴訟攻擊。知識產權訴訟攻擊是企業競爭策略的重要組成部分，企業可以以競爭對手侵犯了其知識產權而起訴對方，向競爭對手發起攻擊，並通過這種方式將競爭對手趕出市場，或者擠壓其競爭的空間，使自己在競爭中占據主動。

（2）權利被侵犯後的救濟。企業在其知識產權被侵犯後，應當及時採取有力的救濟措施，以維護企業的利益；在企業被指控侵犯了他人知識產權的情況下，應當採取相應的對策，通過對自身行為合法性的分析，採取訴訟策略，尋求調解或和解，並充分利用法律以外的力量和手段，包括商業手段、社會輿論、政府支持及行業調解，以求知識產權糾紛的妥善解決。

在現代經濟中，知識產權糾紛是企業經常面對的問題，所以，企業制定高效的知識產權糾紛管理制度對其發展乃至生死存亡極其重要。

6. 知識產權合同管理制度

企業在知識產權創造、保護、營運中需要與其他利益主體（包括外部的業務夥伴或第三人以及企業內部的員工）發生各種合同關係。所以，企業必須制定與知識產權相關的合同管理制度，管理其知識產權合同事務。

7. 知識產權信息管理制度

知識產權制度的重要特徵之一就是通過知識產權信息的公開實現社會利益與個人利益的平衡。知識產權信息成為提升企業知識產權研究開發起點的重要途徑，也是企業利用知識產權制度有策略性地壓制競爭對手、實現橫向競爭優勢的有效保障，所以建立有效的知識產權信息管理制度對企業發展非常重要。

12.3　企業知識產權營運

知識產權只有通過實際的轉化和利用才能為企業帶來良好的經濟效益。因此知識產權的獲取和保護,並不是知識產權管理的最終目的,對於國家和企業,關鍵在於通過知識產權的取得在市場中轉化利用而形成現實的生產力。實際上,提出知識產權的營運,目的在於強調實現知識產權價值的重要性。因此,知識產權營運是知識產權獲取和保護的最終目的,知識產權有效運用是創新發展的基本目標。與知識產權營運含義相近的,還有知識產權運用、知識產權利用、知識產權的轉化等概念。上述概念之間不存在明顯的界限。

知識產權營運的手段具有多樣性。企業知識產權營運包括知識產權獲得、實施、許可、轉讓、產業化等。在實踐中實現知識產權價值的方式有很多,例如權利人行使知識產權、知識產權轉讓、知識產權許可使用、知識產權質押等等,以及在這些基本的知識產權運用形式的基礎之上衍生出來的其他形式,例如專利佈局、特許經營、風險投資、資產證券化等。

12.3.1　知識產權轉讓

知識產權轉讓,是指知識產權所有人將其擁有的知識產權轉讓給受讓方的行為。在轉讓完成后,轉讓人對該知識產權不再享有權利,而受讓人就成為該知識產權的所有人,這是知識產權的一種利用方式,通過知識產權轉讓,產的所有人可以獲得一定的轉讓費,而受讓人則可以取得該知識產權。知識產權的轉讓有如下特點:

(1)知識產權轉讓的對象,一般僅限於知識產權中的財產權,著作權中的署名權、發表權、修改權等,具有人身權的性質而不能成為轉讓的對象。

(2)知識產權的轉讓既可以是對整個知識產權中全部財產權的轉讓,也可以是對部分財產權的轉讓,這要看雙方在合同中達成的合意。

(3)轉讓知識產權需要訂立書面合同,並按照相關法律法規辦理手續。如轉讓註冊商標的轉讓人和受讓人應當簽訂轉讓協議,並共同向商標局提出申請,經商標局核准后予以公告,受讓人至公告之日起享有商標專用權。

12.3.2　知識產權許可

知識產權許可是指知識產權權利人依法通過與他人簽訂合同的方式,允許后者依據約定條件,在約定期限和地域範圍內,行使知識產權的行為。其中,所簽訂的合同通常被稱為「許可合同」,知識產權權利人被稱為「許可人」,許可合同的另一方當事人被稱為「被許可人」。「知識產權許可」指知識產權的所有人或持有人,將其依法擁有的知識產權許可給被許可人,由被許可人在約定的時間和地域範圍內,以約定的方式使用知識產權,而由被許可人向許可人支付一定的使用費作為回報的行為。在這個過程中,知識所有權不發生轉讓,其使用權進行轉移,在市場中一般稱為許可證貿易。

許可證貿易構成的基本要件是：①被許可方必須有權利人的許可授權；②所許可的內容必須受法律的保護和制約；③要明確被許可人的權利義務和許可人的權利保留內容；④雙方按照許可協議的明確約定對知識產權進行授予或保留。

對於知識產權許可人來說，知識產權許可除了能帶來一筆許可使用費之外，主要好處就是通過授權方式縮短了產品進入市場的時間，減少了市場推廣的資金和人員耗費，從而達到快速占領市場、獲得利潤的目的。此外，它還有利於許可人知名度的提高。因為在許可的同時，有關企業或科研單位的技術、服務等信息隨之傳播。但是它也有不足之處，就是公司對產品生產環節的控製程度下降，如果通過頒發製造許可證，許可人放棄了對製造過程和產品質量的各個細節的控製，有時會產生技術秘密外泄等知識產權糾紛問題。如果通過頒發銷售和發行許可證，許可人放棄了對廣告宣傳、銷售渠道甚至價格政策的控製，就有可能失去與顧客的聯繫，產生對市場的瞭解度下降等問題，進而影響產品的改進和新產品的研發，並且在收益上容易對他人產生依賴，一旦市場發生波動，自己將處於比較被動的局面。

根據被許可人使用權的效力範圍，使用許可合同分為以下三種類型：

（1）普通許可。即許可人允許被許可方在規定期限、地域內使用或實施被許可的作品、軟件、專利技術或商標，同時，許可人保留自己在該地區使用或實施同一作品、軟件、專利技術或商標的權利以及再授予第三人使用同一作品、軟件、專利技術或商標的權利。

（2）排他許可。即許可人允許被許可方在規定期限、地域內使用或實施被許可的作品、軟件、專利技術或商標，同時，許可人自己也可以使用該作品、軟件、專利技術或商標，但不得另行許可他人使用。

（3）獨占許可。即許可人允許被許可方在規定的期限、地域內獨家使用或實施同一作品、軟件、專利技術或商標，在該時間和地域範圍內，任何其他人都不能使用或實施該作品、軟件、專利技術或商標，許可人自己也不能使用或實施，也不能再許可第三人使用或實施。

一般而言，知識產權許可的雙方應當簽訂許可合同，並履行相應的手續。許可合同是否備案，不影響該許可合同的效力，《最高人民法院關於審理商標民事糾紛案件適用法律若干問題的解釋》第十九條規定：「商標使用許可合同未經備案的，不影響該許可合同的效力，但當事人另有約定的除外。」許可合同沒有備案的，該許可合同不得對抗善意第三人。善意第三人，是指許可合同當事人以外的、不知道許可合同真相的人。如果商標使用許可合同未在商標局備案，許可合同的被許可人不能因為與許可合同利益相衝突而對善意第三人主張權利。

12.3.3　知識產權出資

知識產權出資是指在設立企業時，知識產權的權利人以其合法擁有的知識產權繳付資本，以期獲取收益的行為。知識產權出資是知識產權資本化的一種方式。比如甲、乙、丙三家公司協議合資成立一家公司，註冊資本為1,000萬元，甲公司出資400萬元，乙公司出資400萬元，丙公司則以一項折價200萬元的專利技術出資。現在，知識

產權出資已經成為許多企業的一種重要的知識產權營運方式。這種出資方式的好處在於：知識產權出資有利於權利人和所投資的企業。知識產權出資將知識產權的經濟價值直接折算成企業資本股份，增加本企業的資本或者向其他企業投資，改善企業資本的結構，有形資本的比重下降，無形資本的比重上升，有助於企業提高資本收益率。與此同時，知識產權權利人通過企業的盈利經營，獲得豐厚的經濟利益。知識產權出資也有利於產業發展。由於知識產權資本加強企業盈利能力，導致社會投資方向發生重大變化，大量資本投向知識密集型產業，從而起到優化產業結構的作用。

《公司法》第二十七條規定，股東可以用貨幣出資，也可以用實物、知識產權、土地使用權等可以用貨幣估價並可以依法轉讓的非貨幣財產作價出資；但是，法律、行政法規規定不得作為出資的財產除外。

一般來說，知識產權出資應當符合以下條件：

（1）用於出資的知識產權必須是出資者事實上已經依法獲得的知識產權，而且對該知識產權依法享有處分權。

（2）用於出資的知識產權必須具有可評估性，是能夠通過客觀評價予以確認的具體價值，即可以用貨幣進行具體估價。如果無法通過客觀評價確認具體價值，無法用貨幣進行具體估價，則該知識產權不能用於出資。

（3）用於出資的知識產權必須具有可轉讓性，為了使公司股東能夠履行出資義務，用於出資的知識產權應適合獨立轉讓，即權利可以發生獨立、完整的轉移。可見用於出資的知識產權只能是其中的財產權，不能是人身權。用於出資的知識產權主要包括：可以轉讓的專利權、商標權、著作權、集成電路布圖設計權、植物新品權、商業秘密權等。不可轉讓的，如地理標誌權，則不能作為出資的標的。

（4）向一般法人企業出資的知識產權在出資以前不得設定質押。例如，《公司登記管理條例》第十四條規定：「股東的出資方式應當符合《公司法》第二十七條的規定，但股東不得以勞務、信用、自然人姓名、商譽、特許經營權或者設定擔保的財產等作價出資。」根據《中華人民共和國中外合作經營企業法實施細則》第十九條的規定，合作各方應當以其自有的財產或者財產權利作為投資或者合作條件，對該投資或者合作條件不得設置抵押權或者其他形式的擔保。當然，知識產權成為企業資產後，企業有權設定質押。但是，在《中華人民共和國個人獨資企業法》和《中華人民共和國合夥企業法》中並未明確出資的知識產權不得設定抵押。這主要是因為，法人企業的出資人和個人獨資企業、合夥企業的投資人所承擔的責任不一樣，前者承擔有限責任，后兩者承擔無限責任。並且合夥企業是一種契約式企業，是否禁止或者限制設押知識產權出資，可以由合夥人協商確定；協商不成，設押知識產權不得出資。

12.3.4　知識產權質押

1. 知識產權質押的概念

知識產權質押是指債務人或第三人將其知識產權作為債權的擔保，當債務人不能履行債務時，債權人有權依法以該知識產權折價或者以拍賣、變賣的價款優先受償的擔保方式。在知識產權質押中，擔保債權的知識產權稱為質押標的，提供知識產權的

人稱為出質人,債權人稱為質權人,債權人享有的擔保權利稱為質權。

知識產權質押的這種方式,為正在創業中的高科技企業的資金問題提供了一種解決辦法,是很多發達國家利用知識產權進行融資的一種常見方式。

2. 知識產權質押的標的範圍

知識產權質押的標的必須同時滿足以下三個條件:

(1) 標的必須為財產權利。財產權利可以實現其潛在經濟利益,可以作為質押標的。由於人身權利往往與民事主體不可分離,因此,知識產權中的人身權不能出質。

(2) 標的必須是可轉讓的權利。可以轉讓,才可以折價、買賣、變賣,否則設立質押毫無意義。因此,依法不得轉讓的財產權不能成為質押標的。

(3) 標的必須是出質人依法可以處分的權利。

因此,《中華人民共和國擔保法》(簡稱《擔保法》)第七十五條規定,依法可以轉讓的商標專用權、專利權、著作權中的財產權可以質押;《中華人民共和國物權法》(簡稱《物權法》)第二百二十三條規定,可以轉讓的註冊商標專用權、專利權、著作權等知識產權中的財產權可以質押。顯然,《物權法》擴大了知識產權可以質押的範圍。例如,商業秘密、植物新品種權、集成電路布圖設計權等可以作為質押的對象。法律有明確規定對其轉讓有限制和禁止的,權利人不得超出限制範圍違反禁止規定設立質押。例如,未經有關國家機關批准,專利權不能作為涉外質權標的。

3. 知識產權質押的設立

《擔保法》第七十九條規定,以依法可以轉讓的商標專用權、專利權、著作權中的財產權出質的,出質人與質權人應當訂立書面合同,並向其管理部門辦理出質登記。質押合同自登記之日起生效。《物權法》第二百二十七條規定,以註冊商標專用權、專利權、著作權等知識產權中的財產權出質的,當事人應當訂立書面合同。質權自有關主管部門辦理出質登記時設立。因此,知識產權質押的設定必須具備下列條件:

(1) 出質人應當與質權人就知識產權的出質訂立書面合同。

(2) 知識產權質押合同應當在相應管理部門辦理登記,該合同自登記之日起生效。登記是知識產權質押合同和質權生效的法定條件之一。著作權質押在國務院著作權行政主管部門登記;註冊商標專用權質押在國家商標行政主管部門登記;專利權和集成電路布圖設計權質押在國家專利行政主管部門(國家知識產權局)登記;植物新品種權質押在國家農業或者林業行政主管部門登記。

4. 知識產權質押的效力

知識產權質押合同生效以後,對雙方當事人產生以下效力:

(1) 對出質人的效力:《物權法》第二百二十七條第二款對商標權等知識產權質押情況下出質人的義務作了具體規定,即「知識產權中的財產權出質后,出質人不得轉讓或者許可他人使用,但經出質人與質權人協商同意的除外。出質人轉讓或者許可他人使用出質的知識產權中的財產權所得的價款,應當向質權人提前清償債務或者提存」。另外,出質人還需承擔維持知識產權效力的義務。

(2) 對質權人的效力:①對質權人的效力,在質押關係存續期間,質權人在經過出具人同意后,可以就自己的質權再設定質押並行使轉質權;②在債務清償期屆滿而

債務人沒有清償時，債權人可就質押的知識產權優先受償。

《擔保法》對質權的具體實現方法明確規定有三種：①與出質人協議質押知識產權折價。知識產權的折價，指質權人經與出質人協商，把知識產權中的財產權折合為價金。②依法拍賣。③依法變賣。變賣是指以公開或強制執行方式出賣給第三人，包括轉讓和許可使用兩種情況。

12.3.5　企業對自己知識產權的直接行使

通常情況下，企業進行作品創作、技術研發、創新或者商標註冊的目的大多在於為其經營管理服務，通過對其知識產權的實施或使用來增強其市場競爭力，並獲取利益。因此企業對其擁有的知識產權的行使，是其經營管理中常見的一種知識產權營運方式。

除了以上知識產權營運方式外，知識產權證券化、利用知識產權吸引風險投資等知識產權營運方式已經從美國等發達國家蔓延開來，成為國際金融市場上非常熱門的企業融資方式。

13 知識產權侵權行為及其法律救濟

13.1 知識產權侵權行為的概念及特徵

13.1.1 知識產權侵權行為的概念

知識產權的侵權行為，是指行為人違反法律規定而侵害知識產品所有人專有權利，應承擔法律責任的行為。侵權行為有直接侵權與間接侵權。直接侵權主要表現為對知識產權客體的擅自使用。間接侵權並未直接涉及知識產權保護的客體，而是為該直接侵權行為提供了便利條件或者造成了直接侵權行為的擴大，如為他人侵犯商標權的活動提供倉儲、運輸、郵寄、隱匿等輔助條件的行為，從而對權利人的合法權益造成了侵害以及由於與直接侵權人存在特定的社會關係，依法需對侵權人的侵權行為承擔一定的責任，如雇主對雇員因完成本職工作而實施的侵權行為，委託人對受託人因履行委託合同中規定的義務而實施的侵權行為等。[1]

13.1.2 知識產權侵權行為的特徵

與侵害有形財產所有權行為相比較，侵害知識產權行為具有以下特徵：

（1）侵權的行為方式具有特殊性。知識產權的侵犯主要表現為剽竊、篡改和仿製。這種侵權行為作用於作者、創造者的思想內容或思想表現形式，與知識產品的物化載體無關，與有形財產的侵權行為不同，對知識產品的侵權行為在形式上似乎並不影響作者的權利行使。例如，他人對作品的非法「佔有」並不意味著權利人同時失去這種「佔有」；對作品的非法使用，也不排斥權利人對自己的知識產品繼續使用。這種行為之所以構成侵權，主要在於它是對知識產品所有人「專有」「專用」權利的侵犯，是對知識產權絕對性和排他性的違反。

（2）侵權行為的高科技性。隨著科學技術的不斷發展，侵權行為人可以借助於電腦和高新技術工具輕而易舉地實施侵害，網路侵權、網路竊密、網路破壞等造成知識產權流失現象大量出現。因而，此類侵權行為大都具有較高技術手段，較之一般財產權侵害有著更大的隱蔽性和欺騙性。而在網路空間中，一切知識產品都表現為數字化的電子信號，人們感受的只是計算機終端屏幕上瞬時生滅的數據和影像，從而給侵害行為認定和受害人的舉證帶來更多困難。

---

[1] 鄭成思. 版權法 [M]. 北京：中國人民大學出版社，1997：212.

（3）侵害範圍的廣泛性。由於現代信息技術、傳播技術的出現，靜電複印技術和電子錄制技術的推行，使得個人大規模複製文字作品、複製音樂和電視節目成為可能，客觀上為侵權行為的實施提供了便利，再加之信息流跨空間、跨區域的大規模、高速度的運動，也導致跨國侵權變得較為容易，侵權人可以足不出戶，即充當「網路黑客」進入他國國民的數據庫，以獲取所需要的經營信息和技術秘密，或是在計算機上輸入、貯存、顯示他人的網路作品。

13.2　知識產權侵權行為的認定

13.2.1　知識產權侵權行為的構成要素

侵權責任的認定應當根據不同性質的侵權行為的法律構成要件來確定相應的法律責任。但是，無論是對知識產權民事侵權法律責任，還是對知識產權行政侵權法律責任和知識產權刑事侵權法律責任，在侵權責任的基本構成要件方面是基本一致的，都需要具備知識產權違法行為、損害事實、因果關係和主觀過錯四個基本要素。

1. 知識產權的違法行為

知識產權的違法行為，主要是指行為人違反了知識產權法律規定，因過錯對權利人及其社會造成了人身權利和財產權利的侵權的行為。其行為方式包括積極地作為和消極地不作為兩種基本形式。

2. 知識產權的損害事實

在知識產權侵權責任體系中，不同的法律責任，其「損害事實」的內涵是不一樣的，民事責任的損害事實一般是以對權利構成侵害和對利益造成損失為結果；行政責任的損害事實主要是以對公共利益構成損害為結果；而刑事責任的損害事實則是以情節嚴重為結果。上述規定還說明了另一個問題，「停止侵害」與「賠償損失」是兩種不同的責任形式。停止侵害並不以損失為前提，而損失賠償則必然是以損失及其大小為法定要件。侵害是對權利的侵占加害行為，損失則是侵占加害行為的結果。但是，在知識產權領域中，侵占加害行為與侵害實際損失往往並不一定同時發生。因此，「損害事實」實際上既包括了作為客觀結果的利益損失，也包括了侵害事實。與侵害事實相應的法律責任是「停止侵害」的民事責任，而與作為結果的利益損失相對應的法律責任則是「賠償損失」的民事責任。也就是說，損害事實作為一種法律責任構成要件，並不是單指作為結果的利益損失，同時也包括對權利構成侵占但尚未導致實際損失的侵害事實。

3. 違法行為與損害事實之間的因果關係

「無論是在自然界，還是在人類社會中，處在普遍聯繫、相互制約中的任何一種現象的出現，都是由某種或某些現象引起的，而這種或這些現象的出現又會進一步引起另外一種或一些現象的產生。在這裡，引起某一現象產生的現象叫原因，而被某些現

象所引起的現象叫結果。客觀現象之間的這種引起和被引起的關係，就是事物的因果關係。」[1] 由於知識產權侵權行為往往具有明顯的行為複雜性、手段隱蔽性、結果多因性、損害多重性和行業特定性的特點，知識產權歸責中所強調的原因與結果之間的因果聯繫具有一定的特殊性。因此，在考察行為與結果之間的因果聯繫時，應當在適用直接原因準則、相當因果關係準則和推定因果關係準則過程中，針對知識產權侵權行為的特點靈活地加以運用。

4. 主觀上有過錯

知識產權的侵權行為人的主觀心態是一個十分重要的問題。在知識產權侵權活動中，大部分以盈利為目的地實施侵犯他人知識產權的行為，都是由於行為人明知或應當知道其行為將導致違反知識產權法律的後果而為的，所以在追究行為人侵權責任時，應當重點考察其主觀上的過錯心態，並將這一主觀上的過錯程度與關聯程度作為追究其法律責任的一個核心考量因素。

在對侵權人的主觀是否有過錯的判斷中，應當堅持主觀判斷與客觀判斷相結合的原則。主觀判斷是指「過錯就是違法行為人對自己的行為及其后果所具有的主觀心理狀態」[2]，強調行為人行為時心理活動的判斷，分為故意和過失兩種主觀過錯，客觀判斷是指過錯是「行為人未盡到一般人所能盡到的注意義務，也就違背了社會秩序要求的注意」[3]。因為，違法行為人主觀上故意與過失的心態決定了行為人行為時的侵害動機。積極追求、消極放任、應當預見而沒有預見、已經預見輕信能夠避免等對結果發生的主觀態度，應當作為侵權構成要件加以考量。對於知識產權領域中的侵權判斷，由於其專業性與技術性特徵，還應同時考慮行為人的行為是否適用於一般人所應當盡到的注意義務。

13.2.2 知識產權侵權行為的歸責原則

「歸責」是指行為人因其行為致他人損害的，應依何種根據使其負責。所謂歸責原則，指在侵權行為人的行為致他人受損害的事實發生之后，依據何種標準使其承擔責任的基本規則。由於中國目前法律對此並未作明確規定，學界也沒有統一的認識，關於知識產權的歸責原則問題，無論是學術界還是司法界都一直存在著較大爭議。人們普遍主張採取主則與輔則相結合的二元歸責原則，即採納在適用過錯歸責原則為主要原則的基礎之上補充適用其他輔助歸責原則的做法。其輔助歸責原則主要包括兩種有代表性的觀點：一是以過錯責任原則為主則，以無過錯責任原則為輔則的原則；二是以過錯責任原則為主則，以過錯推定責任原則為輔則的原則。本書認同第二種歸責原則，即在一般情況下適用過錯歸責原則，而在特殊情況下適用過錯推定歸責原則。因為知識產權的侵權行為人的主觀心態是一個十分重要的問題，在知識產權侵權活動中，大部分以盈利為目的地實施侵犯他人知識產權的行為，都是由於行為人明知或應當知

---

[1] 楊立新. 侵權責任法 [M]. 北京：法律出版社，2010：76.
[2] 楊立新. 侵權責任法 [M]. 北京：法律出版社，2010：85.
[3] 楊立新. 侵權責任法 [M]. 北京：法律出版社，2010：85.

道其行為將導致違反知識產權法律的后果而為的，所以在追究行為人侵權責任時，應當重點考察其主觀上的過錯心態，並將這一主觀上的過錯程度與關聯程度作為追究其法律責任的一個核心考量因素。但是在一些特殊情況下，由於知識產權權利人針對侵權行為舉證十分困難，如果仍然遵循「誰主張誰舉證」的原則，將嚴重不利於對知識產權權利人的保護，因此，在某些特殊的侵權行為發生時，將實行舉證責任倒置的方式即由被告履行自己無過錯的舉證義務。如果被告不能通過舉證有效證明自己沒有過錯，法官則可以推定被告有過錯，從而要求被告承擔侵權責任。

這種二元規則體系的具體適用模式是：法律授予作為原告的權利人一種選擇權，假定權利人是自己利益的最佳判斷者，他有權選擇自己舉證，以便有力地、有針對性地向侵權人追償損失，在這種情況下，即使用過錯責任原則。同時權利人也可以放棄這種舉證的權利，法院責令侵權人舉證，不能或者舉證證明不成立的，則推定侵權人有過錯，在這種情況下適用過錯推定原則。

13.3　知識產權侵權行為的救濟

「沒有救濟的權利不是權利」。知識產權是一種法定權利，是法律主體依照法律規定對一切人類智力創造的成果所享有的權利。任何法定權利受到侵害，都應對其進行救濟，該權利的存在才具有法律上的意義。《布萊克法律辭典》對救濟的解釋是：救濟是用以實現權利或防止、糾正及補償權利之侵害的方法。救濟不僅包括對已經發生的侵權行為的救濟，也包括對即將要發生的侵權的救濟。

對於侵犯知識產權行為，其權利人可採取民事司法救濟、行政救濟、刑事司法救濟的救濟方式。

13.3.1　民事司法救濟

知識產權的民事司法救濟主要包括提起訴訟和申請臨時措施兩種方式，臨時措施又包括訴前臨時措施和訴中臨時措施兩種。

目前，中國法院受理的知識產權民事案件的範圍十分廣泛，覆蓋了《與貿易有關的知識產權協議》規定的知識產權的所有領域，包括專利（發明、實用新型、外觀設計）和植物新品種、商標、著作權和鄰接權，以及計算機軟件、集成電路布圖設計、商業秘密、地理標示等，也包含與知識產權相關領域的許多新類型案件，如計算機網路著作權、計算機網路域名、實用藝術作品、民間文學藝術、原產地名稱、商標與企業名稱的衝突以及確認不侵權訴訟等糾紛，還包括傳統的調整知識產權橫向流轉關係的技術合同訴訟和對知識產權提供附加或兜底保護的不正當競爭訴訟等。

1. 知識產權民事訴訟

解決知識產權糾紛的方式，包括和解、調解、仲裁、訴訟等，訴訟是最主要的方式之一。知識產權民事訴訟是通過產權人或爭議人向人民法院提出確認或保護知識產權的訴訟請求，由人民法院對涉及知識產權爭議的案件進行審理並做出裁判，從而維

護自己的合法權利。知識產權訴訟與其他類型的訴訟一樣，也要涉及向哪個法院起訴應訴，誰有資格起訴應訴，訴訟過程中可以採取哪些措施等重要問題，但由於知識產權案件本身所具有的特殊性，知識產權訴訟在相關方面的規定也與普通訴訟有著很多不同之處。

民事案件的訴訟管轄是指各級人民法院和同級人民法院之間在受理第一審案件時的分工和權限。民事案件的訴訟管轄分為級別管轄和地域管轄。

（1）級別管轄。級別管轄從縱向劃分上、下級人民法院之間受理第一審民事案件的權限和分工，解決某一民事案件應由哪一級人民法院管轄的問題。

絕大多數專利糾紛案件，在司法實踐中都由中級人民法院一審管轄。2015年1月30日頒布的《最高人民法院關於適用〈中華人民共和國民事訴訟法〉的解釋》規定，專利糾紛案件由知識產權法院、最高人民法院確定的中級人民法院和基層人民法院管轄。

根據2014年5月1日開始施行的《最高人民法院關於商標法修改決定施行后商標案件管轄和法律適用問題的解釋》的規定，第一審商標民事案件，由中級以上人民法院及最高人民法院指定的基層人民法院管轄。涉及對馳名商標保護的民事、行政案件，由省、自治區人民政府所在地市、計劃單列市、直轄市轄區中級人民法院及最高人民法院指定的其他中級人民法院管轄。

根據《最高人民法院關於審理著作權民事糾紛案件適用法律若干問題的解釋》的規定，著作權民事糾紛案件由中級人民法院管轄，各高級人民法院根據本轄區的實際情況，可以確定若干基層人民法院，管轄第一審著作權民事糾紛案件。

根據《最高人民法院關於審理植物新品種糾紛案件若干問題的解釋》的規定，植物新品種民事糾紛案件由各省、自治區、直轄市人民政府所在地和最高人民法院指定的中級人民法院第一審。

根據《最高人民法院關於開展涉及集成電路布圖設計案件審判工作的通知》規定，集成電路布圖設計民事糾紛案件由各省、自治區、直轄市人民政府所在地、經濟特區所在地和大連、青島、溫州、福山、蘇臺市的中級人民法院作為第一審人民法院審理。

但需要注意的是，2014年年底，北京、上海、廣州設立了知識產權法院，對轄區內部分專業性較強的知識產權民事案件進行專門管轄，因此在知識產權法院轄區內，應按照《最高人民法院關於北京、上海、廣州知識產權法院案件管轄的規定》和《最高人民法院關於知識產權法院案件管轄等有關問題的通知》的規定來確定訴訟管轄，不再依據以上最高人民法院司法解釋中的一般性規定。

（2）地域管轄。地域管轄從橫向劃分同級人民法院之間受理第一審民事案件的權限和分工，解決某一民事案件應由哪一個人民法院管轄的問題。

①知識產權訴訟的一般地域管轄。如果沒有有關知識產權訴訟管轄的特別規定，知識產權訴訟適用民事訴訟法原告就被告的原則。

②知識產權合同訴訟的地域管轄。知識產權合同訴訟的管轄是一種特殊的地域管轄。知識產權訴訟所涉及的合同糾紛有知識產權轉讓合同糾紛、知識產權許可使用合同糾紛、技術開發合同糾紛、技術諮詢合同糾紛、技術服務合同糾紛等等。根據中國

《民事訴訟法》的規定，因合同糾紛提起的訴訟，由被告住所地或者合同履行地人民法院管轄。當事人訂立合同時，應當明確合同的履行地。如果雙方當事人按照合同約定的履行地實際履行了合同，就應當按照雙方約定的合同履行地確定管轄法院，如果合同沒有實際履行，當事人雙方住所地又都不在合同約定的履行地，則應當由被告住所地人民法院管轄。

③知識產權侵權訴訟的地域管轄。根據中國《民事訴訟法》的規定，侵權行為提起的訴訟由侵權行為地或者被告住所地人民法院管轄。

根據最高人民法院做出的有關司法解釋，因侵犯註冊商標專用權行為提起的民事訴訟，由侵權行為的實施地、侵權商品的儲藏地或者查封扣押地、被告住所地法院管轄。因侵犯著作權行為提起的民事訴訟，由侵權行為的實施地、侵權複製品儲藏地或者查封扣押地、被告住所地人民法院管轄。因侵犯專利權提起的訴訟，由侵權行為地或者被告住所地人民法院管轄。侵犯專利權案件的侵權行為地包括：被訴侵犯發明、實用新型專利權的產品的製造、使用、許諾銷售、銷售、進口等行為的實施地；專利方法使用行為的實施地，依照該專利方法直接獲得的產品的使用、許諾銷售、銷售、進口等行為的實施地；外觀設計專利產品的製造、許諾銷售、銷售、進口等行為的實施地；假冒他人專利的行為實施地以及上述侵權行為的侵權結果發生地。侵犯植物新品種權的民事案件，侵權行為地是未經品種權所有人許可，以商業目的生產、銷售該授權植物新品種的繁殖材料的所在地，或者將該授權品種的繁殖材料重複使用於生產另一品種的繁殖材料的所在地。侵害信息網路傳播權民事糾紛案件由侵權行為地或者被告住所地人民法院管轄，其侵權行為地包括實施被訴侵權行為的網路服務器、計算機終端等設備所在地，侵權行為地和被告住所地均難以確定或者在境外的，原告發現侵權內容的計算機終端等設備所在地可以視為侵權行為地。

對涉及不同侵權行為實施地的多個被告提起的共同訴訟，原告可以選擇其中一個被告的侵權行為實施地法院管轄。

（3）知識產權法院專門管轄。根據黨的十八屆三中全會關於「探索建立知識產權法院」的要求和全國人民代表大會常務委員會《關於在北京、上海、廣州設立知識產權法院的決定》，2014年年底，北京、廣州、上海知識產權法院相繼成立。最高人民法院於2014年10月31日和12月24日先後發佈了《最高人民法院關於北京、上海、廣州知識產權法院案件管轄的規定》和《最高人民法院關於知識產權法院案件管轄等有關問題的通知》。根據以上規定，知識產權法院一審案件管轄以技術類案件和特定類型民事案件為主要對象，包括有關專利、植物新品種、集成電路布圖設計、技術秘密、計算機軟件等專業技術性較強的第一審知識產權民事和行政案件，以及依法應由中級人民法院一審管轄的特殊類型民事案件，例如涉及馳名商標認定的民事案件和壟斷民事糾紛案件。由於知識產權法院一審僅管轄前述技術類案件和特殊類型民事案件，因此在知識產權法院轄區內，著作權案件、一般商標案件、不正當競爭案件等均由基層人民法院管轄，不再受訴訟標的額限制。這是中國知識產權案件領域乃至整個民事案件領域首次完全以案件類型確定級別管轄，是對原有以訴訟標的額確定級別管轄標準的重大突破。知識產權法院管轄的第一審技術類案件，既包括民事案件，又包括行政

案件，既包括知識產權授權確權類行政案件，又包括涉及知識產權的行政處罰、行政強制措施等引發的普通行政案件。

2. 訴前臨時措施

訴前臨時措施只是為了保護知識產權人及其相關利害關係人利益而提供的臨時性救濟措施，並非一般民事責任的承擔。作為知識產權的有效保護手段，《與貿易有關的知識產權協議》規定的臨時措施早已受到各國的關注。各國為了保障知識產權人及相關當事人的權益，都力圖從立法上建立一套更有效、更穩定的訴前臨時措施體系。

中國《著作權法》《商標法》《專利法》均規定，權利人或者利害關係人有證據證明他人正在實施或者即將實施侵犯其權利的行為，如不及時制止將會使其合法權益受到難以彌補的損害的，可以在起訴前向人民法院申請採取責令停止有關行為和財產保全的措施。中國保護知識產權的臨時措施包括訴前責令停止侵權、訴前財產保全和訴前證據保全。

（1）訴前責令停止侵權。訴前責令停止侵權也稱「訴前禁令」，是及時制止知識產權侵權、維護知識產權權利形態的重要救濟措施。當知識產權受到侵害時，知識產權人可以請求法院責令侵權人停止侵害。訴前責令停止侵權是保護知識產權立竿見影的措施，其實質是排除對權利人行使專有權之任何妨礙。

最高人民法院先後頒布了《關於對訴前停止侵犯專利權行為適用法律問題的若干規定》《關於訴前停止侵犯註冊商標專用權行為和保全證據適用法律問題的解釋》以及《關於審理著作權民事糾紛案件適用法律若干問題的解釋》三大司法解釋，確立了該制度的具體操作標準和規範。

依照法律規定，請求法院責令停止侵權需要符合相應的條件：

①權利人或利害關係人的申請。訴前責令停止侵權是法院依申請做出的強制性措施，知識產權的私權性質決定了該權利的行使與處分，應尊重權利人自己的意願，民事司法救濟的性質就是不告不理，無申請即無此強制措施。另外，申請人僅限於一定條件下的權利人自己或利害關係人，視其與被控侵權利益是否存在法律上的利害關係確定。並且，知識產權權利人向法院提出訴前禁令的申請，應當提交書面申請。

②有證據證明他人正在實施侵害行為，或者有證據證明他人即將實施侵害行為。請求法院責令停止侵害不以行為人的過錯為條件，但對於行為的侵權性應當提供證據證明。

③提交證據和擔保。申請人提出訴前禁令申請時，必須提交相應的證據。一是證明申請人資格的證據，如專利證書、商標註冊證、轉讓合同、許可合同轉讓或者許可合同的登記或備案材料等；二是證明被申請人正在實施或者即將實施侵權知識產權行為的證據，包括被控侵權商品等。同時，申請人還應當提供相應的保證、抵押等合法擔保。

（2）訴前財產保全。知識產權人有證據證明他人正在實施或即將實施侵犯其權利的行為，而且不加以及時制止將會使其合法權益受到難以彌補的損害的，可以在起訴之前向人民法院提出申請，採取財產保全的措施。《民事訴訟法》規定，人民法院採取財產保全措施，可以責令申請人提供擔保；申請人不提供擔保的，駁回申請。

(3) 訴前證據保全。為了制止侵權行為，在證據可能滅失或者以后難以取得的情況下，知識產權權利人或者利害關係人可以在起訴前向人民法院申請保全證據。為制止侵權行為，在證據可能滅失或者以后難以取得的情況下，知識產權人或利害關係人可以在起訴前向人民法院申請保全證據。《著作權法》《專利法》和《商標法》對證據保全做出了明確規定。《民事訴訟法》也規定，在證據可能滅失或者以后難以取得的情況下，訴訟參加人可以向人民法院申請保全證據，人民法院也可以主動採取保全措施。

3. 訴中臨時措施

訴中臨時措施，是指權利人在法院已經受理其起訴后，正式判決做出前，因情形緊迫而依法律的規定，請求法院所給予的臨時性救濟措施。包括訴中責令停止侵權（訴中禁令）、訴中財產保全和證據保全。訴中臨時措施適用條件與訴前臨時措施基本一致。

4. 民事責任

侵權的民事責任，是指民事主體因實施侵權行為而應承擔的民事法律后果。《民法通則》第一百一十八條規定，公民、法人的著作權（版權）、專利權、商標專用權、發現權、發明權和其他科技成果受到剽竊、篡改、假冒等侵害的，有權要求停止侵害，消除影響，賠償損失。《著作權法》《計算機保護條例》也有一些相關規定。綜合以上規定，中國侵犯知識產權主要的民事法律責任是停止侵害、消除影響、賠償損失。

13.3.2 行政救濟

與世界上多數國家不同，中國知識產權執法體系實行一套獨特的「雙軌保護」機制，當知識產權受到侵害時，權利人不僅可以通過人民法院獲得司法救濟，還可以向行政管理機構尋求救濟。由於知識產權同時具有明顯的公共利益內容，大多數知識產權侵權行為不僅損害了權利人的利益，而且給國家和社會公眾利益造成侵害，因此行政機關有必要對其給予行政保護。行政救濟指知識產權行政管理機關依照行政法賦予的權力和遵循法定行政程序，運用行政職權進行行政調解、行政裁決、行政復議、行政仲裁、行政處罰、行政強制等多種手段維護知識產權法律秩序，查處侵權案件，保障權利人的合法利益和良好的社會經濟環境。在保護知識產權權利人方面，行政保護的顯著優勢在於執法時程序相對簡便快捷，能加快案件的處理，有效降低權利人的維權成本，及時對侵權人進行罰款、沒收或銷毀侵權產品等處置，恢復權利人的權利，這種高效的保護方式對於節約司法資源，威懾侵權行為，促進知識產權技術的實施，推動科學技術向現實生產力轉化有著顯著意義。

1. 行政強制

行政強制，指國家行政機關或者法律授權的組織，為了預防或者制止正在發生或可能發生的違法行為、危險狀態及不利后果，或者為了保全證據、確保案件查處工作的順利進行而對相對人的人身自由、財產或者有關行為予以強行限制的一種具體行政行為。知識產權侵權行政責任上的強制主要有責令停止侵權行為，查封、扣押或扣留侵權物品等形式。

2. 行政處罰

行政處罰，指行政主體為了維護公共利益和社會秩序，保護公民、法人或其他組織的合法權益，對違反行政管理秩序的行政相對人依法所給予的法律制裁。根據中國知識產權法律的相關規定，對於知識產權侵權的處罰主要有沒收違法所得、沒收、銷毀侵權商品和侵權工具、罰款等。

13.3.3 刑事司法救濟

刑事司法救濟主要是指對嚴重侵犯他人知識產權，情節嚴重，依照刑法構成犯罪的行為處以刑罰處罰。知識產權是私權、在絕大多數情況下各國均以民事法律加以救濟，但在特殊情況下，當侵犯知識產權的行為的嚴重程度已經達到違反了社會公眾利益、危及刑法所保護的社會關係，就需要刑法介入加以救濟。中國通過刑事司法途徑所制裁的侵犯知識產權的犯罪主要規定在中國《刑法》分則第三章第七節「侵犯知識產權罪」中。從罪名來看，中國《刑法》所保護的權利涵蓋了商標權、專利權、著作權和商業秘密等知識產權，而且規定單位可以成為該犯罪主體。而在司法實踐中，對於侵犯知識產權犯罪還能根據《刑法》中「其他破壞社會主義市場經濟秩序罪」的其他規定加以處罰。根據中國《刑法》規定，侵犯知識產權的刑事責任，主要有管制、拘役、有期徒刑和罰金這四種處罰形式。此外，2004年、2007年，最高人民法院與最高人民檢察院聯合先后制定發布了《關於辦理侵犯知識產權刑事案件具體應用法律若干問題的解釋》《關於辦理侵犯知識產權刑事案件具體應用法律若干問題的解釋（二）》，該解釋明顯降低了侵犯著作權罪的數量標準，統一了侵犯著作權犯罪的罪名適用，進一步規範了緩刑適用，明確了單位犯罪與個人犯罪的定罪量刑標準。對於制裁侵犯知識產權的犯罪和保障權利人的刑事自訴權起著重要作用。2011年，最高人民法院、最高人民檢察院、公安部又順應侵犯知識產權犯罪日益呈現出新的變化和特點，結合偵查、起訴、審判實踐需要，聯合發布了《關於辦理侵犯知識產權刑事案件適用法律若干問題的意見》，進一步明確了關於侵犯知識產權犯罪案件的管轄、關於辦理侵犯知識產權刑事案件中行政執法部門收集、調取證據的效力、關於侵犯知識產權犯罪自訴案件的證據收集等眾多問題，完善了知識產權刑事司法保護規範體系。

國家圖書館出版品預行編目(CIP)資料

中國知識產權法 / 許廉菲、王芳、石璐 主編. -- 第一版.
-- 臺北市：崧燁文化, 2018.09

　面；　公分

ISBN 978-957-681-618-5(平裝)

1.智慧財產權 2.法規 3.中國

553.42　　　　107014714

書　名：中國知識產權法
作　者：許廉菲、王芳、石璐 主編
發行人：黃振庭
出版者：崧博出版事業有限公司
發行者：崧燁文化事業有限公司
E-mail：sonbookservice@gmail.com
粉絲頁　　　　　　網　址
地　址：台北市中正區重慶南路一段六十一號八樓 815 室
8F.-815, No.61, Sec. 1, Chongqing S. Rd., Zhongzheng
Dist., Taipei City 100, Taiwan (R.O.C.)
電　話：(02)2370-3310　傳　真：(02) 2370-3210
總經銷：紅螞蟻圖書有限公司
地　址：台北市內湖區舊宗路二段 121 巷 19 號
電　話：02-2795-3656　傳真：02-2795-4100　網址：
印　刷：京峯彩色印刷有限公司（京峰數位）

　本書版權為西南財經大學出版社所有授權崧博出版事業有限公司獨家發行電子書繁體字版。若有其他相關權利及授權需求請與本公司聯繫。

定價：350 元
發行日期：2018 年 9 月第一版
◎ 本書以POD印製發行